学歴と格差・不平等

成熟する日本型学歴社会　［増補版］

吉川　徹——［著］

東京大学出版会

Education and Social Inequality
Contemporary Educational Credentialism in Japan
[Revised Edition]
Toru KIKKAWA
University of Tokyo Press, 2019
ISBN 978-4-13-050196-5

目次

はじめに

かつてわたしたちの国には、一億総中流がいわれた時代があった。高度経済成長の右肩上がりのスロープをのぼりつめた、七〇年代の中頃から八〇年前後までのことである。戦後期の貧困を脱して一定水準に至った豊かさを背景に、「みんなが世間並み」というヨコ並びの画一性と同調性が、それなりの実感を伴いつつ国民的な関心の対象になった。「一億」というのは、日本のおおよその総人口を意味する言葉なのだが、第二次大戦中の標語「一億玉砕」をその背後に重ねてみるとき、無謀な戦争で全滅するはずだった国民が、わずか四半世紀ですべて「中流」になったという言説の、この当時のインパクトの大きさを偲ぶことができる。

しかし八〇年代中盤以降は、マスコミは火が消えたように総中流を話題にしなくなって、代わって安定成長、やがてバブル経済がキー・ワードとなった。日本社会は、直線的な変動段階に続いて産業化以後（post-industrialization）の時代に至ったという意味で、ポストモダンを実感し、その状態を楽観的・肯定的にみる短い時代を経験した。

その後に九〇年代の「バブル崩壊」、「平成不況」、「空白の一〇年」といわれる長い産業・経済の停滞期が続いたことは、多くの人にとって、いまだ歴史の海に沈まない今日的な経験であろう。

そして新しい世紀の到来とともに、日本社会においてはいま、格差・不平等が時代のキー・ワードとなっている。「勝ち組・負け組」、「希望格差」、「意欲格差」、「努力してもしかたがない社会」、「封印される不平等」、「中流崩壊」、「下流社会」……これらの言葉が、格差・不平等拡大の新局面の到来を告げる言説のなかで、陰鬱な修辞を伴いながら用いられる。

格差・不平等がいまの日本社会にとって重要な問題であり、それを克服すべきだということは、政党のマニュフェストや閣僚・官僚の現状認識から、人びとの日々のくらしの実感に至るまで、おおよそ一致した見方であるだろう。それだけに、格差・不平等にさまざまな角度から言及した論稿は、私の研究の周辺においても、新聞紙面や雑誌記事においても、すべてを追いきれないほど数多く発表されている。そんななかで本書もまた、この現代日本の新しい格差・不平等という実態を扱おうとしている。

「格差」、「不平等」という言葉は、確かに目にすることは多いのだが、その意味するところをきちんと考えようとすると、なかなか多様でとらえにくい。このはっきりしない様子そのものが、この現象の特徴を示しているようにも思えるのだが、そうもいっていられない。そこで本書では、すでになされている概念整理も参考にしつつ、これらの言葉を次のように解釈して扱うことにする(1)。

まず、格差という言葉は、いま現在、発生している差の状態を記述するときによく用いられる。例としては、「所得格差」、「資産格差」、「階級格差」などが思い起こされる。ゆえに本来は、格差が「ある」、「ない」というだけではなく、程度を示す修飾表現を伴うのが適切かもしれない。そして通常は、その差の状態は微小なものではなく、問題性をはらむほどの大きさであると想定される。

他方、不平等という言葉は、理念としての平等の状態がうまく満たされていないという、社会のしくみを意味する。よって、これを用いる場合は、原因と結果、前提条件とそのなりゆき、出発点、途中経過、到達点というような、因果関係が視野に入っている。「教育機会の階層的不平等」、「就業・昇進機会のジェンダーによる不平等」、「職業階層の世代間移動における不平等」などというような使われ方がこれにあたる。そこでは、「○○によって△△になるのは不平等だ」というように、二つ以上のものごとの関係が問題化されていることが多い。

このように、新しい格差・不平等論は、その大きさの問題性と、因果構造を中身としているといえるのだが、本書は、これらを踏みならしつつ、階級・階層と学歴についての計量社会学を展開していく。どうしてそのような方向性をもつのかといえば、新しい格差・不平等としてわたしたちが把握しているものごとは、第二次大戦後しばらくは「階級」といわれ、その後の一億総中流の時代には「階層」といわれていた、計量社会学の最大のテーマに他ならないからである。

もっとも、こんにち格差・不平等というと、所得や資産の分布が、（正当な理由もないままに）豊かな人たちと貧しい人たちに分離していくというような、経済学的な問題を真っ先にイメージする人が多いだろう。こうした経済学的な格差・不平等は確かに深刻な問題であるが、わたしたち社会学者は、その方向へ議論を突き詰めていくことは多くない。社会学で格差・不平等といったときには、日常生活の表面にあらわれている金銭的な豊かさ／貧しさの問題ではなく、むしろそれを基層の部分で操っている職業生活（つまり産業社会におけるみずからの位置づけ）を本質とみなしてきた。経済的な格差・不平

等の表皮を一枚剝いだ社会の姿こそが、階級・階層といわれているものだと考えればいいだろう。(2)

あらかじめ私の本音をいっておきたい。本書の主張に目を向けてもらうには、格差・不平等の新しく得体の知れない実態が読者に共有されていることは、とても重要である。しかし、「新しい格差・不平等論争」の一連のブームからは少し距離をおきたい。過剰に人びとを煽る過熱した表現は、やがて消費されつくし飽きられる。そのことは、一億総中流を語った論理が、三〇年を経たいまとなっては、歴史認識のために言及されることはあっても、一般理論としてはほとんど役立てられていないことを省みればわかるはずである。こんにちの格差・不平等論は、後の時代になって、おそらくは「一億総不平等の時代」などと総称されることになるだろう。そのとき、いまのブームに火をつけた諸論稿は、この時代の空気を表象するために論及されるかもしれない。しかしそれは、妥当な社会学の理論として長く残るということとは別の次元にある。

ここで、現在流通している新しい格差・不平等論の多彩な主張の骨子を思い切ってまとめると、次のようになる。

日本社会は、七〇年代には、大量の均質中間層によって構成される平準化した社会になったといわれていた。ところが現在では、潜在していた格差構造、とりわけ中の上層と、それより下の大衆層を分断する線が、重要な意味をもつようになっている。そして、この分断線は、だれにでもみえる社会構造の切れ目ではなく、はっきりとは見極めにくい潜在的な区分であると説明される。

そして、この潜在区分が問題になるのは、おおよそ「団塊の世代」以降の生年層において、この境界線をめぐる不平等が、親から子へと伝達されはじめたようにみえるからである。これが階層固定化という現象である。

さらにこの不平等の骨組みは、「社会意識論」を標榜する次のような説明を糊塗することで補強される。現代日本社会では、親世代の社会的地位の格差が、次世代すなわち若者たちの意欲・希望・意識の世代内格差へとかたちを変え、やがて一人ひとりの到達する生活の豊かさの格差をもたらす。それゆえに若者たちをよくみると、固定化しつつある少数の上層（「中の上」以上）と、それ未満の多数大衆層を隔てる境界線で、希望や意欲や将来展望のあり方が異なっている。そして境界線よりも下方にあっては、努力してもしかたがないという思いや曖昧な不安が、働き方や、日々の仕事への取り組みに影響し、この層の若者たちをニート・フリーターの供給源とする一因となっている。

加えて、交際や結婚や出産という生産労働外の家族局面においても、親の経済力をあてにすることができる晩婚少子の安定した（都市）上層と、早婚多子傾向で生活にリスクの多い下層の分離が進行していく。他方では、消費行動やライフ・スタイルにまでも、この境界線を基準にした格差があらわれつつある。

以上のように、新しい格差・不平等は、潜在的で見極めにくい実態でありながら、二極化、閉鎖化、固定化というような強い修辞を伴って語られる。そして、この不平等構造は、この数年から一〇年の間に急速にたちあらわれ、現代日本社会を覆いつつあるといわれている。一部には、これを階級境界の鮮明な欧米型の社会への近接の途とする見方もある。

こうして全体像をおおまかに眺めてみると、なかなか現実味を帯びた言説である。他方で、高度経済成長期の楽観論と比べると、暗澹として、見通しの悪い、得体の知れない変化の兆しを語る論理でもある。

もっとも、社会科学の計量研究者の間では、このような新しい格差・不平等論に対して、違和感が表明されることも少なくない。その理由はこれまたさまざまにあるが、私にとっての重大な違和感の源泉は次の二点である。

第一点目は、計量的にデータを「触って」いる者として、それぞれの論稿における分析手法と図表を洞察したときの「感触」(あまり学術的に聞こえないかもしれないが)と、活字から読者が受けとるであろう論調との食いちがいである。新しい格差・不平等論の特長のひとつは、それぞれの分野の一線級の論者が、実証的な数字の裏づけをもとに、新しい現象を発見・記述しているところにある。現代社会論が、思ったまま、感じたままを「手ぶら」で記していく時評ではなく、このように科学的論拠を付したものになるのは、称揚すべきことである。けれども格差・不平等の大きさ、形態、あるいは示された因果関係の強さは、どのようにデータを操作したかということ(用いている調査データの年次、サンプル設計、調査規模、分析対象層の切り出し方、尺度の構成法、カテゴリ区分の設定、解析手法など)次第なので、一義的に決まるものではない。

通常、社会科学においては、ある命題は繰り返し検証され、その蓄積から、どのような時間的、空間的な範囲で、どれほどの強さ・大きさで成り立つのかということについて、合意しうる定説が構築されていく。帰納的論証という手続きである。この点、新しい格差・不平等論の指摘する論点のなかには、計量的実態と主張者の解釈のマッチングが、まだ絶妙とはいえない部分がある。

たとえば、社会調査データの示す統計的な有意差は、ただちに「格差」と翻訳される必然性はない。その「感触」を表現するためには「差異の傾向」とか「異質性」というような、キャッチ・コピーとしては歯切れがよくない、慎重な表現を使わずにはいられないときもある。また、分析に用いる指標を、給与所得にするのか、年金などの給付金を含めたものにするのか、個人収入にするのか、世帯収入にするのかということや、はじめに就いた職業にするのか、四〇歳頃に就いていた職業にするのか、ということで格差の状態は異なってみえる。時点間の微妙な変化についても、格差拡大、再閉鎖化、不平等化というような言葉だけを取りだして、別の文脈で使ってしまうと、データが示す実際のスロープの緩急についての正確な目配りを欠いてしまうことがある。

このようなデータ分析の「感触」は、読者と分析者とが、できるかぎり共有すべき重要な情報である。このことは「リサーチ・リテラシー」（谷岡 2000；赤川 2004）という言葉を用いて、近年つとに強調されはじめている。とはいえ、実際にやってみると、当意即妙な図表の読みとりというのは簡単なことではない。それだけに本書自体もまた、注意深く進めるように心がけたつもりではいるのだが、慎重さに欠ける解釈をしている部分を含んでいるかもしれない。

なお、新しい格差・不平等の実態について、私が得ているデータ分析の「感触」はどんなものかといえば、かならずしも強い修辞に耐える明瞭なものではない。それはむしろ、**何か別のものの影絵をみているような、輪郭のくっきりしない像**である。

違和感の源泉の第二点目は、新しい格差・不平等論が、原因の説明をめざす社会科学ではなく、眼前の社会問題を解決しようとする政策科学の立場をとりがちであるということである。新しい格差・不平等論では、格差・不平等の実態は示されるが、それがどうしていま起こっているのかという発生原因について十分な解明が行なわれることは意外に少ない。むしろ、いま実際にある所与の格差・不平等の実態を暴きだし、その「問題」をスタート・ラインとして、現状打開のための処方論に進もうとする。

だが「なぜこうなってしまったのかは深くは問わないけれども、ともかくいまここに、取り組まなければならない現実がある」という指摘は、得体の知れなさや理不尽さを煽るばかりで、わたしたちを鎮めてはくれない。この点について本書では、次に挙げる因果論的な問いに、シンプルで納得のいく答えをだすことが必要だと考える。

●総中流がいわれた均質社会を、ある時点以降、もしくはある生年世代以降で、急速に二分しはじめているダイナミズムの起点にある要因は、そもそも何なのか？

●生活構造や社会意識には、二極化といえば誇大にすぎる表現であるけれども、ある程度の分布のばらつきが確かにある。では日本社会においては、そのような生活構造や社会意識の格差を生じさせている主要因は何なのか？

●新しい格差・不平等が、他社会ではなく、とくに現代日本社会において顕著な問題となるのはどうしてか？

●そもそも、わたしたちが気づかないうちに新しい格差・不平等を進行させてきた、いわば伏流水脈ともいえる要因はいったい何なのか？

右に挙げた問いについては、景気や経済指標の動向によって説明する議論がある。また社会現象や事件に着想を得た世代論や若者論、もしくは時代性や文化的背景などに根拠を求める主張もみられる。しかし、それらの多くは、「○○が生じていくなかで、△△が起こっている」「○○の時代になって、△△があらわれてきた」というように、歴史のコインシデンス（併発事象）を挙げつらねた段階で筆を止めてしまう。一般読者は「前段が原因で、後段がその結果ということだな」とおもいはかった深読みをしがちだが、決してそうではない。

たとえば「バブル崩壊に伴って、格差・不平等が拡大していった」、あるいは「団塊の世代で格差が拡大した」というような言い方は、「高齢化が進行する一方で、少子化が進行している」という説明と同じように、因果のしくみではなくて、ただ時代の併発事象を述べているにすぎない。その点では、過去の歴史年表をひもといて「プロ野球のあるチームが優勝すると、翌年には必ず政権交代がある」と予測するのと似たレベルにある。

じつはこれらの表現法は、手馴れた論者が慎重に因果性への論及を回避するときに用いる言い回しなのである。そうでないとすれば、相関（見かけ上の関係）と因果（真の関連）の区別を知らない評論家の用いる表現であろう。どちらにせよ、わたしたち計量社会学者は、そうした単なる時代の併発事象の記述を鵜呑みにして因果を断定することはない。できるかぎり確実な原因を求めようと、オルターナティブ（代替的）な説明の可能性に目を光らせるのである。

他方、ある論者は、文部科学省の教育政策のめまぐるしい転換を、疑問を解く鍵として挙げる。別の論者は、厚生労働省の雇用対策の問題点を指摘する。他にも税制、年金福祉政策に根拠を求める論理もある。しかし、社会は政策によって自在に変わっていくわけではなく、根底にはソシオロジカル（社会学的）な実態が脈打っている。だからこそ、学問領域としての計量社会学は、実態記述からただちに政策論に進むことよりも、わたしたちの社会が進んできた方向性を把握することからはじめて、この実態をもたらした社会学的なメカニズムを解明することに重きをおこうとする。

新しい格差・不平等論の得体の知れなさを氷解させるキー・ワードは、さまざまに考えられるだろう。そのなかに、現代日本の社会学においては、不思議なほど見過ごされてきた要因がある。それは、日本人のだれもがあまりにもよく知っているはずの言葉、「学歴」である。

「学歴社会日本」という社会認識は、一、二の重要な例外を除くと、この二〇年ほどの間、あまり省みられることがなかった。しかし、「学歴社会」は、「総中流社会」とならんで、高度経済成長期の日本を語るためにさかんに用いられた一種の流行語であった。そうであるからこそ、いまとなっては一時代前の言葉と理解されて、「いまさら学歴社会?」と人びとに首を傾げられるような、中途半端な位置を与えられている。また、こんにちの社会学者やジャーナリストのほとんどは、学歴・学校がもつはたらきの重大さについて認識してはいても、以前ほど積極的に論及しようとはしない。社会全体が、どういうわけか見てみぬふりを決めこんでいるのである。しかし、わたしたちの社会において、学校・学歴を起点とした駆動力は、本来決して弱いものではない。

そこで私は、かつては熱を帯びすぎて触ることができなかった「学歴社会」という術語を、いまこそ冷静に理論化して示唆を導き出せるのではないかと考え、戦略的な用語としてあらためて研ぎ澄ますことを試みる。その作業を経てできあがる社会認識が、本書で展開される「成熟学歴社会論」である。

そもそも、こんにちの格差・不平等は、新しい社会のメカニズムによるものなので、旧来の要因をあらためて検討する必要はないと断定する必然性はどこにもない。むしろ新しさとは、旧来の説明図式で精一杯説明して、それでもなお論じ切れない残余部分に見出されるべきものだろう。そう考えれば、旧来の説明を突き詰めることこそが、得体の知れなさを示すための背理法となるはずである。逆に、学歴のように重要な要素の影響力に目を配ることなく、新しい格差・不平等をただ新しく語ることは、自明の実態を誇大に書き立てることにつながりかねない。

本書の構成は以下のとおりである。

第1章では、現代日本社会における学歴の意味と、学歴社会論のあゆみを確認する。第2章では、高学歴化の終焉という最新の実態を出発点にして、成熟学歴社会においてどのような変化が生じうるのかについて思考をめぐらせる。第3章と第4章においては、階級・階層と学歴の関係を論じる研究枠組を整理し、学歴を起点として社会変動をみる視点によるブレイク・スルーの可能性を提言する。

第5章と第6章では、学歴の世代間関係に焦点を絞りこんで、計量分析を行なう。そこでは、従来注目されていなかった、親子間の学歴を見比べるという視点の導入によって、新しい格差・不平等にかんする論点が読みなおされていく。

第7章では、現代日本社会における、学歴による社会意識形成の実効性について分析結果を提示する。

第8章では現代日本の一億総中流がどこへ向かって変容していったのかということについて、高度経済成長期からこんにちの成熟学歴社会に至るまでの、静かな変容過程を明らかにする。[3]

最後に第9章では、成熟学歴社会の特性をまとめる。

このような手順により、本書では学歴社会についての、潜在的であるけれども至極当たり前の構造が、順を追って確認されていく。しかしそれは、古井戸の底に汲み残されていた残り水ではなく、むしろ新しく湧き出しつつあるストーリーである。またそれらは、新しい格差・不平等についての、冷静な理解と判断のための素材ともなるだろう。

（1） すでに白波瀬佐和子（2006）が、「格差」と「不平等」の概念整理を行なっている。また、山田昌弘（2004）は、「格差」にかんする言葉のイメージを分布形状として示すことを試みている。

（2） 所得や資産を扱う労働経済学の分野にかんしては、大竹文雄（2005）が、新しい格差・不平等の実態の計量的把握と、それに基づく論調の修正・精緻化を成し遂げている。詳細はそちらを参照されたい。

（3） この第8章は、拙稿「『中』意識の静かな変容」（吉川 1999）を大幅に加筆修正したものである。

1章　いま学歴社会をどうとらえるか

福沢諭吉と日本人

明治初期のベスト・セラー『学問のすゝめ』は、その冒頭において次のように断じている。

天は人の上に人を造らず人の下に人を造らずと言えり。…（中略）…されども今広くこの人間世界を見渡すに、かしこき人あり、おろかなる人あり、貧しきもあり、富めるもあり、貴人もあり、下人もありて、その有様雲と泥との相違あるに似たるは何ぞや。その次第甚だ明らかなり。実語教に、人学ばざれば智なし、智なき者は愚人なりとあり。されば賢人と愚人との別は、学ぶと学ばざるとによって出来るものなり。…（中略）…身分重くして貴ければ自ずからその家も富んで、下々の者より見れば及ぶべからざるようなれども、その本を尋ぬればただその人に学問の力あるとなきとに由ってその相違も出来たるのみにありて、天より定めたる約束にあらず。諺に云く、天は富貴を人に与えずしてこれをその人の働きに与うるものなりと。されば前にも言える通り、人は生まれながらにして貴賤貧富の別なし。**ただ学問を勤めて物事をよく知る者は貴人となり富人となり、無学なる者は貧人となり下人となるなり**（福沢 1942：11–12 強調は引用者）。

福沢諭吉の名は、あまりにも有名な書き出しの一文により、日本で最初に平等主義を説いた思想家として知られている。だが、その書名を思えば、彼がこれに続けて、学歴について論じていることに思い至るはずである。それゆえすでに複数の階級・階層研究者がここに日本の学歴社会像の原型を見出しており、[1]私もその見方に賛同している。ただし、彼のもつ別の「プロフィール」をさらに重ねて思いをめぐらせるとき、この学歴社会日本の設立者のイメージは単純なものではなくなる。

まずこの引用部分をよく読むと、そこでは天賦の機会の平等、学歴のメリットの強調とともに、自己責任による結果の不平等が強く是認されていることが知られる。この意味で、福沢諭吉がめざした学歴社会は、じつは激烈な、（欧米的）不平等社会なのである。

いっぽう、福沢諭吉のもうひとつのプロフィールは、慶應義塾を創設したということである。慶應義塾大学は、日本最高峰の高等教育機関のひとつとの評価を得て久しく、政財界や文壇・学界に多くの人材を輩出している。内閣総理大臣から、大企業の会長や取締役、芥川賞・直木賞作家、ジャーナリストや大学の教員など、枚挙にいとまがない。[2]同時に、慶應義塾といえば「幼稚舎」からの一貫的な教育で、いわゆる「お受験」の代表的なイメージをわたしたちに提供している。

福沢諭吉の意図にかかわらず、現代社会において、彼が創設したこの学歴ブランドは、幼少時から莫大な教育投資をなされうる都市の限られた子弟が、閉鎖的な学校教育を経てエリート界における学閥メリットを獲得するという、不平等再生産の道筋（庇護移動と呼ばれている）に、屈託のない輝きを与えているのである。(3)

ところが彼自身は、豊後（いまの大分県）中津藩の下級武士の出自から、大坂の緒方洪庵の適塾(4)で蘭学（オランダ語学）を修め、その後に江戸に出て、間もなく「洋行」を果たしたという都市流出型ローカル・トラック（吉川 2001a）をたどっている。立身出世の志をもって質実剛健に同輩と競った彼自身の足どり（競争移動と呼ばれている）は、こんにちの学歴ブランド慶應義塾とはおおよそ接点をもたない。

その福沢諭吉が、日本の最高額紙幣の肖像に長く用いられていることにより、わたしたちはいまや、あの姿（プロフィール）を社会的・経済的成功の代名詞のようにみなしている。紙幣に起用した本来の意図は、この明治の在野思想家が、平等な機会のもとでの個人主義的な経済活動の象徴としてふさわしいというようなことだろう。しかし現実には、彼の思想や業績の詳細を知らない人びとにまで、とにかく「ありがたい顔」として、ただ「拝金」される対象となっているというわけである。

これらはいずれも、福沢諭吉をめぐるコインシデンスにすぎない。ゆえに、ここから必要以上に何かを析出して語ろうというつもりはない。けれども、中学校の教科書が称揚する機会の平等の提言者が、学歴による格差拡大を奨励しているというコントラスト、明るく輝かしい学歴ブランドと、出自の優位を学校が閉鎖的に媒介してエリート界へとつなげていく、不平等再生産ルートのコントラスト、そしてこの平等主義者ともエリート主義者ともつかない、教条的学歴主義者の横顔に対する、庶民のイノセントな尊敬、これらの複数の局面における明暗が、表面上は矛盾なく、むしろ堂々と成立していることは、十分に知られるはずである。

このことからは、本書がこれから徹頭徹尾扱っていくことになる日本の学歴社会が、シンプルな善悪論では語りきれないほど重層的で、かつ根深い構造をもっていることを、十分に垣間見ることができる。

ひとつだけ聞くとしたら

次に、これとは異なる学歴社会の思いがけない一面を考えよう。

初対面の人と話をする機会は、だれにでもあるだろう。仕事で知りあった人や、何かの会合でたまたま同席した人、アルバイトやパートの同僚、近隣や学校行事などの集まり、何かのセミナーで知りあった人たちや、窓口の順番待ちの列、飛行機や列車で長時間隣りあわせて座る場合などに、カジュアルな言葉を交わした経験は多くの人がもっているのではないだろうか。自分から話しかけることはないという人も、いろいろと話しかけてくる相手に出くわしたことはあるだろう。

そういう場合、共通の話題があって、興味の方向がわかれば楽しく会話が弾むことになる。逆に、相手がまったく知らないことを熱心に話しはじめたり、相手が是認しない考え方を強く主張したりすれば、気まずい雰囲気になってしまうことだろう。話の相手がどんな考えをもって、どのような日常生活をしているのかは、おおまかに知っておきたい。そんなとき、もしも相手のことについて、何でも遠慮なく聞いてもかまわないといわれたら、あなたがいちばん知りたいことは何だろうか？

もちろんここで「どんな食べ物が好きですか？」とか「〇〇国への経済支援についてどうお考えです

か？」と切り出しても間違いではない。だが、「ただひとつだけ！」といわれたときには、年齢、職業、出身地、学歴、収入、家族構成など名詞や数字で答えられる肩書きや略歴のひとつをたずねることをお薦めしたい。これらの個人プロフィールは、社会におけるその人の位置づけを示すシグナルとして、自他ともに認めるものである。それゆえに快―不快、ネガティブ―ポジティブをあらわす心理状態や、具体的な対象についての意見などのように、短期間で変わりやすいものとは違って、いつでも回答が安定している。同時に、その人のものの考え方全般に、恒常的に影響をおよぼしている要因でもある。これらを、社会学では社会的属性、社会調査データの分析ではとくにフェイスシート属性と呼んでいる。

私は社会意識論といわれる分野において、社会調査データに基づいて研究を進めてきた。この研究スタイルを計量社会意識論というのだが、じつは「ひとつだけ聞くとしたら？」というこの設問は、社会意識の形成において、最もインパクトが強い社会的属性は何かという、この研究分野における重要な課題と重なっている。

社会意識論は、個別の出来事の説明ではなく、全体社会における大衆の心の動きを大きく論じることをめざしている。別の言い方をするならば、人びとの心の動きに作用する、マクロな（全体社会にかかわる）要因を探る研究ともいえる。特定の人の背中をある行動に向けて決定的に押す個別事情を解明するのではなく、強弱の差をもちながら全員に対して吹いている、かすかな追い風や向かい風のような全体社会の作用に注目するというのが、わたしたち実践者が抱いているイメージである。そして、一人ひとりの顔のみえる水準（回収された調査票の一冊一冊）にまで降りて、この社会意識論のメカニズムをみるとき、それはフェイスシートに回答された社会的属性から、対象者の人となりを予測する作業と対応することになる。

それでは、この分野では、現在の日本社会についてどのようなことが分析の焦点となっているのだろうか。いくつかの重要な論点があるが、そのうちのひとつに、学歴と社会意識の因果関係がある。ここでは、『階層・教育と社会意識の形成――社会意識論の磁界』(吉川 1998a) という拙著の中身を要約するかたちでこれを紹介しよう。

従来なされてきた社会意識論の研究には、ひとつの見過ごすことのできない命題があった。それは、日々の職業生活の状況が、人びとの社会意識全般を規定するという因果である。K・マルクスに由来するこの論理は、要するに、ある人に、ただひとつだけ問うとすればそれは階級、すなわち職業生活の状態でなければならないという研究信条である。

同書では、この理論仮説を信じこむかたちで分析が進められる。ところが、現代日本社会については、それではどうしてもつじつまの合わない計量的実態があらわれてくる。確かに、多くの社会的態度、たとえば中(流)意識として知られる階層帰属意識、ファシズムの大衆心理に由来する権威主義的伝統主義、日本人論で扱われてきたような集団に対する同調性、生活の質(well-being)を表象する生活満足度や自尊心や不安感、新しい社会問題への心的な構えである環境保護意識やヘルス・コンシャス(健康志向)、生活構造の変革をもたらす学歴観や性別役割分業意識などのあり方をみると、その強弱・賛否の傾向は、職業階層によって有意に異なっている。そうであるからこそ、これらの社会的態度は「階層意識」として一括されてきたのである。

他方、ある人の職業階層は、その人の資産・所得・収入、学歴、社会的出自というフェイスシート属性（この場合、階層要因と呼ぶことになる）との間に緊密な関係をもっている。そのため「階層意識」は、職業階層に限らず、学歴によっても、所得・収入などによっても、強弱・賛否の傾向が異なっていて、どれが真の意識形成要因なのか、表面的には判別しにくい構造になっている。このような場合、多変量の因果分析[5]を用いることで、これらの効果を整理し、真の要因が探られる。

この手法で検討してみたところ、確かに社会意識の感情・情緒的な側面は、現在の職業階層と直接関係しているのだが、価値に基づく社会的態度や、考え方の柔軟性は、職業階層とは擬似的に相関しているにすぎないことが明らかになった。職業階層と社会的態度の関係性の多くは、じつは表面にあらわれている見かけ上のものだったのである。

そして同時に、少なからぬ社会的態度について、形成・変容の真の要因となっているのは、じつは学歴だということがわかってきた。つまり、ある人にひとつだけ聞くとしたら、それは職業階層ではなく、むしろ学歴ではないかということである。社会意識論の領域においては、日本はまぎれもなく「学歴社会」なのである[6]。

この研究の後、現代日本における社会意識のさまざまな局面について、学歴が有力な要因であるという実証結果は、さらにいくつも報告され、いまも蓄積を続けている。わたしたちの日常生活にかかわりの深い研究例を挙げるならば、学歴が低いほど不公平感が高い（織田・阿部 2000）、学歴が高いほど、政治的争点を理解しているのに特定の政党を支持しないという「認知的無党派層」が多い（片瀬・海野 2000）、あるいは大卒女性では「よい子育て」をしようという意識が強い（西村 2000）というような研究がある。

また、私が担当する大学学部生対象の社会調査実習では、計量社会意識論の手法を教えつつ[7]、毎年異なる調査データを解析している。そこでは、学生たちは、特定の先入観や明確な理論仮説をもたないままに、ある意味無造作な探索的解析を繰り返す。そのようなとき、さまざまな社会意識局面に対して、最も頻繁に検出されるのは、やはり学歴の影響力である。しかもそれは、職業階層、年齢、収入所得の効果のいかんに左右されることの少ない、直接的な因果効果である[8]。

こうした傾向をみたとき、現代日本社会においては、学歴という獲得的属性（アチーヴド・アスクリプション[9]）が、生年世代と階級・階層という、社会意識形成の二大要因の双方と関連する結節点に位置していることに、わたしたちは否応なく気づかされる。

もっとも、このような計量社会意識論における学歴効果の「発掘」は、現代日本社会において、学歴がなぜこれほどまでに大きな作用をもつのか、という説明理論を伴っているわけではない。そこでは、現代日本人のものの考え方を知るために、ただひとつだけ問うとすれば、学歴が思いのほかに有効だという実態が示されるにすぎない。

それでもこの実態は、もはやいいふるされた感のある、学歴社会日本という言葉の再考を促す契機にはなる。

社会システムのなかで学歴をみる

そもそも学歴社会とは、厳密な意味では、卒業した学校によって将来が決まってしまうという学歴メリトクラシー（学歴が有効な判断基準となる制度）、学歴クレデンシャリズム（学卒資格至上主義）が重要な意味・作用をもつ社会であるとされてきた。また「学歴主義の社会」という表現も同様に、どんな学校を出たかによって、社会的成功の可能性が決まる社会を指すものとされてきた（潮木 1978；麻生 1983）。[10] 本書では、この学歴社会の中核的なしくみを、学歴メリトクラシー＝クレデンシャリズムと呼ぶ。

学歴社会論は、右の定義に従って、あくまで学歴を起点とした社会的属性の関連構造を主題としてきた。当たり前のことをいっているようだが、これは重要な確認事項である。なぜならば、本書はこの通常の視界をやや外れた部分に、むしろ積極的に注目しようとしているからである。

確かに、学歴メリトクラシー＝クレデンシャリズムは、学校制度と産業社会がどのように連携しているかを論じている点で、いわば学歴社会のハードウェア本体のしくみには違いない。けれどもそれはまた、次の二つの要件をもって現代社会に定位されている。

第一は、学歴メリトクラシー＝クレデンシャリズムの因果が、「どのような社会的出自からスタートして、どのような社会的地位に到達するか」、という社会移動プロセスに埋め込まれて理解されてきたということである。要するに、学歴社会を考えるときには、階級・階層研究[11]との接続を考えないわけにはいかないという研究上のいきさつがあるのである。

第二点目は、狭義の学歴社会メカニズムが、人びとの学歴についての判断（主観的要素）や、社会のもつ文化的要素というソフトウェアによって制御されているということである。言い換えれば、前述した文化・社会意識という次元での実態が、学歴社会のなかでひとつの重要な役割を担っているということである。[12]

第一点目については、学歴社会論としてではなく階級・階層論として、すでに膨大な研究が蓄積されている。にもかかわらず、本書のなかでは相当な紙幅を割いて理論の再構成と検証を行なっていくことになる。

そもそも学歴社会にかんしては、学校教育の視点から学歴を論じる道筋と、階級・階層研究の視点から学歴を論じる道筋が、相互に関係しつつ並立している。前者は、学歴社会への教育学的な視点であって、ゆとり教育、学力低下問題、中学受験や高校受験における選抜性（進学先のふるいわけ）、学校トラッキング、学校文化・生徒文化、進路指導、これらを包括する教育政策などを論点とする。そこでは、学歴は学校生活の後に続く職業生活への移行の切り札とみなされ、この産業社会との接点から学校教育現場へと波及してくる影響が主たる論点とされてきた。いうならば**学歴主義が学校のあり方を左右する**という見方である。

これに対して、本書が採用しようとしている階級・階層研究からのアプローチは、学歴についての社会学からの視点であり、いうならば**学歴主義が社会のあり方を左右する**という見方である。そこでは、当然ながら社会に出てからの地位の格差・不平等に学歴がどのようにかかわっているのかが主題とされる。これに加えて、出身階層による教育機会の不平等の問題（階層的出自が上層であるほど高い学歴を得やすいということ）も同様に重要な論点となってきた。この二つの因果は、（親世代の）階級・階層→学歴→（子世代の）階級・階層という連結により、世代間移動を学歴が媒介・補強するという構図を構成している。そしてこのアプローチでは、前項の初等・中等教育における学校現場のあり方は、ブラック・ボックスとはいわないまでも、副次的な問題とみなされることが多い。

このような階級・階層論に基づいた考え方は、社会的不平等をみる枠組の一角に、学歴を定位させるものとみることができる。ただし、欧米型の階級・階層研究の枠のなかにあまりきっちりと押し込めてしまうと、学校・学歴が起点となって社会が変動していく作用は、まるで牙を抜かれたかのように、おとなしくなってしまう。それは、学歴社会日本に特有の論点を見失わせ、他社会と類似した月並みな社会像を描いてしまうことにつながる。

だが、日本社会における学歴概念と階級・階層概念の相克を理論化してきた竹内洋や苅谷剛彦は、両者の間の特有の関係を、それぞれ次のように表現している。

むろん日本でも「かれ（彼女）は家柄がよい」ということもある。しかし「労働者階級出身だが社長になった」というような階級用語の使用頻度はすくない。われわれは少し異なったいいかたをする。「高卒だが大企業の重役になった」とか、「東大をでていないのに、東大教授になった」とかのいいかたをしないだろうか。日本社会においても階級へのまなざしがないわけではないが、その視点の力は弱い。イギリス人が他者の出身階級に敏感だとするとわれわれは他者の学歴に敏感なのである。階級意識的社会というよりは学歴意識社会といえる（竹内 1995: 90）。

イギリスやアメリカの大学人と話をしていると、しばしば、「彼（女）は、労働者階級の出身だが、○○大学を出て大学教授になった」とか、「彼（女）の父親は、ブルーカラーの労働者だった」といったことが話題になる。どのような階層の出身者であるのかが、人びとの関心の的になっているのである。これに対し、日本では、どんな学校を出ているのかには関心を向けても、親の職業が何であったか、自分がどんな階級の出であるかということには、人はそれほど興味をもたない（苅谷 1995: 55–56）。

日本ほど学歴について書かれた文章の多い社会はめずらしい…（中略）…イギリスでたくさんの「階級社会論」が書かれ、アメリカで多くの「多民族社会論」が論じられるのと同じように、日本では多くの「学歴社会論」が発表されてきた（苅谷 1995: 108–109）。

かれらはともに（そして本書も）、学校教育のあり方が職業階層のあり方を決めてきたという因果の順序を強調し、日本社会において、学歴に主導的・中核的な位置づけを与えようとする。そしてそれは、階級・階層という本来の（欧米型の）繫留先を少し離れた、日本型学歴社会の固有性を主唱することにつながっていく。

次に第二点目として挙げた文化・社会意識との関係を考えよう。

学歴および学校教育には、社会意識や生活様式のあり方を変容する作用がある。さらに、学歴→社会意識ではなく、社会意識→学歴という因果、つまり日本社会の文化的要因が学歴・教育・学校制度を維持する作用もまた、重要な論点であるだろう。たとえば、親の学歴観や戦略によって、子どもたちの学校や学習への適応のしかたに差が生じて、ひいては子どもたちの達成学歴が異なってくるという因果がこれにあたる。学歴のはたらきを論じる場合、このように、人びとの主観のあり方や日本社会の文化的背景についての広く柔軟な目配りもしばしば必要になる。

その点を整理するのに有用なひとつの考え方が、学歴の機能的価値（地位形成機能）と学歴の象徴的価値（地位表示機能）の作用の対比的な理解である。学歴の機能的価値とは、学歴が社会的な成功を導くという実効的なはたらきを意味しており、まさにメリトクラシー＝クレデンシャリズムの実態そのものをさす。竹内洋（1995）は、これと対置させて、日本社会においては学歴の象徴的価値の存在が重要であることを指摘する。これは、学歴が高いということが、潜在的な能力や努力や可能性の高さのシンボルとして地位を表示するという側面を抽出し、強調するものである。学歴・学校歴が、就業のうえでの効力をどれくらい発揮するかという機能的価値とは別個に、社会的に認証された象徴（ステイタス・シンボルとしての学歴）がさまざまに作用することが、この学歴の象徴的価値という言葉のもとに理論化されているのである。

さらに竹内洋（1997=2005）は、この学歴の象徴的価値を下敷きにして、次のような議論を展開している。通常、「受験社会」という言葉で理解されているのは、学歴の機能的価値の獲得を求める競争の側面である。ところが日本社会には、これに代わって、かならずしも職歴上の立身出世（学歴メリトクラシー）を背後の動機としてもたない、自己目的化した受験競争が展開される状況が到来している。学歴の象徴的価値を最優先のものとみて、それを追求する学歴観の出現である。しかもそのように手段であるはずの受験を本質視する価値観は、ノン・エリート大衆層まで、国民的な規模で日本社会を覆っている。このように学歴社会の狭義で定型的な解釈の外に広がる、受験や学歴をめぐる特有の状況について、竹内洋は「受験社会 II」という言葉で識別しようとする。

学歴の象徴的価値については、本書のこの後の論点と関連する例を挙げて、もう少し説明しておこう。わたしたちは、学歴を初職入職のための切符、あるいは昇進のための決め手という、メリトクラシー機能の側面から見がちだが、学歴の意味がそれだけのものならば、直接の競合関係にない人の学歴を正確に知ったり、比較したりすることに、実質的な意味は生じないはずである。ところが実際は、前述したように、ある人の考え方を知るために、学歴を知りたいということがおおいにある。また、そうであるからこそ、日本社会では、人前に出なければならないとき、学歴を詐称したいと望む人がある。さらに、そうした詐称に対して世論（集合意識）はまったく寛容ではない。

さらに、父親・母親として次世代を育てるときには、遠い昔に用済みになったはずの自分の学歴経験について、子どもたちに言葉を尽くして語る場面がやってくることがある。逆に、子どもたちからすると、両親の学歴達成は、みずからの社会的な地位形成のスタート・ラインとして、意味のある確認事項となっている。

さらに広い視野でみると、文化論的アプローチをとる社会学者にも、学校・学歴がもつソフトウェアとしての潜在的なはたらきへの気づきがみられる。たとえば宮台真司（2002）や上野千鶴子（2002）は、学校の文化的意味や理念が全体社会に広く浸透しているこんにちの日本社会の実態について、「学校化社会」、「学校化状況」という言葉を用いて問題化している。ここでは、上野千鶴子の学校化社会の定義を挙げておこう。

上位者を上位へ、下位者を下位へ再生産するカラクリのなかで、学校はなにをやってきたかというと、学校的価値を再生産してきました。学校的価値とは、明日のために今日のがまんをするという「未来志向」と「ガンバリズム」、そして「偏差値一元主義」です。だから学校はつまらないところです。…（中略）…その学校的価値が学校空間からあふれ出し、にじみ出し、それ以外の社会にも浸透していった。これを「学校化社会」といいます（上野 2002: 50）。

その研究方法や抽出される知見への賛否はともかくとして、そこでは現代日本社会という文脈における、学校・学歴の文化的意味の巨大さへの注目がなされており、この考え方は、現代若者論においてすでに定位置を確保しつつある[13]。

このように、現代日本社会に、学歴社会、大衆教育社会、受験社会、学校化社会などの、学歴や学校にかんする大づかみな社会認識が数多く並立していることは、学校・教育・学歴がもつ社会全体に対する幅広い影響力の存在と、社会の側から学校教育に対してかかっている大きな圧力の存在を証拠づけるものといえる。

ところが、このような学歴のもつ広い意味あいに注目した先行理論を、欧米社会において探し、それを輸入することは容易ではない[14]。それは、そもそもこれらの社会では、狭義の学歴社会への目配りさえ十分ではないからである。欧米社会では、階級・階層、あるいはエスニシティ、地域問題などの重篤かつ解消すべき格差が顕在しており、それゆえにこれらの社会的属性の主体的・文化的要因への影響力の解明が、重要な課題となってきた。そうした歴史をもつ社会においては、学歴は、これらの因習的不平等をうまく解消するための媒介装置であると、理念上はみなされている[15]。それゆえに学歴が起点となった創発メカニズムに注目する蓋然性は高くはない。

また、かりに学歴によって社会意識や生活スタイルの差異化が図られているとすれば、それは近代社会の理念として想定されている人びとの社会的な生まれ変わりの「健全」な機能に他ならない。それゆえに、職業階層、エスニシティ、ジェンダーによる不平等などとは異なり、学歴や学校教育のはたらきに理論化すべき**社会問題**（つまり**学歴問題**）が随伴しているとは考えられにくいのである。

右のような研究の流れを受けて本書は、学歴の作用を扱うに際して、現代日本社会の大きな社会システム、すなわち階級・階層との連携と、文化・社会意識との連携を常に視野に入れて進んでいく。

旧式学歴社会論

このように、学歴のはたらきの多様性と重要性にあらためて目を向ける立場を表明すると、学歴による考え方や能力の差を積極的に論じることについて、直感的に眉をひそめる読者もあるだろう。また、学歴による人の考え方の違いと聞いただけで、「高学歴イコールゆがんだ人格形成」と反射的に考えてしまう人もいるかもしれない。あるいは、学歴は、その人の出身家庭の背景とは関係ないし、個人の努力や能力の指標でもない。つまるところ、学歴はただの空疎なラベルなのだ、というように、その無効性をことさら強調しようとする人もある。

また、私の周りの大学生に聞いてみると、「いまさら学歴社会はありえないでしょう。一人ひとりの人としてのあり方が見極められる時代になってきていると思います」というような「模範解答」が、意外なほどたくさん返ってくる。学歴社会に対する、学歴エリート当事者からの「学歴はかならずしも実力を伴わない」というような自己否定的な懐疑表明は、もはや現代の大学生のひとつの儀礼となっているようで、たとえば東京大学で教鞭をとる社会学者は、異口同音に東大生のこの傾向を指摘している(16)。本音はどうあれ、学歴主義の過度の振りかざしは批判の対象とされるというのが「社会通念」なのである。

学歴主義の社会に対しては、本来ならば賛否両論があってもおかしくはない。しかし、右のように「たてまえ」のレベルでは、否定に偏った意見分布になっている。私は、この学歴主義への国民的な忌避感の一因は、従来の学歴社会論の語られ方にあるとみている。そこで、次にその系譜を追っていくことにする。

「学歴社会論」と呼ぶべきものは、日本社会の未曾有の高度経済成長を時代背景として、七〇年代から八〇年代に最もさかんに論じられた。これらの旧式(あえてこう呼ぼう)学歴社会論では、日本の学歴をめぐる状況は、ほとんどの場合、批判・反省・警告の対象として扱われ、その効用や明るい展望が語られることは多くなかった。

旧式学歴社会論の代表的な著書や編著としては、『学歴——実力主義を阻むもの』(新堀編著 1966)、『学歴信仰社会』(尾形 1976)、『学歴効用論——学歴社会から学力社会への道』(麻生・潮木編著 1977)、『学歴社会の転換』(潮木 1978)、『学歴社会の虚像』(小池・渡辺 1979)、『学歴主義の発展構造』(岩田 1981)、『学歴社会の読み方』(麻生 1983)などを挙げることができる。このほかにも雑誌の特集や研究論文が数多く出されている。これらは、いずれも強力な学歴メリトクラシー=クレデンシャリズムの因果を「学歴主義」の名のもとに論じようとしているという共通点をもつ。そのうえで受験社会、学閥社会、学歴信仰社会、学歴インフレ社会などいくつかの社会像としてのヴァリエーションをもつ。全体におおよそ共通する特徴をまとめるならば、次のようになるだろう。

特徴の第一は、学歴メリトクラシー＝クレデンシャリズムへの関心の集中である。高度経済成長期、それぞれ移り変わりつつあった学校教育（大卒層の増加）と産業セクター（ホワイトカラー化、被雇用化）の結びつきが重要な分析課題となったことは、いまふりかえってもしごくもっともなことである。それゆえに、旧式学歴社会論のなかには、労働経済学者からの提言も多くみられる。

第二は高学歴化の実態を記述し、高学歴化の社会的影響を示すことが課題とされていたことである。産業化の進展と歩調をあわせて、日本人の学歴は、右肩上がりに伸びた。その成長は教育政策に促されたものではあったのだが、多くの日本人の予測をはるかに上回る、驚くべき速度で進んでおり、天井知らずのように思われた。この予測のつかないベクトルに対する当時の人びとの違和感や不安は、現在でいえば、少子高齢化の進行や、非正規労働を続ける若年層（フリーター）増加への違和感や不安と似たようなものだと考えればよいだろう。

それゆえ、この時期の日本社会では、眼前で進行する高学歴化「問題」に、早急に対処しなければならないとする考えが支配的であった。その方針に沿って、旧式学歴社会論では、高学歴化を創りだす側にある、親の子育てや教育投資の実態の把握と病理性の指弾、高学歴化を受けとめる側にある労働市場との連携の不確かさの指摘がなされた。要するに「いまの高学歴化は……という問題状況にある」、「このまま高学歴化が進んでいくと……という事態を生じる」という、ときに杞憂も混ざった記述や指摘が、重要なコンテンツだったのである。

第三は、新制大卒学歴のパフォーマンスの評価が争点となっていたことである。戦後の学制改革は、日本社会における高学歴エリートの位置づけを大きく揺さぶった。戦前からの学歴イメージのなかでは、「大学出」はごく少数の「学歴貴族」ということになっていた。ところが新制大学の大量の設置と進学者の急増は、多数の若い新制大卒層を産業社会に送り出した。大衆化した大学生と新制大卒者が惹き起こす社会現象は、（旧制）大卒＝選良という概念ではもはや理解することができなくなっていたのである。

それでも、戦後制度改革から二〇年以上を経た七〇―八〇年代になってくると、この新制大卒層が一般従業者として役職の階梯を上ったり、転職・独立したりするというかたちで職歴が構築されはじめる。ゆえにこの時期に、この新制大卒層を典型モデルとしたメリトクラシー構造を語ることが可能になりはじめたのである。

第四は、学歴社会は日本だけ、という日本型学歴社会の固有性が探索されたことである。この議論の背景には、集団協調主義、タテ社会、甘えの構造という言葉に象徴される、日本文化特殊論の隆盛があった。ただしこのような固有性の強調については、この当時から国際比較分析の結果をもとに反論が示されている。すなわち、日本は確かに学歴社会には違いないのだが、他の先進工業国と比べて、学歴の収益率がとくに高いというわけではないという実証結果が早い時期から示されているのである（このことは後述する）。それゆえに議論は、メリトクラシーの度合いがそれほど強くないのに、人びとが学歴競争に狂奔している状況こそが、日本の学歴社会の不思議さ、つまり固有の学歴信仰社会の特徴であるという方向へと進展した。

なお、全般的にいえることだが、七〇―八〇年代に提出された「学歴社会悪玉論」には、いくつかの対抗言説が、ほとんど即座に提出されている。しかしこれらの多くは、学歴社会肯定論ではなく学歴社会批判の個別の論拠について反証することで、論点を矮小化していくアンチテーゼであった。それゆえに、「悪玉論」本体が時代とともに無効化するのに伴って、これらの対抗言説も存在意義を失うことになってしまった。

第五は、子どもにできるだけ高い学歴をつけさせ、社会的な成功を収めさせようという、大人の側の過熱化した教育意識・学歴観が、学校教育現場に与える（悪）影響がさかんに指摘されたことである。労働経済学寄りの視点をもっていた学歴社会論に、文化論、社会意識論が不可欠の要素として絡んでくるのは、この時代に「教育ママ」、「受験戦争」、「受験地獄」という言葉が大衆化したことと無関係ではない。

これに関連する事項として、受験競争の過熱を背景に、テストで測る学力に学校・教師の指導が偏重していることが、この時期に激しく批判されたということもある。これはやがて新しい学力観を模索する流れとなり、生きる力をめざす「ゆとり教育」として結実することになる。ところが「理想」の教育とされたものを手にしたわたしたちは、今度はそれを学力低下の根源としてあやぶんでいる。このような言論と実験的な教育改革の周期的な振り子運動（志水 2005）は、現代日本の成人各世代の知識・能力・パーソナリティに、変更不可能な公教育の世代差を刻印するという思いがけない結果をもたらしている。

このほかに研究史のうえで重要なこととして、階級・階層研究のなかでの学歴の位置づけが、後述する学歴媒介トライアングル・モデルを用いて考えられはじめたということと、明治期からの学歴エリート跳梁の歴史を明らかにする制度史・社会史の研究が進み、学歴主義の歴史的な根深さがあらためて確認されたことを挙げることができる。学歴や教育機会を主題とした階級・階層の計量研究と、学歴を主題とした歴史社会学という、この時期に始まった二つの流れは、こんにちも日本の教育社会学の主流であり続けている。

草の根レベルでの拒否反応

以上のとおり、旧式学歴社会論は、大筋において、高学歴化という時代の変動を批判的な見方で理論化する研究群であった。あらためて読み返すと、学歴取得に向かって「初期設定」されていた高度経済成長期の日本人の熱い学歴観（学歴信仰）や学歴重視の社会意識を、当時の研究者・教育家が「設定変更」しようとして、「このままでは危ない」と警鐘を鳴らす作業が重ねられていたことを確認できる。

しかし結局、日本人の学歴主義は危惧されたほどの深刻な社会問題を生起することなく、落ち着いた状況に至った。熱狂のピークから二〇年以上を経たこんにちとなっては、旧式学歴社会論において大きな存在であったはずの、とめどない高学歴化、新制大卒「エリート」の社会的な位置づけの難解さ、受験戦争の過熱現象、大学教育の中身の空洞化などは、受け継ぐべき示唆をもたない。周知とは思われるが、具体例によって示しておく。

こんにちの大学受験は、もはや画一化された知識・技能を詰め込む受験学力を、単純に競う場ではなくなっている。「ゆとり教育」世代の大学受験は、良くも悪くも多様であり、ＡＯ入試、大学入試センター試験のリスニング設問に象徴されるように、コミュニケーション能力をはじめとする「新しい学力」が求められるようになっているのである。そもそもこんにちの大学受験は、もはや以前のような激しい「戦争」ではなく、入試難易度の低い大学・短大への入学にかんしては、受験生側の売り手市場となって久しい。

さらに大学教育の現場でも、授業内容、教員の教育者としての熱意、学生一人ひとりへの個別の対応、教育的サービスは、組織内での評価や点検により、ここ数年で見違えるほど向上している。にわかには信じがたいと感じる読者は、インターネット上で「シラバス」、「講義概要」という言葉を検索してみると、いかに講義の充実が図られているかという実態がわかるだろう。講義資料やノートをネット上で公開したり、受講生とのコミュニケーションのためのウェブ掲示板やブログを設けたりしている教員も数多い。大学生の学習意欲も、私がみる範囲では、決して（自分たちの学生時代のように）低くはない。もはや「大学のレジャーランド化」や「マスプロ教育」というかつての言葉は名実ともに死語になりつつある。

ところが、日本社会の草の根レベルでの学歴言説は、かつてのテンションの高い高学歴化への懐疑論、あるいは受験競争への拒否反応に、いまだに支配されているようなのである。このように「時代遅れ」の言説が、二〇年も人びとの間で現役でいることの一因は、学歴社会論と呼ばれるものが、その後、ほとんど打ち捨てられた状態のまま、更新されなかったことにあるように思われる。こんにち、いじめ、不登校、学力低下などについては、新しい書籍をいくらでも手にすることができるのに、「新しい学歴社会論」をみかけることは多くない。そのため、学歴社会についての大衆的な知は、せいぜい八〇年代の実態と、それに対する解説にとどまっており、すっかりふるびていて的を射ることがない。

実態構造が異なる段階に至ってもなお、人びとの社会意識が以前の段階にとどまっている現象を、社会学では文化遅滞と呼ぶ。いま、日本人の社会意識のこの遅れ気味の素地に訴え、共感を得ることでよしとするのであれば、学校、学歴、教育、受験についての言論作業はそれほど難しくはない。実際、最近の議論である上野千鶴子や宮台真司の学校化社会批判も、こうした草の根レベルでの学歴社会への国民的忌避感に呼応している気がしないでもない。もしもそうならば、書き手の意図はどうあれ、その構図は旧式学歴社会論とあまり変わりがない。ちょうど「中流論争」が「格差・不平等論」と読み替えられてリバイバルする[17]のと同じしくみである。

さらに、草の根レベルでの学歴社会否定（批判）言説には、論理としてはたいへんに底が浅いところがある。というのも、多くの場合、建設的な代替提案をもたないからである。私は学生には「学歴社会がダメならば、代わって何社会になればいいと考えますか？」と問うことがあるが、「もっと個性とか意欲とか真の能力とか……」と、かれらの学歴社会批判の論点が反復されるだけで、いまだに説得的な回答に出会ったことがない。要するに、かれらの学歴社会批判はネガティブな感情表現にすぎないのである。

時代はいま、学歴や学校教育についての単純な善玉対悪玉論争を消費し尽くし、少しずつではあるが、冷静な視野を確保しはじめている。そこで本書では、学歴社会の善悪二元論を、いまさらどちらかの側に立って浅薄に蒸し返すようなことはせず、もっと高次の議論を展開しようと思う。学術的に正確な状況を読者に知らしめることと、賛否の意見表明は別の次元におくべき事項である。本書はあくまで前者を志向していく。

大衆教育社会論

右にみたとおり、学歴社会論は高度経済成長後、ほとんど更新されていない。だがこの間、研究の進展がなかったというわけではない。なぜならば、九〇年代において、旧式学歴社会論を総括し、その有用な論点だけを抽出して、こんにちへと橋渡しをするひとつの研究がなされているからである。それは苅谷剛彦の『大衆教育社会のゆくえ――学歴主義と平等神話の戦後史』（苅谷 1995）である。この章の締めくくりとして、この研究をとりあげよう。

同書が大きな反響を呼んでから、早くも一〇年以上が経過した。当時気鋭の教育社会学者が提起した大衆教育社会論は、旧式学歴社会論が散発的に触れるにとどまっていた、出身階級・階層と学校教育の関係性、中間大衆層の学歴観、階級文化が学校教育におよぼす作用などに目を配るものであった。そしてジャーナリスティックな方向に偏りがちだった言説をあらため、整理された概念を示すことで、学歴社会研究の次なる展開が促されている。

同書では、教育の量的拡大、メリトクラシーの大衆化、学歴エリートの非選良性という三つの実態によって大衆教育社会の状況が定義される。

第一に挙がっているのは、教育の量的拡大である。これは大衆教育社会論が、旧式学歴社会論と同様に、高学歴化のスロープにおける出来事に注目する理論であることを示している。より厳密に読みとるならば、ある程度の豊かさを背景に、学歴競争が過熱した七〇―八〇年代が、この理論の対象社会であることがわかる。「大衆」というやや時代がかった言葉は、一億総中流の時代に日本社会のマジョリティとなった中間層に注目し、この層と学歴社会の連携性をとらえる立場を表現するものである。

他方、「学歴主義と平等神話の戦後史」という副題が含意しているとおり、日本の高学歴化期を、九〇年代の視点から最終総括する同書の立場は、高学歴化期を語る最後の理論ということにもなる。(18)

第二に挙がっているメリトクラシーの大衆化は、次のような論法で展開される。戦後日本社会では、高校進学率が爆発的に拡大していったのと歩調をあわせて、経済的な理由によって（高校）進学を断念しなければならないという貧困問題が希薄化し、だれでも努力次第で進学できるようにみえる社会が到来した。この状況は、学力・学歴というものは、出自の影響を背後にもつ奥深い指標ではなく、個人の努力と能力の関数なのだ、というような、学校教育への大衆的信頼を確かなものとしていった。このことは学歴競争、受験競争が、フェアなゲームとして国民的規模で流通していくための社会意識の素地となる。

他方、研究者、政策決定者の側の問題として指摘されているのは、旧式学歴社会論の目の配り方である。前述のとおり七〇—八〇年代には、学歴メリトクラシー＝クレデンシャリズムについて白熱した議論が集中した。このことについて苅谷剛彦は「メリトクラティックな選抜が前景に押しだされたことが、学力競争の問題へと人びとの目を向けさせた。代わって、その背後で作用する階層要因のはたらきは見えにくくなった」（苅谷 2001：65）とみる。階級・階層と学歴の関連をみるためには、学歴→職業階層という因果に目を奪われるだけではなく、背後にある職業階層→学歴という因果にもっと議論を集中する必要があったという批判的指摘である。

第三に挙げられている学歴エリートの非選良性は、学歴取得競争の結果として産出された高学歴エリ

表1-1　高学歴化期を語る2つの学歴社会論

	旧式学歴社会論	大衆教育社会論
時代性	70-80年代の同時代論	学歴をめぐる戦後史の最終総括
高学歴化へのスタンス	現実問題としての高学歴化への対処	高学歴化からの社会学理論の導出
階級・階層との関係	メリトクラシー原理（学校教育→到達階層）の強調	階層問題（出身階層→学校教育）の強調
提起される論点・論調	高学歴化という実態の記述・発見 「戦争」・「地獄」・「信仰」というジャーナリスティックで感情的な表現 学歴主義に対する善悪論（主として批判）	階級・階層との連携の理論的整理 文化・社会意識との連携の理論的整理（メリトクラシーの大衆化，大卒層の非選良性） 善悪論を超えた視点の提供

ート層が、特定の階級文化とは結びつかない、学校という場に独自の「中立的」な文化を身にまとっていることを述べている。これは、量的に拡大した新制大卒層が、エリートとしての自覚や世代間再生産の後ろめたさをもたないまま、漫然と中間層上層を構成している現代日本の実態を確認するものである。

この大衆教育社会論と旧式学歴社会論の違いは、**表1-1**のように整理できる。以下は、私の独自の理解になる。

両者はともに高学歴化の途上において、日本社会にどのような変化が生じるのかを論じるものである。ただし高学歴化を同時代論として描いた旧式学歴社会論は、その問題性や先行きの不安を過剰に否定的に語りすぎるきらいがあった。この点について、大衆教育社会論では、すでに戦後史として定着した事実を総括するという時代性から、こんにちのわたしたちに必要な部分だけが、粛々と理論化されている。それは端的にいえば、「戦争」や「地獄」や「信仰」になぞらえられた、高学歴化のソフトウェア（文化・社会意識）を、「メリトクラシーの大衆化」と冷静に表現していることにあらわれている。

そして他方では、新制大卒層が、量においてのみならず、質においても「エリート」ではなく、「大衆」なのだという事実を確認することで、旧式学歴社会論者＝みずからが旧制エリート学歴をもつ研究者たちの、過剰な思い入れも払拭している。

このように同書は「旧式学歴社会」を「大衆教育社会」として読み直すことで、単純で感情的な善悪論のくびきを抜け出し、実態の冷静な理論化に成功している。そして苅谷剛彦自身のなかでは、この大衆教育社会という社会認識が礎となり、その後の意欲や学力の階層間格差研究が展開されていくことになる。本書もまた、一連の「苅谷理論」から、少なからぬ示唆を受け継ぐことになる。[19]

（1）今田高俊は、同じ冒頭部分を引きつつ「福沢は学歴社会論の元祖であった」（今田 1989：17）と指摘しているし、藤田英典（1993）もまったく同様の指摘を行なっている。原純輔・盛山和夫は「まだ学制も発布されていない明治五年という早い時期に、福沢はきたるべき近代社会の階層原理が、『学問の力』にあることを唱えたのだった。『学問のすゝめ』は、当時の空前の大ベストセラーになり、それから今日に至るまで、大勢の青年達が富と地位をもとめて学歴獲得に邁進するようになる礎を築いたのである」（原・盛山 1999：46）と解説している。

（2）慶應義塾大学に在籍経験のある国会議員を挙げてみると、小泉純一郎や、生前に政界を退いて次男岳（やはり慶應義塾大学大学院修了）に地元選挙区を譲った橋本龍太郎（故人）のような、内閣総理大臣経験者をはじめ、河野太郎（中退）、船田元、石原伸晃・宏高、中曾根弘文、小沢一郎というような著名な二世議員の、しかも嫡子を意味する「太郎・一郎」系の名前を多く見出すことができる。

（3）明治中期に、慶應義塾が高等教育機関としてどのような経営戦略をとり、学歴社会における現在の特有の位置づけを勝ち得たかということについては、天野郁夫（1992）が的確に分析している。

（4）適塾は、西洋医学を中核としたアカデミックな組織であった。私が在籍する大阪大学は、国立大学法人としては珍しく、この私塾をその前身として仰いでいる。福沢諭吉はここで蘭学を学び、のちには塾頭として塾生を教えていたという。「適塾の塾頭、塾監というのは、明治後の制度でことさらに翻訳すれば、助教授、助手にあたるかもしれない」（司馬 1976: 31）という歴史小説家の解釈を受けるならば、理屈のうえでは「福沢さん」と私は、遠い時を隔てた同門ということになる。これは、私個人にとっては思いがけない一面である。

（5）二変数の間にあらわれている関係には、それらの間の直接の関連と、双方に関与する第三、第四の変数が介在して成立している関係がある。また、意識変数の場合は、複数の変数に共通する潜在因子が存在する場合もある。このように相互に関連しあう要因の関係は、社会調査データを扱う場合は、多変量（三変数以上をさす）を同時に分析する手法によって因果関係として整理することができる。

（6）これを受けて同書（吉川 1998a）の後半では、学校教育によって青少年の社会的態度が形成されるダイナミズムが分析される。じつはそこにもまた、親の職業階層によって子どもの社会意識が異なることを主張する、文化的再生産論（第3章参照）という既存の命題がある。かりにこれに従って考えると、ただひとつ問うべき要因はやはり（親の）職業階層ということになる。ところが、分析によって明らかになったのは、日本社会においては、むしろ学校教育が青少年の社会意識の差を発生・増幅させるはたらきが重要であるという実態であった。

　そもそも、職業階層については成年男女においてさえ、理論上期待された効力が検出されていない。そこから類推するならば、職業階層は、次世代への影響力を欧米型の階級社会の場合と同じようにはもちえないのである。他方、公的な社会化エージェントとしての役割を与えられた学校教育が、社会意識を差異化する真の要因となっているというのは、階級・階層研究を離れて、近代社会における学校教育の機能を考えるならば、理の当然ということになる。

(7) 年齢、性別、職業、学歴、収入、組織参加、家族構成、地域など複数の社会的属性を説明の側において、ある社会的態度の分布に有意な説明効果をもつ要因を探索する因果モデル(図7-1参照)をさす。

(8) 学歴による社会意識形成の様態については、拙稿「大衆教育社会のなかの階層意識」(吉川 2000)に男女ごとの重回帰分析の結果を列記しているので、関心のある方は参照されたい。

(9) 梶田孝道(1988)は、近代社会における業績主義を類型化する作業のなかで、学歴に典型的にみられるように、みずから業績原理に基づいて獲得したものでありながら、属性として形骸化した部分をもつものを、獲得的属性と呼んでいる。

(10) メリトクラシー(meritocracy)は単なる能力主義を意味するわけではなく、それが制度化し、形骸化する側面を強調する言葉である。それゆえに学歴が地位形成において重要な意味をもつという実態記述の意味では、クレデンシャリズム(credentialism)という英語がより近い(Ishida 1993; 盛山 2003)。にもかかわらず、日本語で一般によく用いられるのは前者である。よって本書では、煩雑ではあるが、メリトクラシー＝クレデンシャリズムというかたちの併記をすることにした。

(11) 階級・階層と学歴の関係を実証するための調査データとして、本書では主にＳＳＭ調査研究の時系列データを用いる。この調査プロジェクトは、正式な名称を「社会階層と社会移動全国調査」(Social Stratification and Social Mobility Survey)といい、一九五五年からほぼ一〇年ごとに、二〇〇五―〇六年まで六度にわたり、精密な方法を用いて全国規模で実施されている。ＳＳＭ調査では、対象者本人とその親や配偶者の職業階層、学歴、あるいは家族の生活構造、そして本人の社会的態度などが、時系列比較が可能になるように項目設計や方法を統一してたずねられている。本書執筆時において分析することができるデータは一九五五―九五年の五時点のデータである。

(12) 麻生誠 (1983) は、日本型学歴社会を六つの軸の関連からとらえている。そこに挙げられているのは、教育信仰、増大し中流階級化したサラリーマン層の高学歴欲求、硬直的・閉鎖的高等教育ピラミッド、道具的・秩序的・選抜的学歴価値の三位一体、学歴―年功的人事管理制度、およびタテ社会原理=甘え原理である。時代認識はすでにわたしたちにとっては過去のものであるが、学歴社会論の及ぶ範囲は、こうした議論によって社会学的な課題へと拡張されて現在に至っている。

(13) 残念ながら、上野千鶴子や宮台真司がこの問題に対して用いる論法は、計量社会学者にとってはあまり説得的ではない。かれらは学校・学歴についての大衆のおぼろげな知、教育の現場におけるかぎられた事例、あるいは教育評論家の言説などに依拠して、現代日本社会が学校化しているという「実態」を、だれもが感じているあの問題として描いていく。そのうえでそのような学校化状況からの脱却の必要性が説かれることになる。要するに、巨大で凶悪な「怪獣」の正確な姿を測り出す作業を欠いたままで、人びとの日常感覚におもねる立論がなされているのである。このことについて私は、かれらが本来依拠すべきだったのは、竹内洋や苅谷剛彦の教育社会学研究の視界の先にあるはずの実証研究群ではないかと考えている。

なお上野千鶴子らの考え方は、I・イリイチが用いる意味での「学校化社会」とは異なったものである。

(14) ただし後述するとおり、社会意識・生活様式がさまざまな経路で学歴取得を制御している構造は、文化的再生産論として広く知られる。

(15) 実際には、学歴は社会的属性の影響力を、その期待とはうらはらに増幅しているという危険性もあり、諸刃の剣としての不確実性をはらんでいる。

(16) 苅谷剛彦 (2001)、上野千鶴子 (2002)、佐藤俊樹 (2000) にそうした東大生の気質についての記述がみられる。

(17) 盛山和夫(2000=2001)は現在の格差・不平等論のなかで指摘される中流崩壊は「物語」にすぎないという。そして、こんにち雑誌や新聞で見かけられる論争は、七〇年代後半になされ、すでに定型化された論争の再演にすぎないと喝破する。

(18) この時点での苅谷剛彦の意図は、「ゆくえ」すなわち、未来志向の議論にはなく、むしろ歴史社会学の描きなおしにある。苅谷剛彦によって日本社会の将来像が積極的に論じられるのは、この後のことである。したがって、現時点で振りかえると『大衆教育社会のゆくえ』という書名は、いささかミスリーディングであったように思われる。

(19) 自論の展開に先立って、苅谷剛彦の一連の主張と、後発の本書の主張の重なりを列挙しておくべきだろう。まず、高学歴化の終焉と高原期の安定的持続という現状認識、日本型学歴社会の固有性と先進性をみる状況認識、欧米型職業階級理論の輸入適用からの脱却の必要性の指摘、変動期と安定期の世代間関係の質的相違への注目、急速な社会変動による階層格差の隠蔽の指摘などが基本的に共通している。

さらにこれらの実態から生起する、教育機会の階層的不平等の表面化、教育を機軸とした新しい階層秩序の形成、社会意識と学歴の再帰的ループ、学歴競争・受験競争への社会階層ごとの選択的加熱、若年層における世代間関係の再不平等化などについても、言葉の質と量は異なるが、主張としては共通点をもつ。

2章 もはや高学歴化社会ではない

学歴社会の成熟

高学歴化とは、ある社会において人びとが受ける学校教育の量が、時代とともに増えていく現象をさす。英語では educational expansion（教育拡大）という。これを社会調査データでみると、生年が若いほど、学校教育を受けた年数が長いという傾向としてあらわれ、必然的に、親よりも子どものほうが学歴が高いという世代間での拡大傾向を伴う。この高学歴化は、産業化（industrialization）と総称される近代社会の変動を語るうえで、ひとつのキー概念であり続けた。同時に「学歴社会とは高学歴化の社会のことだ」というのが、長くわたしたち日本人一般の理解であった。

だがこんにち、少なからぬ大学・短大において、学生が十分に集まらなくなり、深刻な経営難の時代がおとずれていることがいわれる。他方では大学への希望者全入時代が目前まで迫っていることも予測されはじめている。かつては受験産業の花形であった大学進学予備校でさえ、生徒数の減少によって廃校を決めたところがある。これらの大学進学をめぐる最新の状況は、少子化時代の到来を告げていると同時に、わたしたちの国の高学歴化の勢いが、すっかり失われてしまったことを思い知らせてくれる。現代日本社会においては、教育の量的拡大は、直線的な右肩上がりの時期を終え、いまや高原期へと移行しているのである。この学校教育の拡大期の終焉は、他のさまざまな変動とともに、ポスト産業化期への移行という大きな流れを構成しているとみられている。

本書では、このような現代から近未来の日本社会における学歴をめぐる状況を、成熟学歴社会という言葉をつくって理解しようとしている。元来、成熟とはものごとが最も充実した時期に達するというポジティブな意味であり、成熟社会という表現は、ポスト産業化期の社会の成功イメージとして、とくに厳密に定義されることなく、さまざまな文脈で用いられている。もっとも私は、成熟学歴社会という言葉に、学歴社会の望ましい帰結という意味をことさらに与えるつもりはない。

ここではひとまず、成熟学歴社会とは、著しい高学歴化の変動期の後に続く、現在および近未来の高水準での学歴の安定・膠着状態をさすもの、という最低限の概念規定を示すにとどめたい。成熟学歴社会の詳しい成立要件、他研究との関連などについては、一連の議論をまとめる第9章においてあらためて論じる。

ところで、これまで学歴社会の具体的な実像について論じるときには、中卒・高卒・大卒という学歴の量的な差とともに、○○大学卒業という学校名（学校歴と呼ばれる）に基づく差異や、エリート学閥の存在が論点とされてきた。そして、やや紛らわしいことに、この学校歴偏重主義を「成熟」と表現する研究例もないわけではない。しかし本書における成熟学歴社会は、学校歴を扱うための言葉ではない。

むしろその照準は、教育の量的側面に絞られているというべきだろう。

もうひとつ、分析概念と表記にかんして断っておくべきことがある。本書においては、特別に言及が必要な場合を除いて、新制大学、短大・高専、旧制の高等学校以上への入学者をまとめて「大学進学者」あるいは「大卒」、「大卒層」と表現する。厳密にはこれは高等教育進学者と呼ばれるべき社会層である。

同様に、「高卒」というカテゴリには、新制・旧制を問わず中等教育を受けた人たち、および高校卒業後に専門学校、各種学校に進学した人たちを含める。また、「大卒」カテゴリとの対比において「非大卒」という場合には、「高卒」層に加え、義務教育を最終学歴とする人たちも取りまとめる。

もちろん私は、正確な実態を記述するために、細かい学歴の区分を分析に用いることには、決してやぶさかではない。とりわけ、各学校段階での中退者の動向、短大・高専卒業者の大卒層との質的差異、高校卒業後の進路のひとつの主流である専門学校・各種学校進学者の実態、エリート大学卒の学校歴をもつ層の実態、大学卒業後の大学院進学層（社会人のリカレントの多い法科大学院、経営学修士なども ここに含む）の抽出など、細分化した事実把握は必要だと考える。

しかしこれらの正確な分類を用いた分析結果の読みとりには、いくらかの教育社会学の予備知識を要する。また、カテゴリ境界のもつ意味と各層の同年人口全体に占める比率が、時代によってめまぐるしく移り変わるため、議論は細かく煩雑になってしまう。そこで本書では、こんにちの進学実態の最も主要な事実を反映しうるシンプルなカテゴリを採用し、可能なかぎり全体を統一することとした。(1) ただし、教育年数を算出するときに限っては、細かいカテゴリごとに数値をわりあてている。

取り払われる昭和のヴェール

現代日本社会の学校教育を語るうえで、まず確認しておくべき事項は、同一教育システムの長期継続という歴史的な事実である。

日本では、一九四七年の学制改革以来、学校教育法に基づく単一の教育制度が安定して用いられてきた。すでに長い歴史をもち、もはやだれにとっても新しくはないこの制度は、戦後を語る研究においては「新制教育」と呼ばれてきた。現在までの六〇年間、教育理念・方針の変更あるいはカリキュラムの小さな改革が繰り返され、最近では一貫制による柔軟な運用も試みられているものの、六・三・三・四制は基本的には堅持されている。クルマでいえば、マイナー・チェンジ(小規模な改良)は何度もなされてきたが、デザインを一新するフル・モデル・チェンジが長く試みられたことがない状態にたとえられるだろう。一面では、その性能に対する高い評価と信頼に支えられた継続といえる。

この六〇年というスパンは、大規模社会調査の対象者年齢レンジ全体をカバーする長さである。別の表現をするならば、こんにちの産業社会を構成する「同時代人」については、ことごとく六・三・三・四の目盛りを刻んだ共通のモノサシで学歴を計測できるということである[2]。

かつてわたしたちには、学歴をみるときに、「自分と比べれば低い学歴だが、あの時代の人にしては、高い学歴をつけている」というように、年長の人の学歴達成を水増しして考える習慣が身についていた。長幼の序をわきまえるという東アジアの儒教文化も後押しした「昭和の作法」である。それゆえに年長世代からは「わたしたちの頃に旧制中学にあがるのは、いまの子が大学に行くのより価値があることだった」といったたぐいの、世代間のダブル・スタンダードがしばしば語られたし、「代表取締役が旧制△△高等学校を出ているのと、今年の新入社員が○○大学を出ているのはどちらの学歴が上か？」という問いに、正確な答えを見出すことも難しかった。新制・旧制の修業年数、進級・進学制度の違いと、各時代の進学率の激しい変動（増大傾向）という二つの不確定要因のため、正確な変換ルールをだれももっていなかったのである(3)。

さらに重要なことは、この学制の差異が、子どもたちからみた場合に、自分の父親・母親の学歴が、当時の水準において高学歴といえるのか、あるいは、こんにちの自分の達成学歴と引きくらべた場合に、上なのか下なのか、ということを正確に見極めることが難しい状態をもたらしていたという事実である。それゆえに昭和後期の若者たちにとっては、自分がどのような学歴の出自からスタートしたのかということは、それほど重視する必要のない事項であった。むしろ、一様に耳にしたのは「わたしたちが若い頃には、行きたくても、学校に行かせてもらえない子がたくさんいた」という、自分たちとは隔絶した親世代、祖父母世代の学歴経験であった。

ところが、比較基準をあいまいにしていた学制の違いと高学歴化という二枚のヴェールは、若年層から順に速いスピードで取り去られつつある。こんにちでは掛け値なしで高卒は高卒、大卒は大卒、「○○大学」は、昨今の国公立大学統合がやがてもたらす未知のなりゆきを別とすれば、どの世代でも「○○大学」なのである。

すると、親の高卒学歴（あるいは大卒学歴）を自分が下回らないためには、子どもたちは、自分も同じように高卒（あるいは大卒）以上の学歴を得なければならないという、標準化されたルールが、人び

表 2-1　3 世代の教育達成の現状

	ライフステージと年齢	教育制度	進学率
高校 3 年生	1989（平成元）年生まれ 17-18 歳	新制教育	大学 50% 高校 97%
父 母 世 代	1964（昭和 39）年生まれ前後 40 代前半	新制教育	大学 37% 高校 93%
祖父母世代	1939（昭和 14）年生まれ前後 70 歳前後	戦後教育 開 始 期	大学 11% 高校 51%

とに共有されるようになってくる。当然ながら、上昇移動、下降移動という世代間関係の顚末は、何の変換もせずに、見たままの姿で自他に了解されるようになりはじめる。

このような変化を念頭におきながら、具体的な世代間関係を考えてみよう。**表 2-1** は二〇〇七年度の高校三年生と、その父母世代（推定）、さらには祖父母の世代（推定）の標準的な学歴を数字にしたものである。(4) いま高校三年生（一八歳）に注目するのは、かれらの大半が、生涯付きあうことになる自分の学歴（大卒／非大卒）を決する、重要な分岐点に立っているからである。この世代の高校進学率は約九七％、浪人も含めた大学進学率（中卒就職・高校中退層を含む全同年人口における短大・大学進学者比率）は、近年度と同水準であるとすれば五〇％強であるだろう。

かれらから約二五年の間隔をとって遡っていくと、父母世代の標準的な年齢は、一九六四年前後に生まれた四〇代前半と推定される。このコーホート（生年世代）の学歴の状況を、学校基本調査（注（4）参照）の数値で確認すると、高校進学率は約九三％、大学進学率は約三七％と、すでに今の高校生に近い水準に達していることがわかる。

この事実からは、こんにちの高校の進路選択の現場が、子どものほうが両親よりも教育年数が長いという高学歴化段階を、すでに脱した状況にあることを確認できる。かつてわたしたちは、多くの親たちが、みずからが至らなかった高校卒業あるいは大学卒業という学歴水準まで、わが子を何としても進学させようと、やみくもに学歴競争・受験競争を過熱化させる姿を、典型的な学歴社会像とみていた。ところが、それはいまでは過去のものであり、こんにちの進路選択の現場においては、旧式学歴社会論の説明がまったく及ばない、新しい状況が展開されているのである。

ところで、学歴達成の戦略を決するにあたって、父母は高校三年生当人とともに当事者としての立場にある。教育を経済学的にみる立場からは、世代間移動としての学歴競争・受験競争に投資をしているのは、高校生当人ではなく、むしろ父母であるとみることすらある。そこで、この父母たちが経験した高学歴化のリアリティを確認するために、さらに一世代を遡って、高校生三年生の祖父母世代の状況をみることにしよう。二五年×二世代という概算をすると、一九三九生年前後が祖父母世代の標準的な年齢と推定される。これは、ちょうど一九四六（昭和二一）年四月に、戦後初めての小学校（国民学校）一年生として入学し、義務教育の新制中学へと進学した学年にあたる。ゆえに、この三世代では、学校教育経験は、いずれも新制の民主主義教育のもとに統一されることになる。

つまり**表2－1**は、父母の視点から高学歴化の「来し方」と「行く末」を見渡すときに、前世代にも次世代にも六・三・三・四制の「モノサシ」が同じように用いられることを示しているのである。これは歴史の必然を語っているにすぎないのだが、親としての学歴観の視界が、自分の前の世代から自分の次の世代まで、このようにひとつの教育制度内におさまるのは、じつは明治以降、初めてのことなのである。

ただし祖父母世代の高校進学率をみると、高学歴化の急なスロープの入り口にあって、約五一%、大学進学率は約一一%であり、どちらもまだそれほど高くはない。要するに、かれらは学制改革のヴェールが取り去られ、高学歴化のヴェールだけがかかっている過渡期の学歴取得状況を生きた世代なのである。それゆえに父母世代は、親より高い学歴の取得を実体験しているわけであり、かれらこそが、旧式学歴社会論で受験戦争を懸念された「高学歴化の子どもたち」に他ならないのである。

この表に示したシミュレーションからわかるとおり、人びとが子どもとして経験した学歴社会と、親として経験する学歴社会は、いまはまだ完全に同質にはなっていない。しかし世代間の学歴経験の差が払拭されるのは、もはや時間の問題である。ほどなくこの国は、祖父母―父母―中高生という三世代が、団塊の世代―団塊ジュニア―そのエコー・ブーマー(拡散した第三波世代)となるはずだった平成の少子化「ゆとり教育」世代によって構成される局面にさしかかる。戦後日本の教育制度の数々のマイナー・チェンジは、これらの人口変動の大波に対処するための設計修正の繰り返しであったともいえる。それは表面的には、学習指導要領の手直し、学級定員、教員、各学校の募集定員やクラスの増数、学校新設などの実務的な手当のかたちをとっている。しかしそのはたらきとしては、進学の門戸の調整によって、団塊の世代においては高校・大学進学率の拡大傾向を維持し、団塊ジュニア世代においては高校・大学進学率の安定的趨勢を維持することが要件であった。その意味でこの三世代は、それぞれが日本の学校教育制度の寵児だといっても過言ではない。

そうであるからこそ、この世代の参入を機に、祖父母―父母―中高生にかかわる進学率が、いずれも高卒九〇%超、大卒四〇―五〇%という、未曾有の高学歴安定・膠着状況が「完成」するのである。数年以内に到達するこの段階は、成熟学歴社会の本格的な到来の見極めやすい道標となるだろう。

高学歴化の急速な達成と終焉

次に、高学歴化の「終わり方」について、社会調査データに基づいて示そう。日本はアメリカなどのいくつかの社会とともに、先進的な学歴社会状況にある。なぜならばすでに若年―中年層で、学歴が拡大の天井に至っているからである。このような社会から得られた成年データでは、年齢が若いほど学歴が高いという意味での高学歴化傾向は、単純なものではなくなっている。

図2-1は教育水準の拡大について、一九二五―七四年生まれの男女について集計したものである。折れ線グラフは本人の教育年数（――）と、その父親の教育年数（……）である。棒グラフは本人の高校進学率と、大学進学率を示している。はじめに生年ごとに平均教育年数をみると、おおよそ一九五七生年コーホートあたりを境に、直線的な拡大傾向（右肩上がり）が終わり、それより若い世代では、教育年数の高原状態（水平的推移）が続いていることがわかる。その水準はほぼ一三―一四年であり、高校卒（一二年）と短大卒（一四年）の間にあたる。

これが、わたしたち研究者の間で高学歴化の終焉、あるいは学歴水準の高原化などとして知られている現象である。社会変動の流れのなかでみると、単調増加の部分は、高度経済成長期と重なっており、高原期の部分は、こんにちのポスト産業化段階を示すものということができる(5)。

さらに、高学歴化の非直線的な推移は、両親の学歴（この図においては父親教育年数）の高低と、本人の学歴の高低の関連のあり方に、時点を追った変質をもたらす。それは以下の四つの局面からなる。

第一局面　産業化のごく最初の段階では、まず対象者本人の学歴が拡大しはじめる。しかし父親の学歴は、きわめて低い水準でほぼ横ばい状態にある。日本社会においては一九三五生年コーホート前後（その父親の多くは明治末期―大正初期生まれ）までは、この局面が続いている。

第二局面　引き続く二〇―三〇年の間は、対象者学歴と父親学歴がほぼ平行に拡大していく。そこでは、対象者が若く学歴が高いほど、父親もまた若く学歴が高いという傾向がある。そのため、どのコーホートでも、世代間関係において、本人の学歴が父親の学歴をほぼ一定の量だけ上回るという安定的な拡大状況が、しばし続くことになる。(6) もっともグラフをみれば明らかなとおり、こうした単調増加局面が永遠に続くわけではない。むしろ、このような純粋な高学歴化期は、おおよそ一九三五―五五生年の二〇生年コーホートほどに限られている。この時期の拡大傾向は、被雇用層の増大、都市への人口集中、第二次・第三次産業の従事者の増加というほかの社会変動とも歩調をともにしている。

第三局面　本人の平均教育年数の拡大は、一三―一四年という天井に到達する。本人の学歴をみているかぎり、ここで高学歴化は終焉したようにみえる。しかし父親の教育水準の拡大は、しばらく持続する。したがってこの局面にあっては、親子の学歴取得状況の類似性が徐々に高まってくるという変化が、水面下で進行しているのである。そういう意味では、まさにいま日本社会で進行中のこの局面は、学歴の世代間関係にかんする、静かではあるが、重要なターニング・ポイントといえる。

第四局面　第三局面の後には、父子二本の折れ線グラフが横ばい状態で重なり、以降この局面が安定的に続くことになる。実際にアメリカなどの歴史的に先行している社会において若年層のデータをみると、対象者教育年数と父親教育年数の重なりを確認できる。すでに述べたとおり、高校三年生がこの状

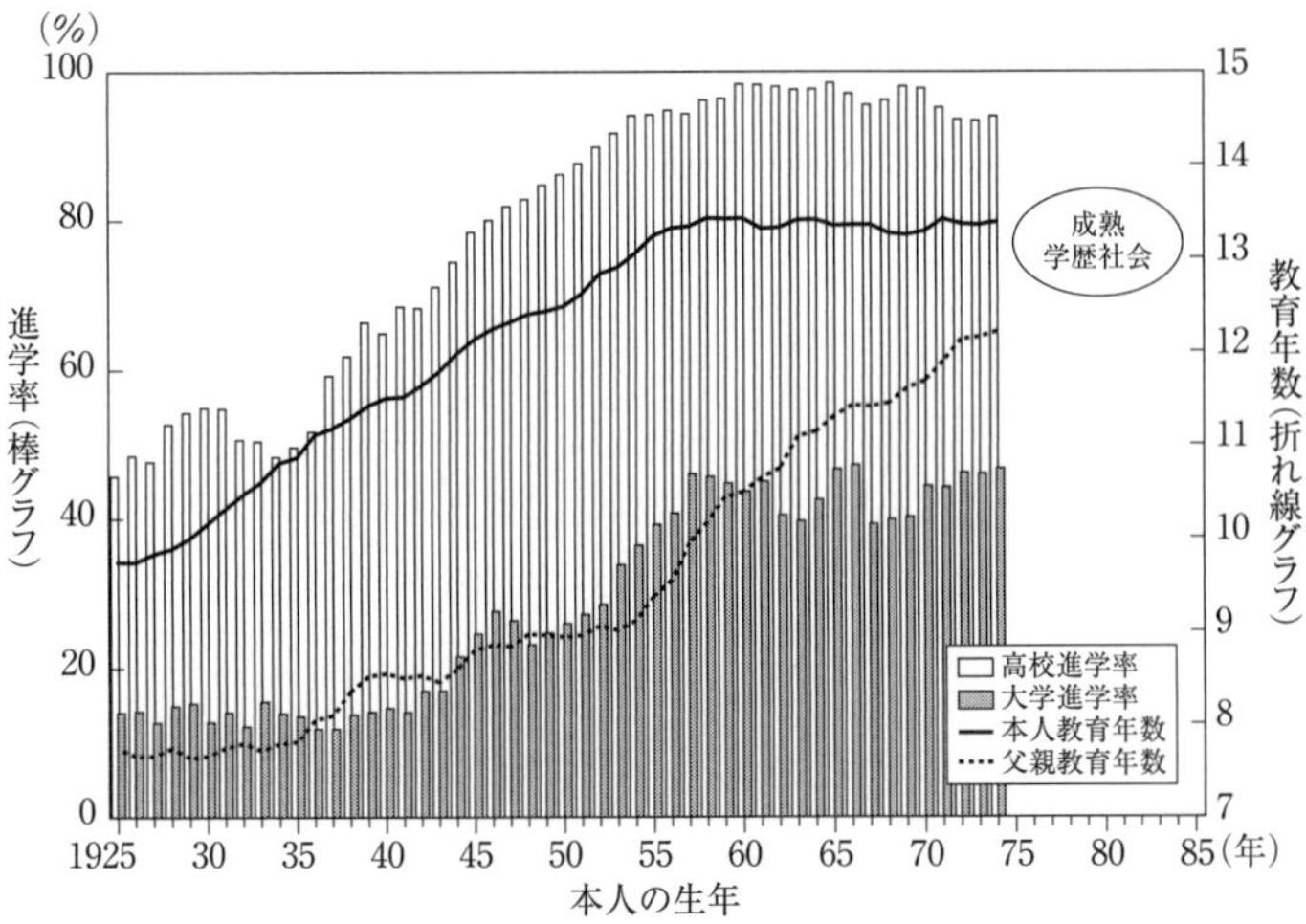

図 2–1　日本社会の高学歴化の局面変化

データ：1995 年 SSM 調査（男女）.

況で進路選択をするようになるのは、いまから数年後のことである。図中では右上の小さな楕円によって、この高学歴化の完全な終了段階の漸次的到来を示している。なお、日本の大学進学率は、**図2－1**をみるかぎり四〇%前後で横ばいになっていくようにみえるが、学校基本調査のデータからその後の変動を読みとると、九〇年代に入ってから、つまり七〇年代後半の生年で数%の微増があり、五〇%前後まで上昇して、現在再び伸びは止まっている[7]。

以上のとおり、高学歴化には四つの局面があり、親子の教育年数からみた高学歴化の進行は、全体としては**図2－1**にあらわれているような、平行四辺形を形作る。ここで、とくに留意しておくべきことは、日本社会においては高学歴化が急速に達成されたため、二〇世紀半ばから後半期をとらえた**図2－1**の五〇生年が、第一局面から第四局面前夜まで、すなわち、親子ともに低学歴であった時代から、親子ともに高学歴となる時代までの、多様な変動局面によって構成されているということである。つまりわたしたちの社会では、いわゆる高学歴化として通常イメージされている単調増加状況（第二局面）は、じつは一世代関係分（二五生年）程度の期間しか継続しておらず、教育拡大の同じ局面を親と子が経験したことは、いまだかつてなかったのである。

世代間のタテの比較からヨコ並びの格差へ

産業化の道をまさに急進してきた日本社会の軌跡をみるとき、学歴社会を動かす主体の側の意思決定について、二つのことを指摘することができる。第一は、人びとが、自分と周囲の学歴をじっくりと見比べることができるほど安定した状態を経験していない、という激変の歴史である。第二は、こんにちおよび近未来においては、高学歴化の終焉のために、人びとの視界のもやが突如として解け、急速に学歴にかんする社会の見通しがよくなる、というなりゆきである。

この第二点目の状態が進行していくにつれて、人びとの認識にはある重要な変化がもたらされることが考えられる。それは学歴について考えるとき、世代間関係の格差・不平等が、単純に了解しやすくなりはじめるという変化である。

高学歴化のただなかにあっては、人びとは「中卒学歴の親のもとに生まれたAさんが高校まで行った。高卒学歴の親のもとに生まれたBさんが大学まで行った。どちらも**同じように親よりも高学歴になる時代だ**」と理解して、円満な気持ちになることができた。しかし少し考えればわかるとおり、この場合、世代間のタテの比較では、どちらも上昇しているけれども、同世代内つまりヨコ並びの格差は、逆転することなく持続している。しかし、だれもが変動を共通に経験するこの時代にあっては、学歴の世代間関係の不平等は表面化しにくい。そして、この成長局面で人びとを学歴競争・受験競争に駆りたてていたのは、「日本社会全体が学校教育の総量を伸ばしているときなので、その流れに遅れをとらないようにしなければ……」という大衆的なメリトクラシー(大衆教育社会の学歴観)であっただろう。

これに対して、学歴にかんする状況が、親子間で異ならなくなってきたこんにちでは、社会全体を底上げしていた学歴の構造移動はもはやみられない。必然的に、自分が親よりも高い学歴を得ることができたのかどうかが、以前よりは見極めやすくなる。この状況においては、人びとを学歴取得に駆りたてるのは、もはや社会全体の右肩上がりの歩調にあわせるということではなく、せめて親と同じ学歴を維持したいという、消極的な動機(「学歴下降回避のメカニズム」として後に詳述する)に代わってくる。同時に、学歴についての視界が良好になると、その分だけ、級友の場合はどうだ、親戚や年齢の異なる知人はどうだ、というように、前後左右を見渡したときの、みずからの「勝ち負け」を、見たままの姿で自覚できるようになる。よって「高卒学歴の親のもとに生まれたCさんが、またしても高卒就職、大卒学歴の親のもとに生まれたDさんが、またしても大学進学。**教育の格差・不平等は、世代を越えて持続している**」という理解がなされるようになるのである。

巷説では、社会全体が発展していた高度経済成長期には、格差・不平等は人びとに意識されることはなかったが、ポスト産業化期にあっては、格差・不平等は人びとに自覚されやすくなるといわれる。このことについて、もう少し一般化した表現をするならば、産業化のマクロ変動の大きい時期には、ミクロな不平等状態は、しばし隠蔽されるというような命題になるだろう。

七〇―九〇年代の階級・階層研究では、産業化がかならずしも単純に社会的不平等の解消をもたらさないということが、理論と実証の双方の争点となった。その際、注意深く見極められたのは、世代間関係にあらわれる親と子の間の見かけ上の移動量（粗移動量）のすべてが、不平等の解消（純粋移動）を意味するものではないということであった。産業化期には、構造移動といわれる社会全体の上昇のベクトルが、見かけ上のアウトプットに少なからず含みこまれているのである[8]。逆に、こんにちのように産業構造の変動が小さくなると、粗移動量に占める純粋移動の量が増え、社会的不平等は人びとの目にみえるところにあらわれるようになる。佐藤俊樹（2000a）は、世代間関係の不平等をみる計量分析を「階層の二重底を断ち割る」と説明しているが、この「二重底」というのは、この粗移動量と純粋移動量の関係を言い直したものである。

他方、学歴にかんしては、アメリカの社会学者R・メアによって、中等学歴の爆発的拡大期には、教育機会の格差拡大の実態があっても、社会的出自から教育年数を予測する因果モデル（線形重回帰分析）の結果には、その実態があらわれにくくなるということが、数学的に論証されている[9]（Mare 1981）。これもまた、激しい構造変動が、不平等を社会の表面からみえにくくさせることの実例といえるだろう。

つまり、職業階層を扱うにせよ、本書のように学歴に注目するにせよ、右肩上がりの拡大の過程では人びとに意識されることの少なかったヨコ並びの格差が、高原期になると急に表面化してくるのである。当たり前のことだが、社会は永遠に拡大し続けることはありえない。成長期の夢はやがて必ず覚めるさだめにある。

世界最高水準での均衡

現代日本社会では、学校教育が従来以上に重要な役割を果たすようになっている。しかも、そのような実態についての解釈モデルを、先行する他社会に求めることができない。本書はこのような認識のもとに議論を進めている。これは、ともすれば「学歴社会は日本だけ」という七〇―八〇年代の、日本型学歴社会の特殊性を強調する議論と同じ轍を踏んでいるようにみえるが、決してそういうわけではない。

日本だけを特別な学歴社会だとみる必然性はないということは、古くは小池和男・渡辺行郎（1979）の「学歴社会虚像論」に発し、こんにちでは国際的な計量社会学者である石田浩の多社会間比較分析などによって、繰り返し強調されている（Ishida 1993; 1998）。この立場からみると、世界最高水準の学歴社会というのは、おおげさすぎるということになるだろう。それでは、どのような側面からみたとき、日本が世界一の学歴社会にみえてくるのだろうか。もちろん、どこからどうみても日本型学歴社会は特殊だという主張をするつもりはない。しかし、ある重要な一面をみると、日本社会が他のいずれの社会よりもわずかながら進んだ状況にあることにだれしも気がつくことになる。

図2－2はOECD三〇カ国の若年層男女（二〇〇二年の二五―三四歳）の最終学歴である。これは各国の就労可能な人口のうち、とくに若年層に限った集計値であり、多分に近未来予測の意味が込められている。これによると、日本の大卒（四大・短大卒）層の人口内比率（帯グラフ右端）は、五〇・三％であり、カナダの五一・二％にわずかに及ばず第二位である。他方、帯グラフ左端の中卒相当（初等学歴卒）の人口内比率をみると、日本は、OECD諸国のなかで韓国、ニュージーランド、ノルウェー

の約五％に次いで少ない六・一％であることが知られる[10]。

このように大卒層の比率が高く、中卒層の比率が低いという二つの事実を総合したとき、現代日本の学歴社会状況の特殊性が浮き彫りになる。すなわち、大学・短大教育のユニバーサル化（だれでも望めば入れる状況）と、義務教育の「義務」の形骸化（強制しなくても、大多数が高校に進学する状況）の同時進行という実態において、世界のトップ・レベルにあるのである。ちなみに、データはここでは示さないが、若年層男性（二〇〇一年集計、二五—三四歳）における四年制大学卒業者の同年人口内比率をみた場合も、日本はOECD諸国のなかで単独第一位（約四六％）である。こちらの数値は、アカデミックな大学教育が大衆的に広く普及していることを示すものである。

ただしこれらは、日本が他社会を引き離した特別な学歴の分布状態に至っていることを示すものではない。それでも本書では、わたしたちの視界のなかには、もはや高学歴社会としての先行例が見当たらなくなってしまったという事実に、しっかりと目を向けておきたい。

図2-2にあらわれた国際比較のうえでの事実は、じつは、**図2-1**において示した、平均教育年数一三—一四年程度という高い学歴水準での水平的な推移と表裏をなしている。**図2-1**のなかの棒グラフから読みとれるとおり、学歴水準の高原化は、高校進学率拡大が一〇〇％に近づいて飽和したことと、同じ時期に大学進学率が、四〇—五〇％程度で横ばいを始めたことによって構成されている。このうち高校進学率については、文字どおり天井に当たっているわけで、どうして伸びが止まるのかということについて議論の余地はない。したがってこんにちの教育水準の安定・膠着状態は、ひとえに大学進学率が伸びなくなったことに起因しているということになる。

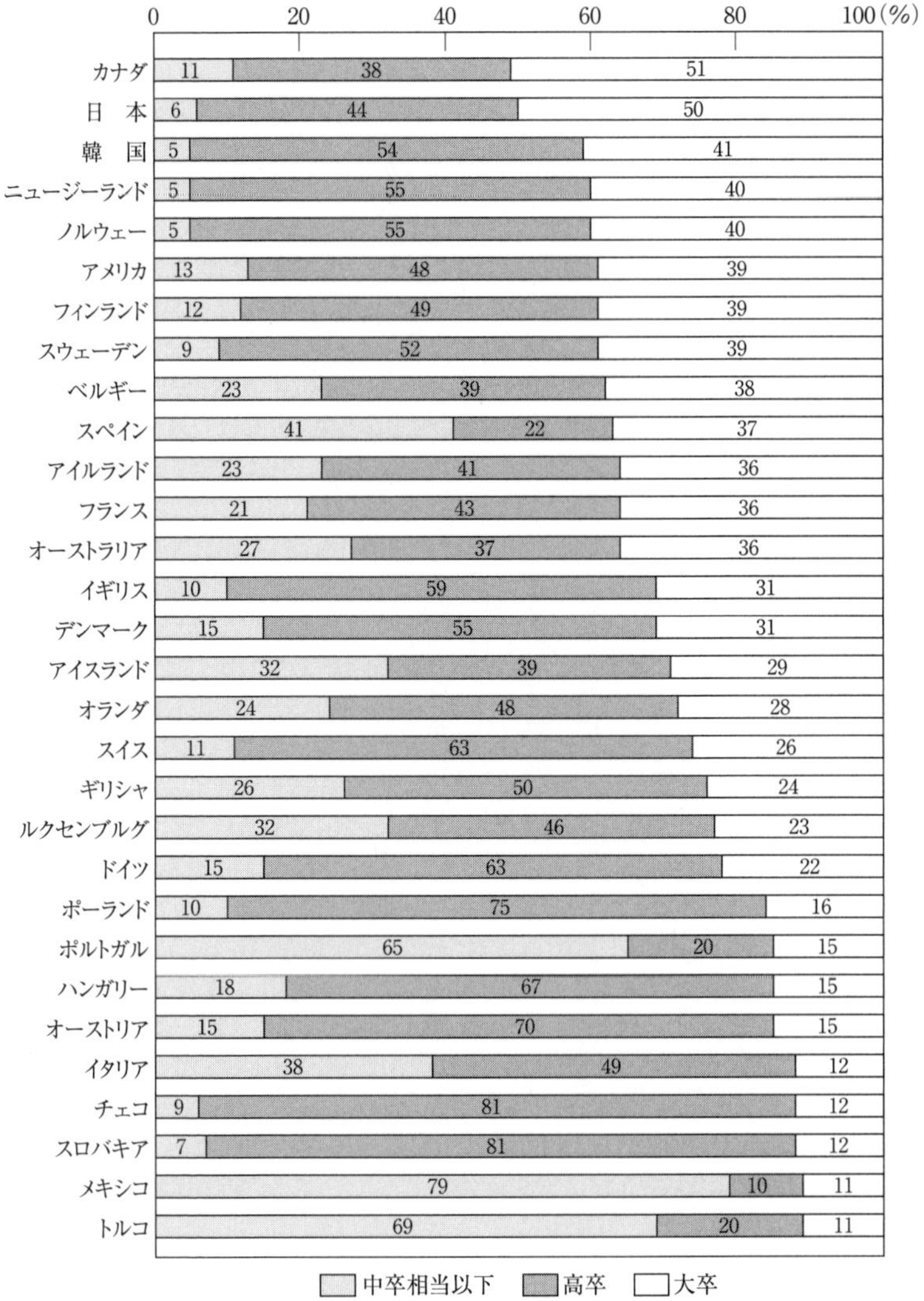

図 2-2　OECD 諸国の 25-34 歳男女の最終学歴比率

出典：OECD (2004: 74).

このことは、日本社会における教育戦略の意思決定のポイント、学歴をめぐる競争の「主戦場」、子育てのゴールが、高校卒業時の進路選択（主として大卒／非大卒の決定）ただ一点に絞られる傾向を示している。そしてこの教育機会の一点集約構造の継続こそが、**図2－2**において日本社会の学歴構成に、他社会にはみられない特殊性をもたらす主要因に他ならないのである。

さらに、**図2－2**に示されている日本社会における大卒／非大卒の分布は、この境界線が社会のちょうど中央に敷設されていることを示している。この分布形状は、達成学歴に社会カテゴリとしての明瞭さをもたせ、さまざまな社会的影響力を付与しやすい性質をもつ。加えて、かつては独自の存在意義をもっていた短大・高専という短期（職業的）高等教育が、ここ一五年ほどの間に急速に受験生の人気を失いつつあるという事実もある。この中間的な学歴層が縮小していくと、四大卒と高卒の境界線はおのずから明瞭になる。

いまの日本社会においては、この大卒学歴と高卒学歴の分断線のように、全人口を真ん中で切り分ける社会カテゴリは、男女のジェンダーを別とすれば他に多くは見当たらない。誤解をおそれずにいうならば、日本における大卒／非大卒境界は、イギリス、フランス、オランダなどにおけるホワイトカラー層（サービス階級）とブルーカラー層（農業を含む）の境界、アメリカにおける白人と他のマイノリティとの境界などと対置しうるほどの、社会的地位の第一の基準境界としての条件を備えつつあるとみることができるのである[11]。

なお、日本社会においていち早くこのような学歴分布が成立している背景には、各国の教育制度の差異があることにも触れておくべきだろう。わたしたちにとっては当たり前のように感じていることだが、単線型といわれる日本の学校システムは、知識・技能の習得の度合いを、学歴段階の高低、つまり教育年数の長短として換算しやすいようにできている。しかし、イギリス、スウェーデン、オランダ、アイルランド、ドイツ、イタリアのような社会は、職業技能教育に特化した学校と、アカデミックな高等教育をする学校を併有し、ある学年段階以降は、教育年数ではなく学校制度の質的差異によるヨコ並びの多岐的システムに入っていく。この場合は、知識・技能の優劣が、高等教育（大学・短大）・中等教育(高校)・初等教育（中学校）という教育年数の上下関係に完全には反映されない。もちろん日本にも、職業高校と普通高校のカリキュラムの質の違いや、入試難易度と表裏をなす大学学校歴という要素はある。しかし、それは学校制度上の分断線ではなく、連続的な濃淡の差である。

要するに、かならずしもすべてのＯＥＣＤ諸国が、日本と同じ方向で学歴社会の成熟をめざしているわけではなく、大卒／非大卒という上下の分断線に大きな意味をもたせていない社会も少なくないのである。それゆえに、いっそう日本の鏡となる先行社会を探すことが難しいという現実がある。(12)

一八歳への集約

第二次世界大戦後から八〇年代までの日本社会は、マクロにみると学制の新旧という歴史の断層を人口構成の中ほどに抱えたまま、進学率が年々拡大していくという状況にあった。ミクロにみるとそれは、急速な変動のために、自分がどのような出自を起点として、どのような到達点に向かっているのかという視界が不明瞭ななかで、大衆が手に手をとって高学歴化した足どりであったと総括できる。

このメリトクラシーの大衆化の帰結として、日本人の学歴は、義務教育ではないにもかかわらず、きわめて多くの若者が高校を受験し、さらに同年人口のほぼ半数の若者たちが、短大・大学卒業資格を得るという、他社会には類例をみない水準にまで駆け上がってしまった。そして気がついてみると、教育水準の高さと、大卒／非大卒境界への学歴カテゴリ区分の純化の度合いにおいて、日本は世界のトップ・ランナーに躍り出ていたのである。

だが、教育社会学における進路や進学行動の研究では、このような大学進学機会への集約構造が指摘されることは多くはなく、むしろ多段階で競争者の選抜が繰り返されていく過程を扱うことが多い。八〇年代以降の日本の教育社会学も、一八歳までの学校現場での段階的な選抜過程の把握のために数多くの実証研究（学校調査）を繰り返してきた。では、教育社会学の多段選抜モデルに基づく知見と、大卒／非大卒境界への一点集約傾向には、どのような関係性を考えればつじつまが合うのだろうか。

あらかじめ結論をいっておくならば、本書が大学進学機会にとくに重点をおくのは、教育社会学の既存研究を否定する意図によるものではない。むしろ事情はまったく逆で、大卒／非大卒境界に至るまでの多段的選抜過程について、多くの知見が蓄積されているからこそ、いま論点を転換することに意義が生じているというべきであろう。本書で指摘している教育機会（educational opportunity）の一元性は、学校システムの内部の選抜（selection）の多段性と正面からぶつかり合うものではない。それは次のような理由による。

周知のとおり現代日本においては、大学に進学できるかどうかは一八歳の一時点でいきなり決められるというわけではない。これを決する選抜は、高校（中等教育）段階において、上位ランクの進学校で学んでいるのか、「底辺」にあるとされる普通高校で学んでいるのか、あるいは職業高校に在籍しているのかということで、あらかじめ水路づけられている。これが学校トラッキングといわれる構造である。

確かに、日本の初等・中等教育における入学者選抜は、ふるいわけ・序列化を精密に行なって、学歴競争の途中経過を明示するものとなって久しい。しかし同時にこれは、ほとんど全員を脱落させることなく次の学校段階に進めるという意味で、開放性の高い関門になっている。要するに、そこには上級教育への進学予定者の総数を絞り、残りを社会に送り出すというような、学歴達成を即決する機能がほとんど備わっていないのである。他方で、選抜の帰結である学校トラックは、アメリカにおいてみられるような厳密なトーナメント型ではなくて、「御破算型」と呼ぶべき緩やかなものであるということも指摘されている（竹内 1991）。

言い換えるならば、一八歳の高校卒業時点で学歴を「清算」するまで、多くの若者が最終学歴の決定を持ち越しているという側面があるのである。高校入試が熱を帯びる理由は、決して進学先の○○高校自体が到達学歴としてのステイタスをもつからではなく、その高校が大学進学に有利な経路であるとされているからである。義務教育段階の中学入試や小学入試における選抜についても、同様のことがいえる。すなわち下位段階での選抜は、この一八歳時の進路決定との関連性において意味づけられているのである。

本書のように、成年対象の社会調査データから得られる「最終学歴」を用いて把握しうる実態は、結局は教育機会構造の「外枠」にあたる部分である。そしてその「外枠」の特性が、一八歳時への一点集約構造なのである。これに対して、教育社会学における多段選抜モデルは、この「外枠」の内側にある繊細な序列化のシステムの構造を明らかにしてきたものと理解をすることができる。

いっぽう欧米諸国などの多くの社会においては、**図2－2**に示されているとおり、前期中等教育（中学）、後期中等教育（高校）、職業的高等教育（短大・高専）、学術的高等教育（大学）というそれぞれの学校段階における選抜が、徐々に競争者の人口を絞り、一定量の低位水準学卒者を出すという、達成学歴決定機能を失ってはいない。翻って考えれば、日本社会は、一二歳、一五歳などの区切りの時点で、学校システムの外に出ていく層を減らし、多くの若者たちを一八歳まで「学校化」し続けることで、徹底的に純化された教育機会構造の「外枠」を形作り、繊細な内部のトラック構造を成立させているとみることができるのである。

もうひとつ、大卒／非大卒境界への機会の「外枠」の集約を可能にしている条件は、大学の学校歴による大卒層の質的差異と、非大卒層の進路の質的差異の存在である。単純に達成学歴だけでみれば、日本社会は一八歳の「清算」時点において、大卒／非大卒が半々にわかれていく社会といえる。だが、大学進学者の間には、周知のとおりの大学ランキングに基づく学校歴格差がある。そのため大卒層は決して一枚岩ではなく、実質的には学校歴のグラデーションをもって存在している。同様に、高卒層も、さまざまな専門学校進学、新卒正規採用、フリーター、高卒無業者というような色調の違いをもっている。

以上のとおり、本書が注目する大卒／非大卒境界への教育機会の形式・制度のうえでの一元集約の背後には、少なからぬ捨象された実態がある。むしろ見方を転じれば、ここで確認したような、学校制度内の連続的な差異や、同一学歴カテゴリ内の質の異なりが緩衝作用をもつことによって、大卒／非大卒という単一境界線への機会の集約構造が可能になっているとみることができるだろう。

いまから三五年以上遡る一九七〇年、ＯＥＣＤは国際的な日本研究者と教育社会学者による教育調査団を日本に派遣した。ちょうど大阪で万国博覧会が開催された年である。かれらは、当時の日本政府（閣僚・官僚）に対して教育政策を提言し、その内容は少なからぬ国内的反響を呼んだ（ＯＥＣＤ教育調査団 1976）。そこでは、欧米型の「先進」社会と比べたときの日本の学校教育の異質性が、国際的な識者の視点からみた提言とともに示されている。そしてその提言のほとんどは、傾聴に値するものばかりだったので、その後二〇年ほどの間に、日本の教育政策に大きく生かされることになった。

ところが一点だけ、しかもかれらを最も驚かせた一点だけが、この時期以来変化することなく日本社会の特徴として世代を越えて再生産されているのである。それが「（日本では）一八歳のある一日に、どのような成績をとるかによって、彼の残りの人生は決まってしまう」と表現された、教育機会の一点集約構造である。

この点について調査団は、高等教育機関の硬直化した学校歴序列や、大学入試時の一元的な選抜という「問題点」を柔軟で多様なかたちにあらためてはどうか、という趣旨の提言を示している。にもかかわらず、その後の日本は、政策上は確かにこの提言に従った方向への努力をしているものの、社会学的なメカニズムとしては、ほとんどの若者たちが一八歳時にいったん達成学歴を清算するという特性を維持し、逆に、世界に類例をみない水準にまで突き詰めてしまったのである。この調査団のメンバーがいま、奇しくも同じＯＥＣＤが公開している**図2－2**の実態をみたならば、いったいどういう反応をするだろうか。

こんにち冷静に振りかえれば、日本が欧米型の多段選抜の教育機会構造を模倣することに、必然性があったわけではない。日本社会に学歴境界の一点集約の特徴があることは、教育社会学者の国際比較分析において多少の不便を伴うことを慮外とすれば、深刻な問題でもなんでもない。むしろ韓国をはじめとした東アジアの、エリートへの登竜門としての試験を好む社会は、現代日本と相同的な、大卒／非大卒境界への集約に向かいつつあるのかもしれない[13]。

もう一度確認するが、本書のなかでは、日本の現状を肯定も否定もするつもりはないし、今後の日本の教育政策がどうあるべきかについて指針を示すわけでもない。ここではただ、事実として、現代日本社会のおかれた時系列上、国際比較上の位置づけの特性を示して、学術的に踏み込んだ議論に進む準備をしているにすぎない。

(1) 大規模社会調査データの全体分析は、社会の骨太の構造を描きだすことには長じているが、繊細な実態の記述には適さないというのが、私の経験上の判断である。よって教育達成水準や進路分化についての精緻な実態には、本書の議論は及ばない。

(2) 周知のこととは思われるが、六・三・三・四制とは小学校六年、中学校三年、高等学校三年、大学四年という就学年数を示している。

かつては社会調査で学歴を問う場合には、新制学歴区分と旧制学歴区分による選択肢を併記しなければならなかった。しかしこんにちでは学校制度の斉一性が高まったために、そうした複雑なカテゴリを用意する必要はほとんどなくなっている。

(3) 男女の進学率の格差も時点によって大きく異なっているため、ジェンダー差が絡んでくると、世代を越えた比較はいっそう難しいものになる。

(4) **表2-1**における進学率は、学校基本調査に基づいて算出している。学校基本調査は、学校にかんする基本的事項を調査し、学校教育行政上の基礎資料を得る目的で、文部科学省がすべての学校を対象に毎年実施している調査である。このデータの過去の蓄積を用いると、日本の学校教育の時点ごとのパフォーマンスを正確に把握することができる。

なお、ここで用いた二五生年という世代間隔は、一九九五年SSM調査における対象者とその父親の世代間インターバルの全体平均を参考にして決めている。若年層においては、晩婚化により親子の年齢差はやや大きくなりつつあるが、同時にきょうだい数の減少が親子の年齢差を縮小する効果をもつため、世代間隔は、いまのところ生年によってそれほど大きく変動していない。

（5）アメリカの同等サンプルについての比較データによると、日本の趨勢は、基本的にはアメリカと同型の軌跡をたどっているものの、高学歴化のスロープはアメリカよりも急激でその期間が短い。また、高原化はアメリカの方がおよそ一〇年分程度進んだ状況にある（Kikkawa 2004）。

（6）この状況では、マクロな時代変動の効果（高学歴化）が、社会調査データにおける個人の世代間関係に投影されるため、生年による擬似相関関係をコントロール（その影響力がない場合の数値を、データ解析によって算出すること）しなければ、学歴の世代間関係は、表面上、不当に高く算出されてしまう。

高学歴化と世代間関係の変化をともにみる研究では、生年コーホートごとにデータを区切った分析が従来から行なわれてきたが、それは単に時代ごとの変化の様子を示すためだけではなく、年齢層ごとに区切って分析することで、社会的出自による不平等を歪みなく計測するためである。

（7）ＯＥＣＤ集計データにおける大学進学率は、学校基本調査ではなく、総務省所轄の労働力調査（労働力調査特別調査）の提供を受けたものである。

（8）世代間の職業的地位の関係をみるために、最もよく用いられる方法は父―子職業カテゴリ間の正方クロス集計表の分析である。これを世代間移動表という。そこにあらわれる世代間の表面上の関係（粗移動率）は、産業構造の時代変動によって生じた部分（構造移動あるいは強制移動）と、純粋に個人の地位の上下関係の移動として生じたもの（純粋移動）に分けて考えられる（安田 1971）。一般に、産業化期の社会においては、農業層の減少、ホワイトカラー層の増大というような構造的な変化が大きいために、粗移動量の少なからぬ部分が構造移動によって占められる。

（9） この論文では、教育機会の不平等を正しく計測するためには、マクロな変動の影響を取り除きうる手法（進級確率のロジスティック回帰モデル）を用いなければならないことが指摘される。

（10） カナダは、コミュニティ・カレッジ（短大）の普及によって、高等教育のユニバーサル・アクセス状況に到達している。ニュージーランド、ノルウェーも同様にカレッジ（短大）ポリテク（高専）に相当する高等教育を充実させているという特徴をもつ。これらの高学歴社会は、四年制を主流とする方向へと舵を切った日本の大学教育とは、性質を異にする面をもつ。

（11） ただし、学歴はいまのところ社会集団としてのアイデンティティや自覚性を備えていないし、その境界線においてコンフリクト（せめぎあい）があるわけではないので、社会一般においては、いまだ潜在するカテゴリ区分であるというべきであろう。

これが顕在的な社会的地位境界になる場合、次のような事態が考えられる。まず、高卒層と大卒層に集団としての自覚があり、両者の間には「やつら・あいつら」と「こちら」の闘争・葛藤の関係がある。そして生活機会や文化や生活様式にも明確な分離が生じている。すなわち、職業階級境界に代わって学歴境界が機能しているという状態である。

（12） 長く日本の高学歴化のモデルであったはずのアメリカ社会は、いまはどうなっているのだろうか。

日米比較分析（SSM調査とGSS調査を使用）の結果をみると、平均教育年数は、日本は一二・一六年、アメリカは一三・四四年と、確かにアメリカの方が高く算出される（Kikkawa 2004）。ところが**図2－2**

（ＯＥＣＤデータ）では日本はそのアメリカの高学歴状況を上回っている。

この結果のずれは、主として使用データの差異によって生じている。ＯＥＣＤは各社会における成人総労働力のなかでの学歴比率をみる目的で集計をしているため、データには移民労働力が含まれている。そして、アメリカの移民の多くは学歴が低い傾向にある。そのために、**図２－２**において学歴構成をみると、日本のほうが高卒比率、大卒比率が高くなるのである。言い換えるならば、アメリカ生まれのアメリカ人に限れば、おそらく日本よりも高水準の学歴社会であるだろうけれども、産業社会の若年構成員全体をみるとアメリカは日本よりも学歴水準が低い、という事実を意味する。

このことに加えて、アメリカでは各学年段階における選別が厳しいため、中退者が多いという中・高等教育事情も多少の影響を与えているだろう。ＯＥＣＤデータは、卒業学歴を集計しているため、正規卒業者つまりクレデンシャル（資格証明）としての卒業証書を獲得する成人を数えると、日本のように高率にはならないのである。よくいわれるように、アメリカの大学は入学時の選別は緩やかだが、卒業するのは難しい。逆に、新卒者ではなくても、それなりの適職に就ける労働市場の仕組みがある。これに対して日本では、社会全体が入学、知識・技能修得、卒業の三つを、ほぼ同義とみなす認識を共有しているため、入学者数とほぼ同数の卒業資格が発行される。要するに成年層における卒業者比率をみる統計では、学歴取得についての人びとの構えの日米間の差異を反映して、日本の学歴水準がアメリカを上回るのである。

さらに、ＧＳＳ調査の対象は英語の理解できる層に限られている。それゆえに学歴水準が高めに算出され、これと比較すると日本の教育年数のほうが低いという結果になるものと考えられる。また、卒業資格ではなく教育年数をたずねる項目設計であるため、リカレント教育（社会人再教育）と大学院進学率の高さが平均教育年数を引き上げているということもある。

（13）　有田伸（2006）は、韓国の学歴社会の実態を分析し、激動の現代史の末に現在成立している学校教育制度を、「大学進学段階集中型・国家管理型・一元的選抜システム」と名づけている。この韓国の選抜システムは、欧米社会にみられる多段選抜型とは明らかに一線を画しており、むしろ日本社会の教育機会構造と著しく類似したものといえる。しかも、その機会構造の純化の度合いでは、おそらく日本を上回っている。

ただし、有田伸の分析に従うかぎり、高学歴化終焉の時期、大学進学率の水準という点については、韓国は日本とは異なる特性をもっているようにみえる。本書が対象とするのは、安定・膠着した学歴水準が世代を越えて継続しはじめる、「第三局面」から「第四局面」における状況であるが、韓国の実態はいまだそこまでは至っていない。

3章　職業か学歴か？

階級・階層論再考

世代間移動と職業階層

階級・階層論では、世代間移動が社会的な不平等の生成を論じるキー・ワードとなってきた。どこの国いつの時代をみても、いかなる社会的地位の家庭に生まれたかということと、どのような社会的地位に到達したかということの間には、抜きがたい関連性がある。また近年、新しい格差・不平等論によって階層固定化が注目されたことで、世代間移動という階級・階層論の専門用語の重要性が再認識されつつある。

この章では、まず職業的地位を機軸とした階層・移動研究の、基本の「型」を確認する。続いて、そこに重なりあいながら隣接している、計量社会意識論と学歴社会論の「部品」を組み入れていく。この作業によって、階級・階層研究、文化的再生産論、そして成熟学歴社会論が、たがいにどのような守備範囲をもっているのかを図示することができる。

いま、注目する個人（男女にかかわらず成人をイメージすればよい）を世代 g におこう。この個人は、二つの世代間移動によって前世代 g－1（父母）および次世代 g＋1（子）と関係している。一般にある個人は、どのような親たちの出自からあゆみはじめたか、そしてみずからを出自とする子どもたちを、どのような地位へ送り出すかという二つの世代間移動にかかわる[1]（図3－1参照）。

従来最も関心をもたれてきたのは、その個人がいかなる生業の家庭に生まれて、いかなる生業に至ったかという、職業を起点・終点とみた関連である。社会学において何の前置きもなしに、結果の不平等といった場合は、この関連の問題性を意味している。そして確かに職業階層（職業的地位）は、現代産業社会における社会関係や生活機会を、最も直接的に代表している指標とされる。それゆえに古典的な階級論以来、世代間移動の基幹となってきたのは、職業的地位の継承関係だったのである。

資産や収入・所得も、その実効性からみると重要な階層変数であるのだが、これらは地位属性ではなく、むしろ交換や移転が可能な「富」としての側面が強い。いわば、豊かさの出力性能（アウトプット）である。

職業階層は他方で、集団および個人の社会意識を左右する要因であるとみなされてきた。そのため古典的な学説では、社会意識論は、職業的地位と主体のあり方の関連を扱う研究分野とされている。わたしたちの生きる産業社会においても、職業は主たる生活の場であり、人は職業によって生活の糧を得ている。それゆえに、そこでの格差こそが意識の差異をもたらす、という理解の様式がこの分野の根本にはある。その源流は、K・マルクスの次のような理論に発している。

人間たちは、自らの生活を社会的に生産するさいに、彼らの意志から独立した、一定の〔その生産に〕必要な関係を受け容れる。人間の物質的生産諸力の一定の発展段階に対応する生産諸関係が、その関係である。この生産諸関係の総体が社会の経済的構造を形成している。この社会の経済的構造こそ、法的および政治的な上部構造がその上にそびえたつ現実的な土台であり、さらに一定の社会的意識形態が対応する現実的な土台である。**物質的生活の生産様式が社会的、政治的および精神的な生活のプロセス一般を制約しているわけである。**人間の意識が人間の存在を規定するのではない。逆に人間の社会的存在が人間の意識を規定する（Marx 1859=2005: 258 強調は引用者）。

社会意識は、行為主体のもつ主観的な要因の総称である。よって、これが実証研究に用いられるときには、社会心理、意欲、希望、インセンティブ、社会的態度、価値観、意見、さらにはイデオロギー、主体性、エートス、文化、ハビトゥスというような、さまざまな水準の概念に読み替えられて測定される。このような人びとの主観的な要因を考えることは、社会関係構造の分析に終始しがちな社会的不平等の研究に、生活上のリアリティを付与し、生きいきとした実態を描きだす役割を担ってきた。後述する文化的再生産論における階級文化の介在は、その代表的な例といえる。

階級・階層と社会意識の関連を強く主張し、現代産業社会における社会調査データを用いた実証を成し遂げたものとしては、アメリカの職業社会学者M・コーンらによる「職業とパーソナリティ研究」(Kohn and Schooler 1983) がよく知られている。この調査研究では、前述のマルクスの理論の大枠に従って、職業生活の諸条件とパーソナリティの影響関係についての計量モデルが構築されており、日

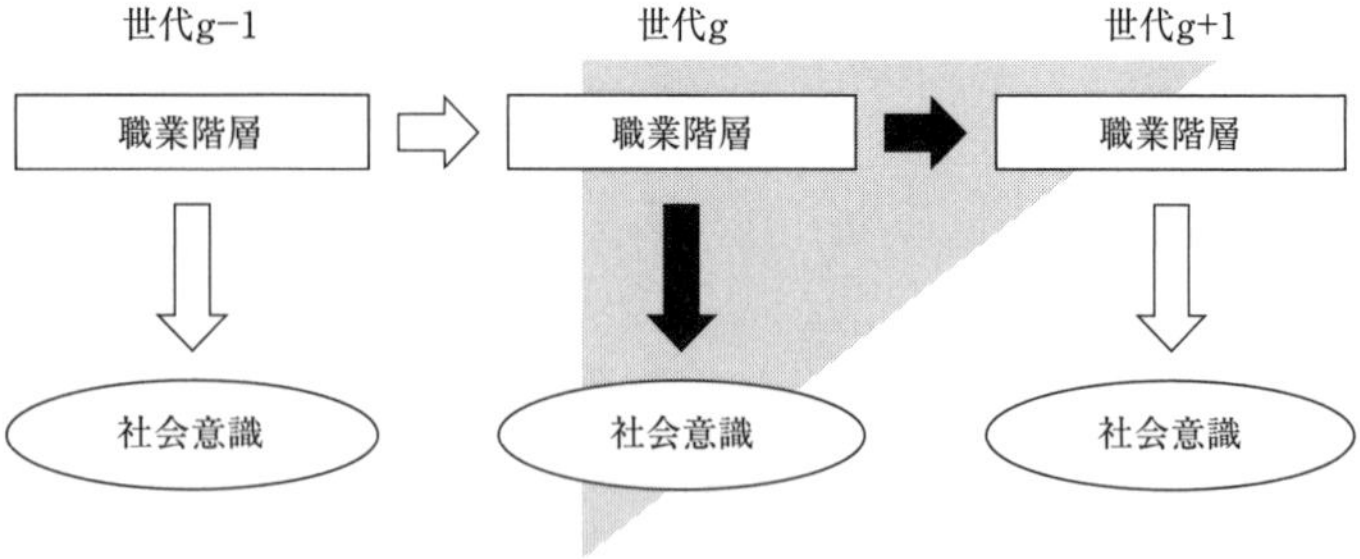

図3−1　世代間移動と階層意識の研究枠組

本の階層意識の研究にもその影響をおよぼしてきた[2]。

ただし、第1章でも論じたように、本書では、このような社会意識論の古典以来の前提が、こんにちもなお実効力をもっていると全面的にみなしているわけではない。ここでは、実質的な正否ではなく、研究枠組としての厳然たる位置づけをひとまず確認しているにすぎない。

図3−1では、世代間移動の構造に、職業階層と社会意識＝主体的要因の関係を組み入れて図示している。図中の右矢印は職業階層の世代間関係、下矢印は階層意識の形成を示す。それぞれの世代における職業階層が、次世代の職業階層と強い関連をもち、みずからの社会意識にも影響をおよぼしている、とみる研究枠組である。

学歴媒介トライアングル・モデル

一九世紀後半以降の社会発展を説明する産業化理論のなかでは、学校教育が世代間関係に関与する構造が強調されてきた。近代社会においては、学校を介した機会の平等化が、民主主義の理想の形態とされたのである。階層・移動研究が学校教育に目を配るのは、世代間関係における学校教育という装置の媒介機能に、理念のうえで多大な期待が込められてきたからに他ならない。そしてまた、学校教育がさまざ

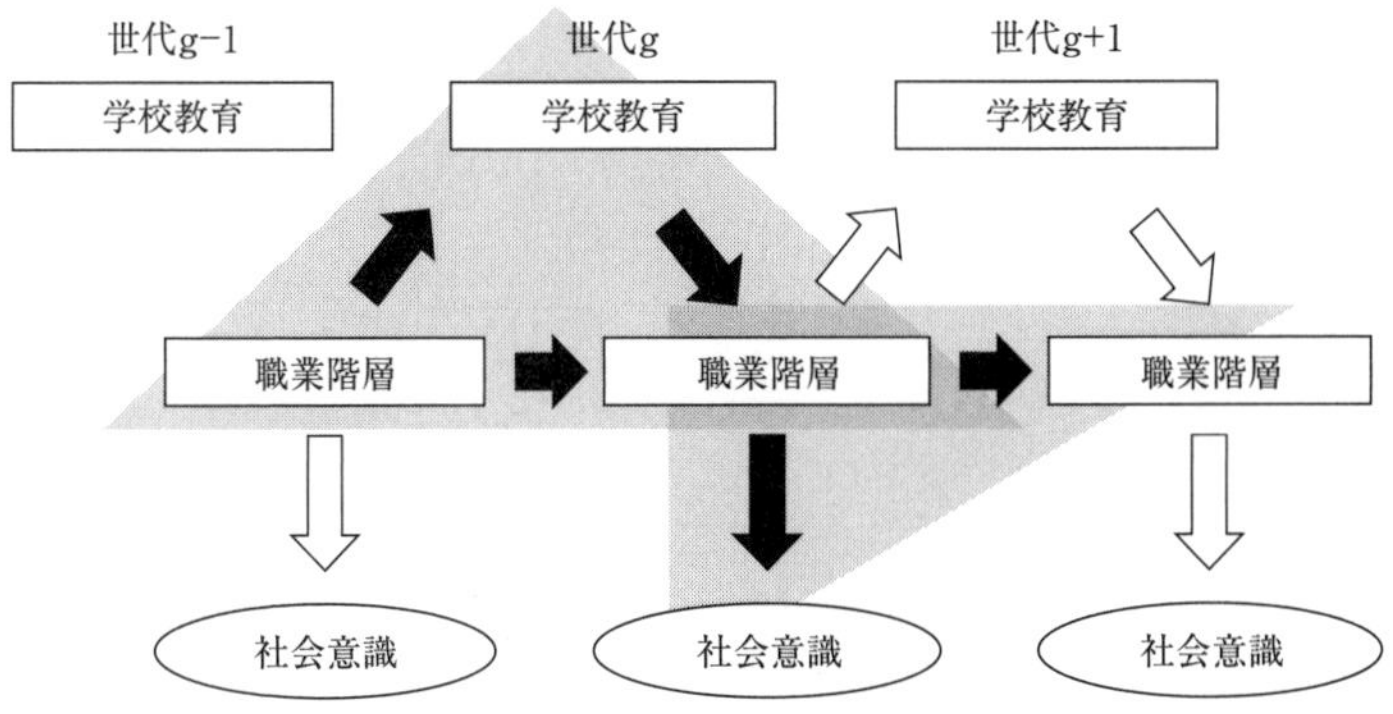

図3-2　現代階級・階層論の研究枠組

まな意図的な介入の可能な「政策変数」としての特長をもっていることも見逃せない要素である（苅谷 2001；2003）。

職業階層の世代間関係への学校教育の媒介は、三角形の因果関係によって図式化される。本書ではこれを学歴媒介トライアングル・モデルと呼ぶ。これは出自（origin）、教育（education）、到達階層（destination）の頭文字をとってOEDトライアングル、OED分析などと呼ばれることもある。**図3－2**をみよう。ここには**図3－1**で示した因果が示され、さらに、教育機会の不平等および学歴のメリトクラシー＝クレデンシャリズムを経る媒介ルートが、黒矢印によって描き加えられている。ここからは職業階層を起点および終点とし、学歴媒介トライアングル、階層意識の形成、職業階層の世代間関係が配置されていることを確認できる。

学歴媒介トライアングル・モデルを構成する因果関係の強弱と、その時代的変遷については、理念のうえでは次のように考えられてきた。学校教育は産業化の進展とともに次第に影響力を増す。これと同時進行で、職業階層の世代間関係は無効化していく。そして最終的には学校教育が独自に人材を振り分ける作用のみが存在する状態に至る。これが、①階層支配→②結合支配→③過渡的拮抗→④学歴支配→⑤完全な機会均等という変遷過程論[3]が想定するところである（Treiman 1970；近藤 1990；竹内 1992；1995）。ところが、高学歴化が十分に進展した社会を広く見渡してみても、いずれの社会も学歴社会の理念・理想上の到達点からはほど遠く、世代間関係の不平等を残存させた、過渡的拮抗状態でポスト高学歴化の高原期に入りつつある。[4]

現代日本社会において、こんにちまでに蓄積されているデータ分析の結果をみても、やはり他の社会と同様、職業階層の世代間移動の直接の因果関係があり、かつ学歴が世代間関係を媒介して強化する、という因果のトライアングルが成立しており、その関係は、大雑把にみれば、直接効果と媒介効果の拮抗状態であるといわれてきた（細かい計量的な問題点については後述する）。

忍び寄る限界

ところで、一〇年ほど前から現代日本の階級・階層をめぐる状況は、従来とは論点を異にする新しい局面を迎えたといわれるようになってきた。そのため階級・階層論が前提とする命題は、少なからず揺さぶられつつある。このことについて、原純輔・盛山和夫は、次のようにまとめている。

今日の階層研究は数々の困難に直面している。改めて列挙すれば、それは次のような問題状況である。

（1）マルクス主義や近代化論という、これまで階層研究を主導してきた巨大理論が有効性を失ってしまった。

(2) 階層論が主として取り組んできた「貧困」という問題が、先進諸国では実質的に解決されてしまった。

(3) 女性の社会進出にともなって、これまでの世帯単位の階層概念に問題があることが明らかになった。

(4) そもそも階層ないし階級とは何かという基本問題に対して、有効に答えている理論が存在しなくなってしまった。

(5) 実証データが大量に蓄積されてきた社会移動について、データを適切に説明する理論が現れていない。

階層論ははたしてこの困難な状況を乗り越えることができるのだろうか。もしかしてそれは、マルクス主義や近代化論と運命を共にして、物語なきポスト・モダーンの新しい時代の中では雲散霧消してしまうべき過去のものなのか(原・盛山 1999: 38–39)。

この問題提起の主旨は、産業化期に用いられてきた仮説理論や分析モデルから脱却しなければ、現状を説明することはできないということにある。この課題に対してかれら自身は、次のような視点と分析方針の転換を提唱している。

戦後日本社会においては、「基礎財」(洗濯機、テレビ、電話、冷蔵庫、自動車など)のほぼ完全な普及や、高校進学機会の平等化がなされたという意味で、「生活様式のある種の一般的な平準化」が達成された。よって、現代日本社会はもはや、これらの「基礎財」の平等化、(基礎的平等化)を云々する局面にはない。実際に、貧困・飢餓が問題とされていた戦後期と比べると、人びとの服装やくらしぶりの階層差は、「中」の水準で平準化したようにみえる。

しかし、だからといって理想の平等社会が実現したというわけではない。なぜならば、依然として大学進学機会の格差、ホワイトカラー上層に到達する可能性の格差、収入格差、資産格差、社会的資本の格差などが、「上級財」の獲得機会の不平等として残存しているし、他方ではジェンダー格差や女性同性内格差、生年世代間格差など、従来目を配られていなかった不平等も相対的な重要度を増しているからである。よって、こんにちの階級・階層研究では、戦後─高度経済成長期とは水準と質の異なる不平等に、議論の焦点を移していく必要が生じている。

これが、原純輔と盛山和夫が提唱する「豊かさの中の不平等」という考え方である。要するに、現代の階級・階層研究では、右肩上がりの急成長を分析するための目の粗いモノサシ(計量分析のための尺度や係数)が効かなくなってきている。よって、これからはもっと目盛りの細かなモノサシに持ち替えて、潜在する微少な不平等(階層差)を分析する必要があるという指摘である。この方針のもと、かれらは独自の分析結果を提示することに成功している。現代日本の社会調査データを分析する研究者たちが一様に感じていた実態変化を、的確に言葉にした功績は大きい。

計量社会学では、産業化段階の後に続く時代について、ポスト産業化社会(post-industrialized society)という中立的な意味合いの言葉を用いることで、特定の立場の表明を避けることが多い。しかしそれでも、変曲点以降をまったく新しいポストモダンというべき時代の到来とみるか、第二の近代、再帰的近代というべき状況変化とみるかという、背後にひかえる大きな理論のイメージは、指標の構成や作業仮説の設計に投影される。この点についてかれらは、ジェンダーにかんしては新しい動向に慎重な目配りをしつつも、大筋では「階級・階層論自体が無効化することはない」と述べて、あくまで従来の産業化理論の研究枠組、すなわち**図3－2**の構図のなかで、分析操作に手直しを加えている。

これは、どちらかといえば保守的な変化への適応様式だといわなければならない。たとえていうならば、長く住んでいるうちに暮らしにくくなった我が家（既存モデル）を、すっかり「改築」するのではなく「リフォーム」して使い続けるようなものである。だからこそ同書においては「豊かさの中の不平等」の状況は、戦後日本社会はこうだったが、いまではここまでに至ったというように、計量昭和史の助走路の延長線上に描かれている(5)。

ところが、かれらのこの研究の後、新しい世紀に入ってからの日本社会の状況は、わたしたちにもう少し大がかりな枠組変更を要求しているようにみえる。このことを端的にあらわすのは、若年層の就労におけるニート・フリーター問題であろう。

近年、職につかず、学校にも通っていない若年層が増加し、これがニート（Not in Education, Employment or Training）と呼ばれるようになった（玄田 2001; 玄田・曲沼 2004; 本田・内藤・後藤 2006）。その数は六〇―九〇万人弱と推計されている。いっぽうフリーターのほうは、短期雇用を断続的に続ける就業の形態であり、その状態におかれている人びとは二〇〇万人とも四〇〇万人ともいわれる（小杉 2003; 小杉編 2002）。これに加えて、各年齢層の失業問題や、女性の出産・育児と雇用・就業継続のかねあいの問題（男女共同参画社会基本法のもとでの少子化対策）も重大性を増している。問題の所在はやや異なるが、さまざまな理由による転職数も増加傾向にある。これらは、すべてまとめて雇用の流動化、労働市場の流動化と表現される。

この現状は、階級・階層を研究するわたしたちに、きわめて深刻な問題を提起する。それは、流動状態にある労働力に対して、階級・階層研究が拠って立ってきた、職業階層というラベルを貼り付けることができないという問題である。たとえば若年のフリーター層は、学歴達成までの過程を経た後、産業セクターにおいて企業体という組織への適応・帰属に失敗した層であるといわれる(本田 2004)。それゆえにかれらの社会的属性・階層的地位は、日常生活を即自的に成立させている収入のほかには、せいぜい最終学歴が存在しているにすぎない。この実態を漫然と見過ごすと、現代社会の一角を構成する少なからぬ層の人たちについて、職歴(ジョブ・キャリア)の形成も、世代間関係の上昇/下降も、把握することが不可能になってしまう。かりに、かれらに何らかの職業的地位をあてはめたとしても、そこには常勤職で考えられる習熟や昇進という概念を適用することができない。結果として、職業的地位を安定的な社会的属性とみて、階級・階層の第一義的な指標とみなすことが万能ではなくなってくる。

このような雇用の不安定化、労働市場の流動化というリスク社会の状況は、職業階層が果たしてきた唯一無二の社会的属性としての役割を、不確実なものにしていくといわれる(Beck 1986=1998)。山口節郎は次のように指摘する。

不平等研究の主たる関心は「労働社会の完全市民」である勤労所得や資本収益の稼得者におかれて

いる。したがって就業活動の領域に生活の主要な場をもたない人が問題となる場合には、直接その人の階級帰属なり階層帰属なりを規定する手がかりはなくなってしまうことになる。仕事をもたない家庭の主婦などはその典型例である。彼女たちは独自の社会的地位を構成する存在とはみなされていないのである。こうした例に該当するのは、専業主婦だけではない。学生、老人、障害者、失業者、公的扶助の対象となる〈福祉階級〉、病人、さまざまな施設や収監所の住人なども また、労働市場に参加していない人々の例をなす。しかも先進産業諸国でこれらのカテゴリーに属するのは全人口のうちの六割から七割を占めると見積もられている。要するに、伝統的な不平等研究にとって直接レリヴァンスをもち得るのは、社会のなかの少数派ということになってしまうのである（山口 2002: 12）。

この状況にあっては、職業的地位が社会意識を形成するという社会意識論の古典命題は、いっそう意味をなさなくなり、雇用形態の不安定な層を、名実ともにいかなる社会的属性にも繫留されない社会意識をもつ、浮動層として扱うことになってしまう。

加えて現代日本の若年の流動層は、単に職業的地位指標を適用しにくいというだけではなく、旧来の結婚・離家、次世代形成というような家族役割獲得のステップを著しく遅延させる傾向にあることが指摘されている。山田昌弘（1999）のいう「パラサイト・シングル」である。この状況は、親の職業から発し、本人の地位形成を経て現職に到達するという、世代間職業移動の分析枠組そのものを不適合なものにする。これは、この分析枠組が欧米型職業階級モデルとともに、核家族の周期的変動を前提としてきたためである。
以上が階級・階層研究の既存の分析枠組に忍び寄っている限界である。もはや少々の「リフォーム」では解決のめどは立ちそうにないほど深刻な課題といえるだろう。

すべての因果を見直す

このような背後事情を考えると、成熟学歴社会においては、階級・階層研究の現行の分析枠組をもう少し大がかりに改める必要がある。とはいえ私のとる立場は、別の説明要因を用いて理論枠組を全面的に新しく構築するのではなく、良質の部材はそのまま使って、いわば現代日本風に再構築するという、ハイブリッドな方法を考えるというところにある。そこで**図3－2**に登場している学校教育、職業階層、社会意識について「主役」、「脇役」を決めずに、すべての因果を見直す作業に進んでいくことになる。

図3－3をみよう。この図ではgとg＋1という世代について、階級・階層研究の三要素、学校教育(Education: E_g)、職業階層(Occupation: O_g)、社会意識＝主体的要因(Subjective factors: S_g)を配置している。ここで、世代を逆行したり地位達成過程の時間順を遡及したりする因果関係を考えないとすれば、世代gの学校教育E_gからは五本($E_g \to O_g$、$E_g \to S_g$、$E_g \to E_{g+1}$、$E_g \to O_{g+1}$、$E_g \to S_{g+1}$)、世代gの職業階層O_gからは四本($O_g \to S_g$、$O_g \to E_{g+1}$、$O_g \to O_{g+1}$、$O_g \to S_{g+1}$)、世代gの社会意識S_gからは三本($S_g \to E_{g+1}$、$S_g \to O_{g+1}$、$S_g \to S_{g+1}$)、合計一二本の因果を描くことができる。

再確認していくと、階級・階層論の第一義的な関心は、このうちの$O_g \to O_{g+1}$におかれてきた。加えて階層意識の形成をあらわす$O_g \to S_g$、学歴のメリトクラシー＝クレデンシャリズムの成立を示す$E_g \to$

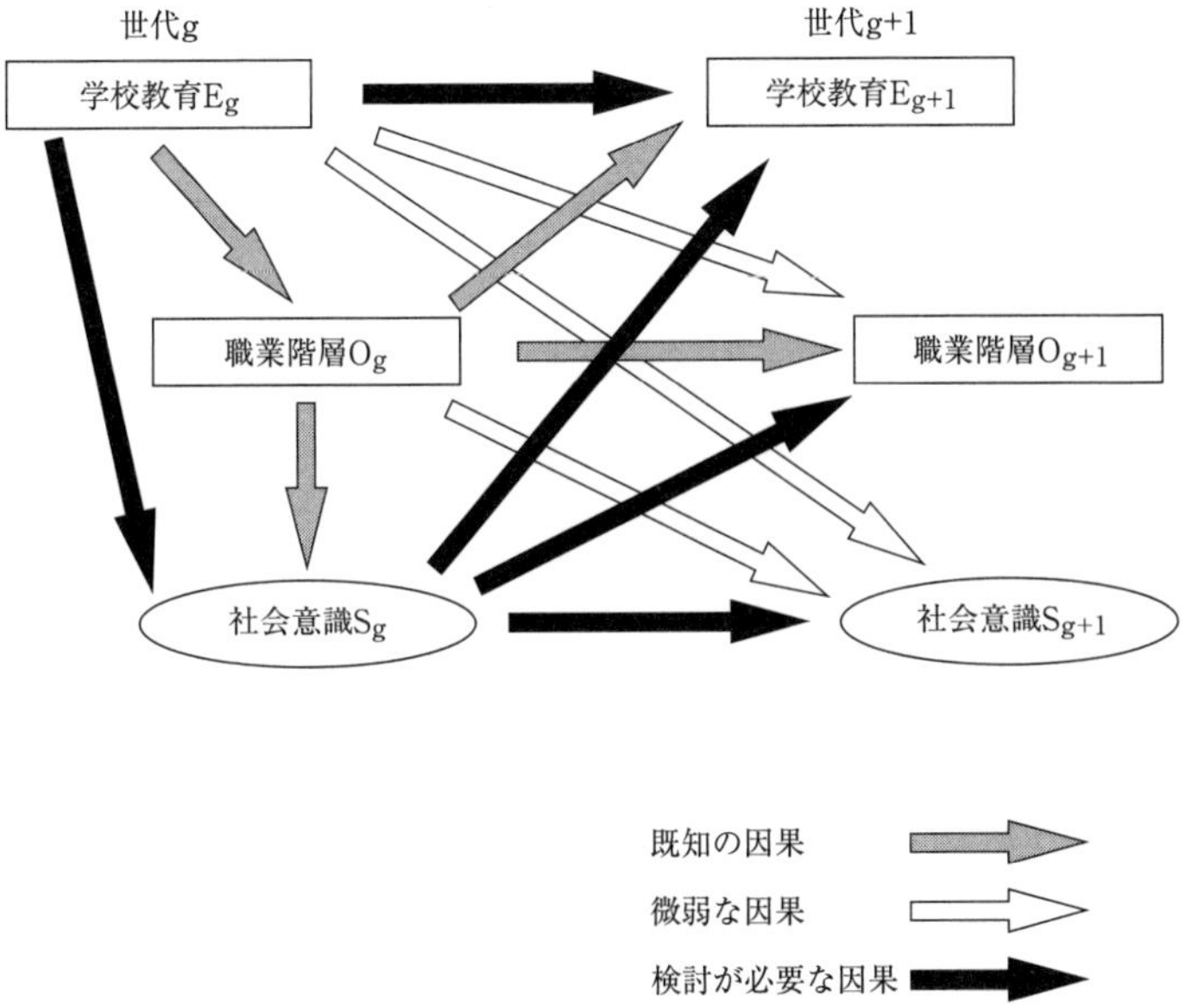

図 3–3　階級・階層論の 12 本の因果パーツ

O_g、および学歴媒介トライアングル・モデルのもうひとつのパーツであるO_g→E_{g+1}（教育機会の階層的不平等）までが、従来から検討対象とされてきた因果である。これは、全一二本の因果のうちのわずか四本（**図 3－3** 内の灰色矢印）だけに絞りこんで、研究が展開されてきたことを意味している。

いまわたしたちは、この自明とされてきた構造を再考しようとしている。そのためには、まず残りの八本を十分に吟味して、ここに何か汲むべき要素が残されていないかを検討すべきであろう。家族、コミュニティ、ネットワーク、私生活領域などへの、階級・階層研究の領域拡張の試みは、あくまでそのつぎの課題である。

この方向性に従った研究の一端は、じつはすでに紹介を終えている。それは計量社会意識論における既存理論のほころびの「発見」、すなわち職業階層が社会意識を規定するという因果構造（$O_g \to S_g$）が、理論上の期待の大きさに比して微弱だという事実と、少なからぬ社会的態度が、むしろ学校教育を直接の形成要因としているという事実である（第1章参照）。この関係は図中では$E_g \to S_g$という黒矢印であらわされている。

図3－3においては、なお七本の因果に検討が加えられていない。しかしこのうちの世代gの学校教育が子ども世代$g+1$の職業達成に与える影響力（$E_g \to O_{g+1}$）は、遠すぎて直接の因果関係を検出することが難しい。また世代gの学校教育が、子どもの成人後の主体的要因に与える影響力（$E_g \to S_{g+1}$）は、さらに隔たりがあるため、直接の因果効果はやはり微少なものにとどまると予測される。(6) 世代gの職業階層が、子ども世代$g+1$の成人後の主体的要因に与える影響（$O_g \to S_{g+1}$）についても、同一個人内での関係を示す$O_g \to S_g$ですら確実なものではないという知見から類推すると、やはり有力な因果とは考えにくい（いずれも図中の白矢印）。そこで、残る四本の比較的射程の短い世代間関係に関心がもたれることになる。それはすなわち社会意識（主体的要因）のはたらきと、学歴のはたらきを順次再考することを意味している。

文化的再生産論の挑戦

階層的な背景を色濃くもつ親世代の社会意識が、子どもの学校でのパフォーマンス、ひいては学歴達成に与える影響は、**図3－3**のなかでは$S_g \to E_{g+1}$とあらわされる。さらに親世代の社会意識が、次世代の職業階層や社会意識に直接の影響力をもちうることも、理論的な検討の対象とされる（$S_g \to O_{g+1}$

とS_g→S_{g+1}）。学校教育、職業階層、社会意識と配列された図に従っていえば、社会意識が職業階層と不可分の関係を成立させており、そこを起点として、右上向きに作動するダイナミズムを考えるということになる。これは文化的再生産論と呼ばれる一連の論理と重なってくる[7]。

教育社会学における文化的再生産論は、世代間で社会的地位の不平等が伝達されていく過程に、階級文化の差（家庭の文化資本の差）に基づいた、学業成績・試験・選抜にかんするパフォーマンスの差を介在させる考え方である。たとえば、教科書の中や教師の言葉で用いられるのと同じような表現方法（精密な言語コード）を、家族・両親が家庭での日常会話において用いていたり、それに多く触れる機会をもっていたりする子どもたちと、それらの言葉づかいを学校で初めて聞く子どもたちでは、おのずから理解度に差が出てくる（Bernstein 1971＝1981）。また、文字を読む習慣、論理的にものごとを考える習慣、百科事典や古典などによる既存の知の体系への接触の作法などについても、家庭環境により身につけたものに差がある。それらもまた、学校教育への適応のしやすさを異なるものにする。他方、音楽、美術、演劇、文学などへの日常的な親しみというような、芸術への審美性についても同様のことがいえる。そしてここで重要なことは、これらの文化的要素が、多くの社会においては社会階級と不可分に結びついているとされることである。いうまでもないが（出身）社会階級の本質としては、この欧米理論の文脈では、やはり（親の）職業的地位が想定される。

フランスの社会学者P・ブルデューに代表される一連の議論（Bourdieu 1979＝1990）は、この因果に加えて、前世代の社会意識（主体的要因）から次世代の社会意識（主体的要因）への影響力、つまり文化資本やハビトゥスの世代間関係や、前世代の社会意識が次世代の職業的地位形成におよぼす影響力、

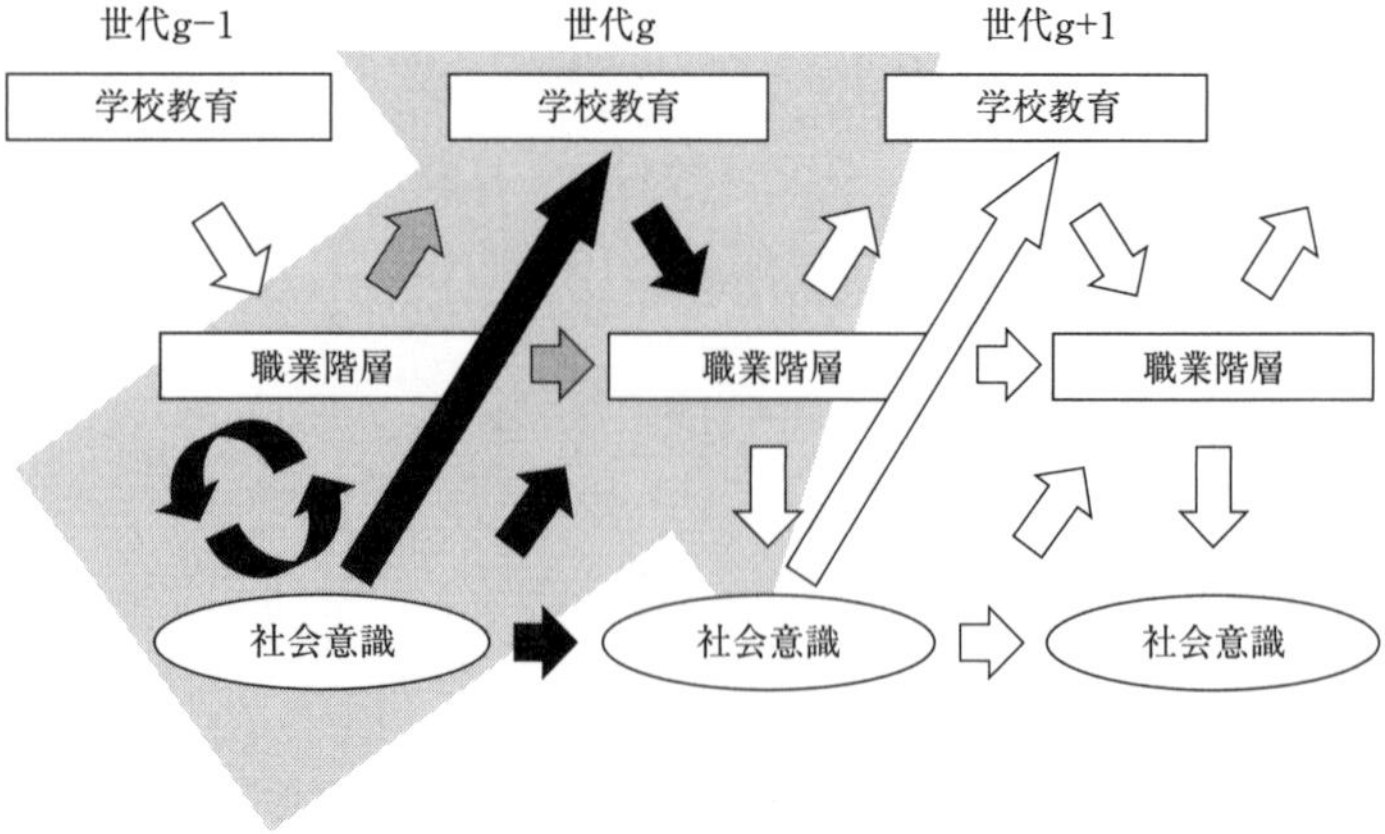

図 3–4　文化的再生産論の研究枠組

そしてこれらを組みあわせた間接効果まで幅広く論じるものである。本書のなかでは、計量的な操作も可能なモデルとするために換骨奪胎してしまっているが、ブルデューらが原典で論じているのは、主体的・文化的な要因の序列が、学校教育や職業階層を構造化する構造、すなわちある種の「ソフトウェア」として世代間関係に作用するというシステムである。

図 3–4は、文化的再生産論の研究枠組を示すものである。全体の説明の流れとしては、図の背後に大きな矢印型の図形で示しているとおり、階級文化（職業階層と社会意識の連携体）を起点として、次世代の学校教育と職業階層に対しておよぼされる作用をみる方向性をもっている。この理論が、見過ごされてきた潜在因果を用いて、世代間関係の本体（$O_g \to O_{g+1}$）を補足しようとしたことの意義は小さくはない。また、この説明が成り立つ象徴的なケースは、実社会において多数見出すことができる。

ただし、社会調査データに基づく計量研究では、全体社会に吹く追い風として、文化的再生産というプロセスが、どれほど重大に世代間関係を左右しているのかを見極めようとする。すでに触れたとおりこの分野には、かのK・マルクスの階級意識論ですら検証の俎上にのせて、その実効力を厳しく見極めてきたという経緯がある。理論としての面白みがあるかどうかと、実際にその社会で重要な要素として成り立っているかどうかは、別個のものとして考えなければならない。そういう見方をするとどうなるだろうか。

一見すればわかるとおり、**図3－4**には社会意識から学校教育までを巻きこんだ、複雑な因果構造が存在している。これは文化的再生産論の要点が、複数の因果を経由した潜在媒介ルートを指摘しているところにあるということを意味している。具体的にいえば、親世代の職業階層の差異が、文化的な要素を通じて、学歴達成に影響するという構造であったり、階級・階層の上下関係が、文化的な要素や学校教育における「戦略」を経由して、次世代でも同型的に成り立つ構造が論じられているのである。

このような複合因果構造の正否の実証は、多変量解析モデルによってなされなければならない。そしてその実証にあたっては、およそ二五年の年数をかけて成立する親子の世代間関係と、刻々と変化する主体的要因（ハビトゥスや、進学意思決定の加熱・冷却）を、ともに扱うデータが必要になる。ところが、このプロセスにかんする時系列の量的調査データの収集は、一朝一夕になせるものではない。このことが隘路になっているために、文化的再生産論が世代間関係に介在することを正しく実証した研究は、残念ながら存在していない。

そうはいっても階層研究の調査においては、成人対象者に「あなたが子どもの頃、家族の誰かがあなたに本を読んでくれましたか」、「小学校の頃、家でクラシック音楽のレコードをきいたり、家族とクラシック音楽のコンサートに行ったことがありましたか」、「小学校の頃、家族につれられて美術展や博物館に行ったことがありましたか」というように文化的な活動を回顧する質問が試みられることがある。あるいは、一五歳当時に自宅に文学全集・図鑑があったかどうかなどを文化資本の指標とみる研究もある。確かにこれらは文化的な要因に目を配ることの意義を知らしめている。だがこの方法で得られるのは、主体的要因が関与するメカニズムが作動している様子ではなく、文化資本の形跡や抜け殻のようなものが示す相関関係でしかない。一時点における調査データでは、長期的な過程への、主体的な要因の介在プロセスそのものの情報を得ることは難しい。

このほかには、中高生に対する学校調査でも、家庭の文化的環境をたずねる設計がなされることがある。こちらの場合の文化的環境は、親の職業階層や家計の経済状態を直接的にたずねることがはばかれるという理由から用いられる代替的な指標である。よって、職業階層の直接効果と文化的再生産プロセスを媒介した効果の双方を同時に析出し、影響力の大きさを比較する分析には発展しえない。だが各経路の流量の比較検討をめざさないかぎりは、「再生産探し」は、変数操作のうえでの擬似相関に踊らされているだけに終わってしまう。

もちろん、一つひとつの因果のパーツの実在性ならば、一時点の調査で確認できる。しかしそれは、文化的再生産プロセスと呼ぶにはほど遠い。問題はあくまで、主体的要因を経由した因果群が、世代間関係を固定化・閉鎖化する方向に作動しているかどうかということなのである。たとえていうならば、鉄棒でさかあがり、前回り、懸垂、ひねりなどができるかどうかと、それらを複合した月面宙返りのような技ができるかどうかは、まったく難易度の次元が異なるのと同じことである。

他方、情報技術革新の速度のはなはだしいこんにち、わたしたちがキャッチ・アップしなければならない情報・技能の質は、時代の速い流れにあわせてどんどん変容している。たとえば、かつて正統的文化であった漢文の素読の能力を親世代から与えられていても、それをIT情報リテラシーへと転換して、地位達成に役立てていくことは不可能に近い。前世代の知の体系や文化的ヘゲモニーが次世代では大きく覆されていく現状では、親が子どもに与える「正統」な文化的素養が、子どもの将来の社会的地位達成に利をもたらすと期待することは、難しくなりつつあるのである。文化の配列や秩序の、世代を越えた同型的再生産という二〇世紀の前提は、若年層から徐々に適合しなくなっている。わたしたちは、このような知や情報にかんする時代の流れの加速化からのがれることはできない。

文化的再生産論は、確かに初学者には刺激的な実例を示すことができる理論であるし、学説研究者には、欧米からの輸入理論のもつ「香気」と、難易度の高い「美技」が愛されてきた。しかし、現代日本の階級・階層研究においては、実証の不発の続いた文化的再生産論への期待は、急速に過去のものになりつつある。もはやここに、階級・階層論のブレイク・スルーの手がかりをみつけることは難しい。

成熟学歴社会のダイナミズム

ここから、本章の最も重要な部分に入っていく。すでに一一本の因果関係について、背後にある理論を紹介しながら、可能性を検討してきた。最後に検討する因果は、成熟学歴社会の中核を構成するもの、すなわち学歴の世代間関係（$E_g \rightarrow E_{g+1}$）である。

図3－5には、この関係を中核に据えた成熟学歴社会の研究枠組が示されている。世代gを中心に考えるこの図中においては、学歴の世代間関係は、三世代をつなぐ二本の矢印として描きこまれている。

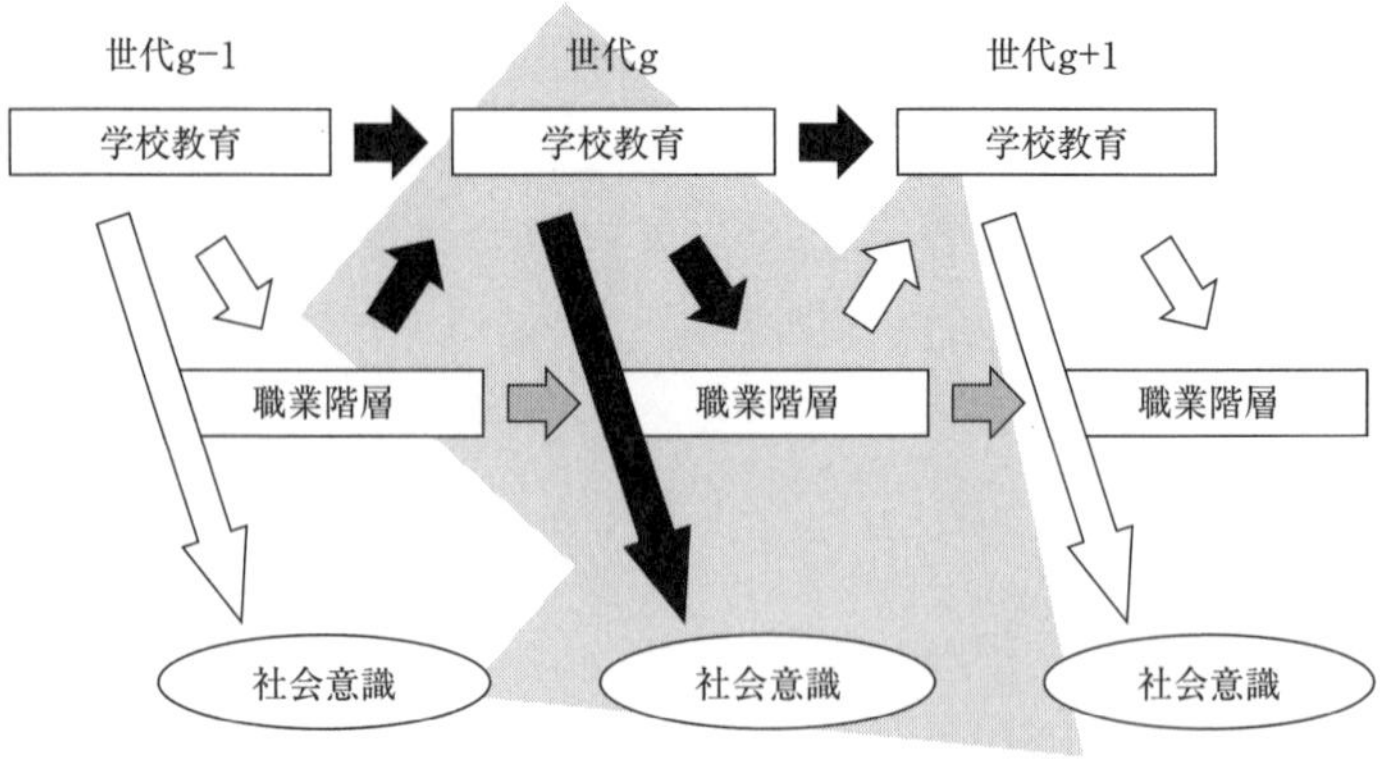

図 3–5　成熟学歴社会の研究枠組

加えてこの枠組には、学歴媒介トライアングル・モデルの因果構造も描かれている。さらに職業階層による社会意識形成の因果に代わって、学歴社会意識論の因果が強調されている。なお、階級・階層論の旧来の第一命題である、職業階層の世代間関係については、少し色調を落とした矢印によって、その存在を表示している。

この図においては、学校教育を起点とする三つの作用、すなわち、①産業セクターへの適切な人材の振り分け、②学校における価値観伝達や学歴に基づく意見・態度形成、そして、③地位指標としての学歴を用いた世代間関係、を確認することができる。これによって、①職業的地位達成のための「チケット」ないしは「パスポート」、②社会意識形成の要因、③世代間関係の中核的指標、という学歴の多元的なはたらきを示す枠組が浮かび上がってくる。ここでの説明の流れは、図の背後に大きな矢印型の影で示したとおり、学歴を起点として上から右下へと進む方向性をもっている。

従来の階級・階層研究は、あくまで職業階層を準拠点（到達点と出発点）と規定して、あらゆる議論をそこに帰着させてきた。職業階層至上主義とも呼ぶべき、この分野の思考の伝統である。実際に、産業化期の社会では、職業生活は間違いなく社会の起動源であり、その構造の解明は最重要課題であっただろう。また、六〇―七〇年代の日本では、職業階層の世代間移動や、職業的地位達成のモデルを「輸入」し、社会調査データの分析に適用する試みが、階級・階層研究に大きな前進をもたらした(8)。

しかし、この実績は、対象となる社会が職業階層中心のダイナミズムをもっていたがゆえに成し遂げられたとみるべきだろう。この枠組をあらゆる段階あらゆる地域の社会に、教条的にあてはめようとすれば、西欧化的近代化論が敷いた旧いレールの延長線上を進んでしまうことになる。他方、現代日本の階級・階層研究に忍び寄っている限界とは、つまるところ、この職業階層至上主義に投げかけられた疑念にほかならないともいえる(9)。

すでにみたとおり、このような従来の構図のなかでの学歴は、トライアングル・モデルに媒介的に関与する補足要因とみなされてきた。ところが、ここに示した成熟学歴社会の研究枠組では、裏方に回っていた学歴の機能は、積極的に表舞台へと引き出されてくる。

学歴が駆動力をもつ社会

本書では、とくに日本社会を分析する際に、この分析枠組が有用性をもちうるとみている。次にいくつかの観点からその根拠を示したい。

まずは肩の力を抜いて、具体的に思い描いてみよう。

いま現在、世代間移動の過程にある人たちは、いったいどのような動機づけをもっているのだろうか。

このことについて私は、人びとが日常生活で考えているいわば「素人理論」ともいうべきものと、階級・階層論の理論的前提の間に、少なからぬ開きがあるように感じている。

たとえば、親の目からみて、肯定的にであれ否定的にであれ「自分は○○なのに、子どもが△△なんです」と語られるとき、子どもの側の△△に学歴や学校歴が入ることは少なくない。これは、わたしたちの社会では、子どもの学歴達成（最終学歴）が、新生児から「一人前」になるまで続く子育ての、ひとつの大きな区切り、あるいは到達点としての意味をもっているためである。さらに、親自身の側の「自分は○○なのに」の部分に、職業階層や収入・所得ではなく、みずからの最終学歴が入るという考え方も、あながち不自然ではない。

これに対し、職業階層の世代間関係は、「私が○○という仕事をしていたのに、息子や娘は△△の仕事をしている」という語られ方と対応する。確かにこの関係も依然として重要ではあるが、この関係における上昇をめざすことを、唯一無二の「階層ゲーム」のルールだとすることには、いまや再考の余地が大きい。ゲームのプレイヤーが従っているルールは、時代やライフコースにあわせて、多様に変化してしかるべきだろう。

では中高生は、自分の人生の目標地点を実際はどうみているのだろうか。欧米理論＝産業社会の論理、すなわち「大人の理屈」としては、次のように想定されている。社会的な成功というのは職業的な成功によってもたらされる。職業的な成功を手にするためには、それに必要な学歴・学校歴を手にしなければならない。それは学校教育と職業を結びつけるメリトクラシー＝クレデンシャリズムの因果が、理念として賛同するかどうかは別として、実態として無視することができないものだからである。それゆえに学歴取得は、両親よりも高い職業的地位に就こうとする場合でも、家業の後継者になろうとする場合でも、変わりなく重要になる。

確かにこの説明には、一見すると破綻している部分はない。だが、中高生の日常を左右しているのは、こうした合理的でパースペクティブの長い「理屈」ばかりではない。その証拠として、こんにちの高校生の少なからぬ数が、意識調査において、働くことの意義や、職業生活に必要な規範の内面化が不十分であったり、将来の見通しを立てられないと回答していたり、将来就きたい職業の具体的なイメージをもっていなかったりする、という事実を挙げることができる。

たとえば、尾嶋史章（2001）のグループが行なった、阪神間の高校二年生に対する意識調査においては、「将来就きたい職業」がたずねられている。この質問には、回答選択肢として具体的な職種群が二〇項目ほど示されている。さらに、これらにあてはまらない場合は、「その他」として自由回答欄に「運輸関係」とか、「事務」、「サラリーマン・ＯＬ」というような、漠然とした回答をしてもかまわない。ところが調査の結果、対象高校生の五人に一人（一九・一九％）が、将来就きたい職業について、回答できなかったのである（対象者総数二、三九七名のうち、無回答一一四名、「考えていない」一一〇名、「わからない」二三六名の合計四六〇名）。他の学校配票の高校生調査でも、同様の結果が報告されており、高校生の進路決定（高卒無業者の送出を含む）を調査している教育社会学者にとっては、これは、いまさら驚くような数字ではない。

このように、視界の不明瞭ななかで意思決定を迫られているこんにちの高校生にとって、いま見極めることができるのは、将来の職業生活ではなく、せいぜい数年先まで、つまり進路選択・学歴達成までである場合が少なくないのである。

さらに視点を転じて、歴史社会学研究において、学歴社会日本に固有の特徴として指摘されてきた諸事実も見直してみよう。日本社会では、学歴の地位表示機能や、学歴を起点とした社会変革の機能が特別な重要性をもち、社会を動かす駆動力となっていることが、度重ねて論じられてきた。たとえば、明治期の学校教育の機能について、天野郁夫は次のように解説している。

近代化をおくれて開始した日本には、ヨーロッパ諸国のように中産階級が、目に見える社会的な実態として存在しておらず、したがって、中等教育は、中産階級の存在を前提とするのでなく、逆に、存在しない中産階級を創出する役割を果たさなければならなかった（天野 1992: 100）。

日本社会では、早い時期から、「学校」が「階級」を創出するという、欧米からみるとパラドキシカルな設計がなされていたとされるのである。同様に、イギリスの社会学者R・ドーア（Dore 1976=1990）は、七〇年代の日本社会について、次のような指摘を行なっている。産業化の後発国である日本では、学校教育の社会における位置づけは、欧米型職業階級社会とは根本的に異なっている。すなわち、イギリスのように階級構造が所与のものとして存在していて、学校教育の位置づけも定まった状態にあるところから産業化を進めていった場合と、学校教育を国家の発展の起爆剤とみて、それをほとんど唯一の契機にして旧態を改めようとした歴史をもつ日本やスリランカやケニアでは、社会における学歴のはたらきが異なってくるというのである。そして彼は、現代日本は社会を駆動していく力が意図的に学校教育におかれている学歴偏重社会であり、しかもこれら後発国のトップ・ランナーであるとみたのだった[10]。

日本社会にみられるこのような学歴主導性は、実証的にも確かめられている。

戦後期の日本では、新制中学発足による義務教育の年数の制度的伸長があり、続いて高校進学率の増大という教育水準の拡大があった。実証データをみると、この初等・中等学歴における教育拡大は、産業セクターからのプル要因によってなされたものではなく、当時の日本の人口の多くの部分を占めていた農民層の親たちの、学歴社会への期待に基づいた積極的な後押し（プッシュ要因）によってなしえたものであることがわかる。そして、あくまでその結果として、学卒後の若年層の被雇用職への入職が促進された形跡がみられるという。つまり戦後の日本社会においては、教育の拡大が起点となり、農民層の急速な解体と被雇用化という世代間職業移動が作動しはじめたのである。この事実は、まさに学歴の変動に追随して、産業構造が変化したことの証左といえる（苅谷 2000; 2001）。

ゆえに、こんにちの日本社会がこれらの延長線上において、成熟学歴社会の扉を開いていると考えるならば、欧米型職業階級社会とは異なる、学歴を準拠点とした分析枠組を、他のどの社会よりも先に現代日本社会において検討しなければならない理由も明白だろう。日本のように学歴主導の変革を急速に進めた歴史をもつ社会は、他にはないのである。学歴や学校教育を起点としたダイナミズムを考えることで、現代日本社会に固有の事象を読み解くという本書の方針は、こうした研究の流れを汲んだものとみることができる。

最後に、現代社会において学歴主導のメカニズムを見極めることがもつ可能性を、ひとつの研究事例を挙げて示そう。

本書とは少し異なる分野であるが、こんにちの日本社会に生起した難解な問題について、それを駆動している学歴や学校教育に視点を転じることで、ブレイク・スルーの糸口を見出した実証研究がすでに存在している。それは、本田由紀（2005）の、現代日本社会におけるフリーターの増加にかんする研究である。

フリーターの増加は、雇用の流動化のうちでも、量的にみて最大の問題である。このことについては、新規学卒（高卒）時点で正社員とならず、恒久的にであれ一時的にであれ、無業者かアルバイト・パートへと移行していく若者たちが、九〇年代に入って増えつつあるということが、調査や官庁統計の数値などからすでに確認されている（小杉 2003）。しかし常勤定職に就かない若者たちが、なぜこれだけ増えるに至ったのか、企業側は何を契機としてかれらを常時雇用しなくなってしまったのか、というメカニズムまではよくわからない。それがこの問題の難しさでもある。このつかみどころのなさゆえに、フリーターの増加を、現代の若者の就労意識の問題とみたり、経営側の雇用や採用の理念の変化とみる予断的解釈が入り込んでくる余地が生じているのである。

本田由紀はここで、苅谷剛彦の研究をはじめとする一連の先行研究に拠りつつ、教育社会学の視座で歴史を振りかえる。戦後から高度経済成長期までの日本においては、新制高校への進学率の急上昇と、新規高卒者に対する労働力需要の大きさを背景にして、一人一社制の高卒就職斡旋という他社会に例をみない独自の慣行が培われてきた。これが、日本の産業経済の発展を労働力の安定供給という面で円滑に支えてきたのである。その背景には、理念としての同一企業内での長期雇用慣行という日本的な特性もあった。

ところが、この「学校経由の就職」の構図は、九〇年代になって成り立たなくなった。この時期以降、高卒就職の進路決定において、高校の就職指導・斡旋が、生徒一人ひとりの自主性を認める方向への変化を余儀なくされ、従来と比べると自由気ままに就職活動がなされるようになったのである。数多くの実態調査を繰り返し、現代高校生の進路と意識の実情をよく知る耳塚寛明は次のように表現している。「(進路指導教員は) 進路未定の生徒でも希望がなければ強いて就職先へと押し込めようとはしない、おびただしいカタカナ職業など非現実的な志望ではあっても生徒の希望を尊重する、保護者が子どものフリーター志望を認めていれば学校は積極的に指導しない……内発的な進路意識の高まりに期待し、生徒たちの『個性的な進路選択』を尊重し、結果的ではあれ『進路未定』や『フリーター』を正当化する方向へと、進路指導は変化しつつある」(耳塚 2001 : 99)。

そうなった根源的な理由について、本田由紀は、高校側が働くことの意義や意味を考えさせたり、判断させる教育を軽視してきたという制度的疲弊があったところに、九〇年代初頭の景気動向の変化により、企業側の採用の方針変更が偶発したことによると解釈する。

私の見方を付け加えるならば、高度経済成長後二〇年もの間、送出側 (高校進路指導) と受け入れ側 (企業新規採用) の双方が、旧態のままで慣性的な動きを続けることができたことが、むしろ驚くべきことといえる。とにかく、この日本の産業化期を特徴づける、高卒層の雇用を確実にする入職システムは、九〇年代初頭に破綻すべくして破綻したのである。

この結果、就業への心的・能力的準備状態が不十分なまま高校教育を修了し、卒業後に無業者へと直接至るケースをはじめ、非常勤職を初職としたり、採用された職場を早い時期に中途退職したりするかたちで、一〇代のうちに組織間の移行に失敗する若年高卒層が、急速に増加しはじめることになった。本田由紀は、この変化こそがフリーターの急速な増加の内実であるとみる。

労働経済学だけに目を向けているかぎり、ニート、フリーターとしてひとくくりにされる現在三五歳以下の若年層、すなわち九〇年代以降の学歴修了者たちの流動的な就労行動は、得体の知れない事実にしかみえない。これに対して本田由紀の分析は、フリーター状態に陥る若者たちの母集団増加の原因を、戦後日本で培われ、かつては順調に機能していた学卒—初職就業の日本的なシステムが、ポスト産業化期の雇用の実態にまったく適合しなくなったこと、つまり供給側の理由による「パイプの漏れ」(山田 2004) に求めるのである。

ここで重要な点は、この研究では企業の経営論や労働市場の視点、あるいは若者文化論などから扱われがちな課題について、既存の研究枠組をいったん離れ、学校教育を起点とした考察がなされたということである。その視座の転換に導かれて、わたしたちの抱いていた、フリーター「問題」の得体の知れなさは大幅に払拭される。このように理路整然と指摘されてみると、当たり前のことを確認しているようにみえるのだが、企業・職業・雇用を産業社会の本体とみる学説に凝り固まった研究者にとっては、このような学歴(学校)駆動説への転回は、容易なことではない。

(1) ここでは便宜上、三世代の世代間移動モデルを図式化しているが、通常の社会調査データ分析では、二世代間の移動モデルとして描かれる。三世代社会移動は、対象者がかかわる二度の社会移動のセットを分析するモデルである。片岡栄美（1990）はこれを実際に試みて、世代間移動の複合にいくつかのパターンがあることを突きとめている。しかし、三世代学歴移動の社会調査データが多くはないことから、一九八五年時点以降の動向はほとんど解明されていない。

（2） M・コーンは、現代人が最も傾注する生活局面は職業生活であるが、そのうちでも、職業的地位や職業威信ではなく、日々の職業の条件こそが重要であるとする。そして、職業条件の複雑性（complexity）の高低、管理の厳格性、タスクの単調性などを基準として、外的な基準への同調を要する職業条件におかれているか、それとも、みずからの判断や裁量を要する、自己指令性の高い職業条件におかれているのかに注目する。

この自己指令性—同調性という職業条件の機軸は、わたしたちの社会的態度の主要な階層性の機軸を形作り、そうして形作られた「パーソナリティの自己指令性」は、職業条件に再び影響をおよぼすと想定される。M・コーンらは実際に、職業階層と社会意識の間に成り立つ共鳴的な因果関連（reciprocal effects）を、多変量解析モデルによって立証している。

（3） ①の階層支配とは、学歴のメリトクラシー＝クレデンシャリズムがいまだ有効に機能しておらず、そのために学校教育が世代間移動を媒介するに至らず、単なる特権階級の奢侈品（つまり教養の指標）にすぎない状態を意味する。「学歴＝装飾説」とも言い換えられる状態である。②の結合支配というのは、学歴のメリトクラシー＝クレデンシャリズムが一部の社会層にだけ利用されている状態を意味するとされる。③の過渡的拮抗は、世代間移動の直接経路と学歴媒介経路が同じような強さで成立している状態をさしており、「学歴＝手段説」が有効化してきた状態をいう。④の学歴支配の状態は、学歴を介した経路が世代間移動の本流となった状態である。最後に理想状態として掲げられている⑤完全な機会均等は、世代間の関連が消滅し、学歴のメリトクラシー＝クレデンシャリズムのみが存在している状態をさしている。

（4） この残存する不平等については、技術機能主義理論と対立する葛藤理論（Collins 1979=1984）をはじめ、いくつかの説明論理が提出されている。

(5) 詳しくは、現代日本の階級・階層研究についてレビューした別稿（吉川 2001b）を参照のこと。

(6) 図内では成人後のパーソナリティを想定しているが、青少年の社会意識形成についてはこのかぎりではない。親の学校教育が学齢期の子どものパーソナリティに影響力をもっていることについては、吉川徹（1998a）を参照されたい。

(7) 主体の意思決定（選択）を介在させるプロセスについて広義に解釈するならば、合理的選択理論といわれる考え方も、この図式と重なりをもつことになる。学歴取得にかんする合理的選択理論については、第4章であらためて扱う。

(8) 南アフリカ、中国、インドというような産業化の途上国と、先進する欧米諸国をともに視野に入れた、グローバルな社会調査データの比較分析では、こんにち、職業階層の世代間移動モデルがスタンダードとして用いられている。これは、この枠組の汎用性の高さを示すものである。本書はそのことに否定的な立場をとるものではない。

(9) そのように考えると、現代日本の階層研究のおかれている状況と、A・ギデンズやU・ベックの議論にみられるような、モダニティへの自省の立場とのつながりも見出せる（岩井 2000）。なお現代日本社会に特有のモダニティと、西欧的近代の関係をどう捉えるかということについては、厚東洋輔（2006）の整理が役立つ。

(10) よく知られるとおり、この観察に加えてR・ドーアは次のように警告している。日本のような後発国では、学校教育に社会変革の駆動力をもたせる政策がとられるため、その圧力で学歴社会に特有の歪み（disease）が生じるに至る。

4章　因果構造を読みなおす

学歴伏流パラレル・モデル

この章では、成熟学歴社会の研究枠組（**図3－5**）に従いつつ、計量分析の論点となるさらに具体的な仮説や命題を確認する。はじめに、学歴と職業階層の因果のやり取りと、世代間での地位継承関係を再考する。

図4－1は、旧来の学歴媒介トライアングル・モデルの構造をあらためて示したものである。ここでは三つの因果関係が分析の俎上にのせられてきた。第一は、親世代の職業階層と本人世代の職業階層の間の因果（職業階層の世代間関係）である。これは階級・階層研究で最も重視されてきた論点である。第二は、親世代の職業階層と本人世代の学校教育の間の因果である。これは、教育機会の階層的不平等という論点を提供してきた。第三は、本人の学校教育と職業階層の間に成立している、メリトクラシー＝クレデンシャリズムの因果である。そして、このモデル全体をみるときには、職業階層の世代間関係

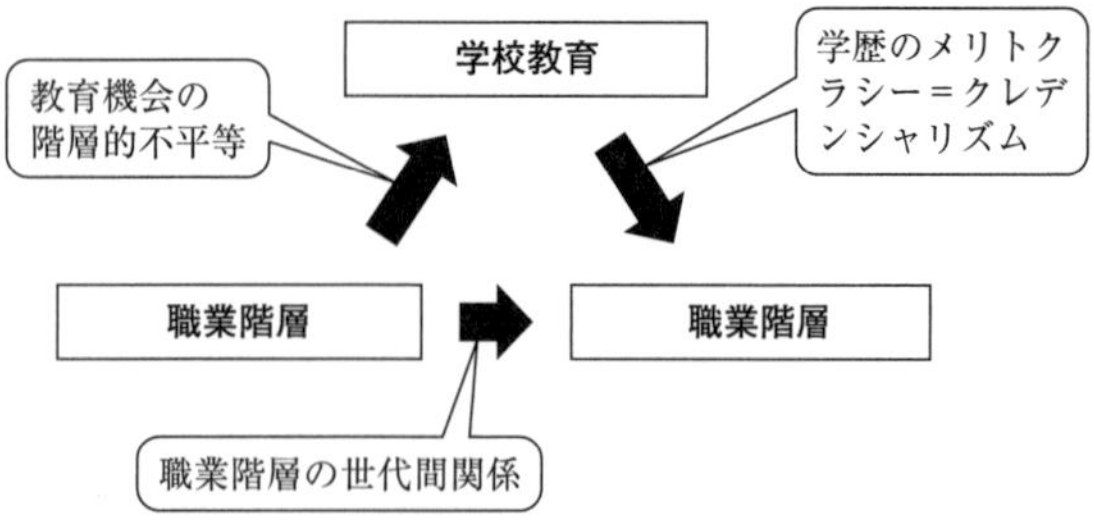

図 4–1 学歴媒介トライアングル・モデル

を、学歴を媒介させた因果が補強するという構造が強調されてきた（直井 1991）。

しかしすでに触れたとおり、このモデルは本来、欧米型職業階級社会を対象として、しかも産業化期を分析するために設計されたものである。それゆえに、歴史的経緯と時代局面の異なる現代日本社会の世代間関係にこれを押し当てても、うまく測りきれない部分が残る。

そこで成熟学歴社会の構造を説明するためには、同じ要素の間の因果関係について、異なった関心から注目していくことになる。それを考えたものが**図 4–2**である。この図ではやはり、親の職業階層と本人の職業階層をつなぐ基本命題は重視されているが、これと並行して親の学校教育と本人の学校教育の間に因果関係（学歴の世代間関係）があることが考慮される。そして、学校教育と職業階層の間には、学歴のメリトクラシー＝クレデンシャリズムが、親世代でも本人世代でも同様に成立し、両者を結び付けている。このパラレログラム（平行四辺形）のモデルでは、学歴の世代間関係がまず確定し、それが親子それぞれのメリトクラシー＝クレデンシャリズムを経由して、階層の世代間関係に影響をおよぼしているというメカニズムに注目することになる。

わたしたちのライフコースを考えるとき、親から子へ、そして学歴か

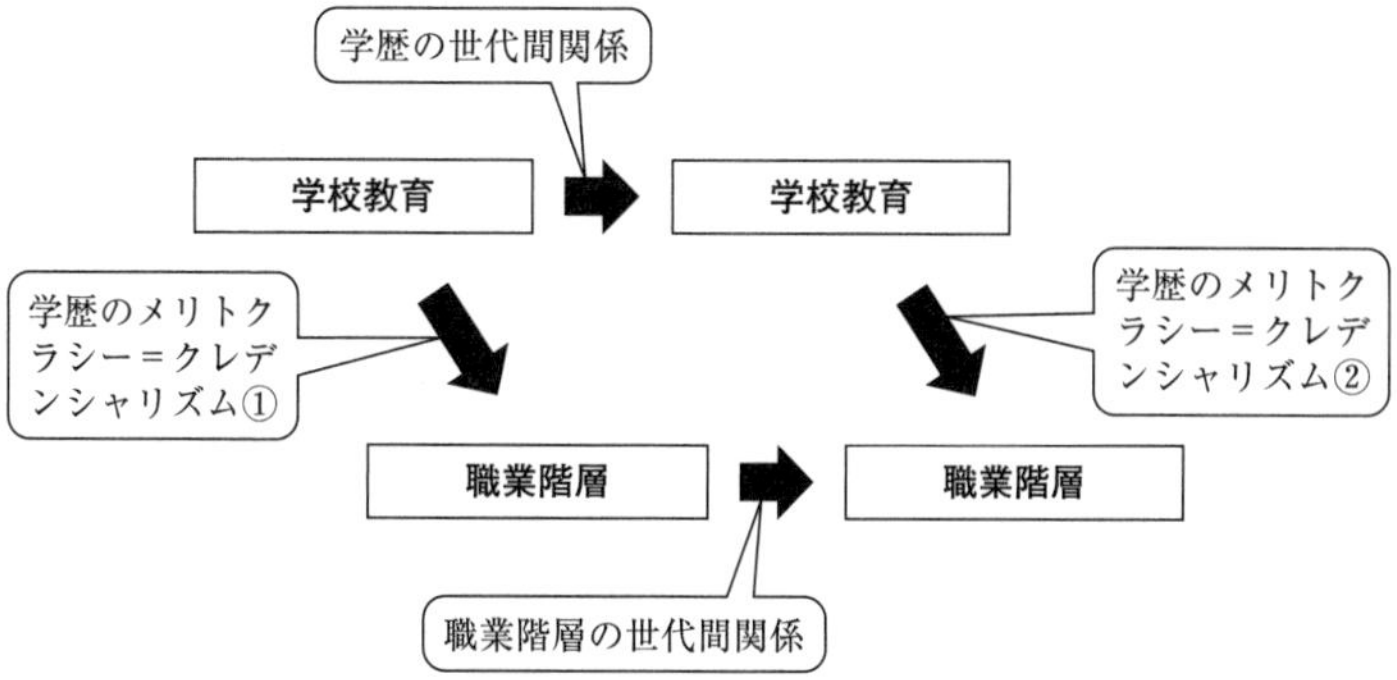

図 4–2　学歴伏流パラレル・モデル

ら職業へというこの並行的な因果は、自然な時間順序を述べているにすぎない。ところが、階級・階層研究においては、このように学歴先行の因果の構造が注目されることはきわめてまれだった。突き詰めるとそれは次の三つのことが原因といえる。第一は、いうまでもなく、欧米型職業階級社会のモデルが重用されてきたという研究史である。第二は、学校教育が比較的新しく近代社会に導入された装置であって、理論化が後手に回っているということである。そして第三は、因果の起点にある親の学歴が、数十年前に祖父母の階層要因、祖父母の教育戦略に規定されて成立した出来事であるという意味において、ひと昔前の状況を引きずる指標であり、一般の人びとにとっても、研究者にとっても、準拠の対象にしにくいものだったということである。しかし、この第三点目にかんしては、成熟学歴社会では、親の学歴という指標が、以前よりは見極めやすくなっているという特徴的な変化がみられる。

このモデルは、学歴を世代間社会移動の媒介的な装置ではなく、動力源そのものだとみる仮説の検証を可能にする。本書では、学歴媒介トライアングル・モデルと対置しうるこの平行四辺形のモデルを、学歴伏流パラレル・モデルと名づけることにしたい。

相補関係

学歴媒介トライアングル・モデルと学歴伏流パラレル・モデルという二つのモデルから導かれる新旧のストーリーは、かなり様相を異にしている。しかしじつをいうと計量分析の操作のうえでは、二つの説明論理は二者択一ではなく、むしろ相補的に連結している。図4－3は、現代日本社会における、親世代（父親）の学歴と職業階層、本人の学歴と職業階層の四変数の因果関係についての実測結果である。[1]なお通常の社会調査データでは、調査対象者を子世代として分析が進められる（以下、本人とする）。

ここでは、それぞれの概念の測定指標として、父親教育年数、本人一五歳時の父親の職業威信スコア、本人教育年数、本人現職威信スコアを用い、[2]四要因間に完全逐次パス・モデルをあてはめている。[3]一見してわかるように、この図のなかには、学歴媒介トライアングル・モデルと、学歴伏流パラレル・モデルがともに埋めこまれているため、二つの理論モデルが、どのような数値を伴って組みあわさっているのかを示すことできる。このかたちのパス・モデルによる分析を初めて社会調査データに適用したのは、アメリカの社会学者P・ブラウとO・ダンカンであり、以降、このかたちのモデルは、社会的地位達成モデルと呼ばれている（Blau and Duncan 1967）。

いくつかの発見や（再）確認事項がある。

第一は、学歴のメリトクラシー＝クレデンシャリズムが、父親世代でも本人世代でも、強力な因果関連として存在しているということである。本人世代における関連性をみると、相関係数が$r=.464$であり、父親世代の要因の効果をコントロールした標準化偏回帰係数は$\beta=.406$である。つまり、わたした

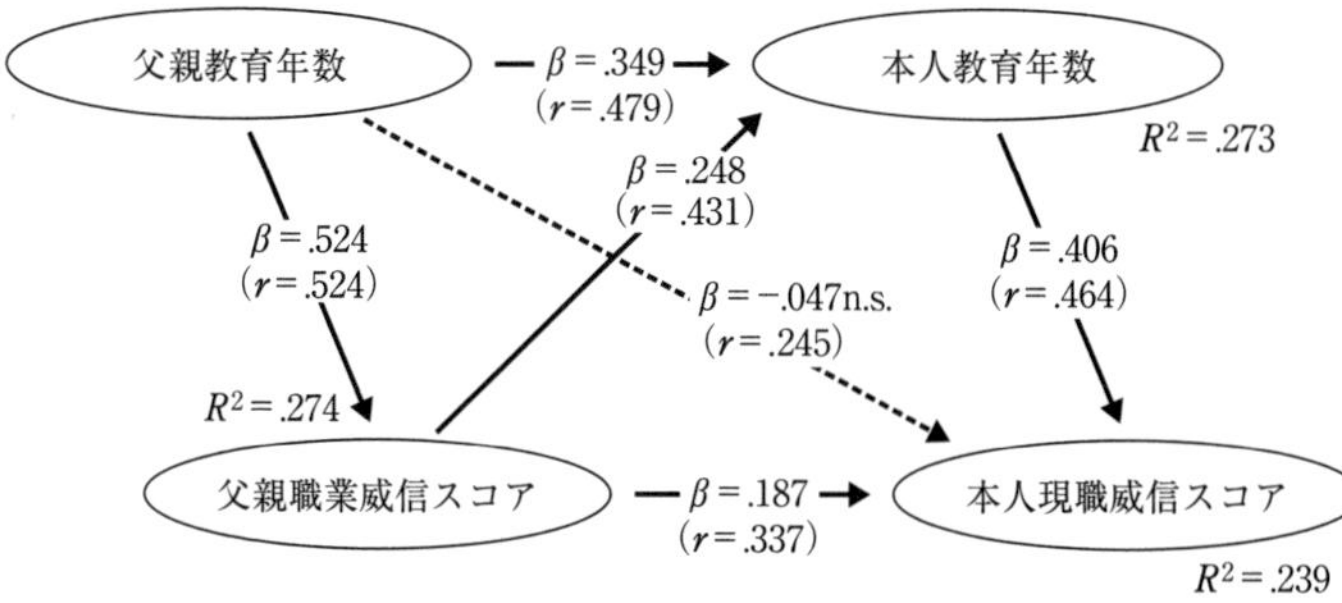

図 4-3　学歴と職業のパス・モデル

注：点線矢印は 5% 水準で有意ではない因果関係を示す.

ちが実感しうる見かけ上の関係の多くの部分は、学歴と職業階層の間の、擬似相関を多くは含まない、本質的な因果関係によって成立しているということである。また父親世代における相関係数は r＝.524 とさらに高い値を示している。この関係の日本社会における時系列変容と、国際比較上の位置づけについては、後に節を改めて詳しく述べることにする。

第二は、職業階層の世代間関係が、相関係数として表面にあらわれている状況（r＝.337）をみても、直接的な因果効果（β＝.187）の大きさをみても、際立って大きいわけではなく、図内で相対的に見比べると、むしろ小さめの値にすぎないということである[4]。これまで、研究のうえでこの関係に注目がなされてきたのは、データが示す数値の大きさによるのではなく、むしろ学説の重みに由来していたことが確認される結果である。

第三は、図中上方を先行する学歴の世代間関係が、図中下方を追走する職業階層の世代間関係よりも大きい流れとして成立しているということである。相関係数でみるとき、それは r＝.479 という高い値を示す。

第四は学歴伏流部分の間接効果の大きさにかんすることである。

表 4-1　職業階層の世代間関係の経路分解

経　路	職業階層の世代間関係
父親職業階層の直接効果	.187
学歴媒介による間接効果	.248×.406=.101
学歴伏流による擬似相関	.524×.349×.406=.074
その他の擬似相関	−.025
総効果	.337

注：図中の実線が示す因果は 1% 水準で有意な値，相関係数はすべて 1% 水準で有意な値を示す.

この分析モデルでは、父親学歴を投入することにより、学歴の世代間関係に因果の目配りを行なっている。[5] このように伏流部分の影響をきちんと統制してみると、少し注意深く扱わなければならない数値の変化をみつけることができる。

表4－1は、図中の経路に従って、「本体」である職業階層の世代間の相関関係（総効果）r=.337を分解した結果である。想定されている経路は、父親職業階層からの直接効果、学歴が媒介することによるトライアングルの間接効果、そして学歴の世代間関係の並行的伏流によって見かけ上成立している部分、およびその他の擬似相関である。表内に式を示しているとおり、完全逐次パス・モデルの場合、それぞれの経路の標準化偏回帰係数の積算によって効果の大きさを算出することができる。これによると、父親の職業階層の高低が、直接、本人の職業威信の高低を決定する影響力は、総効果（単相関係数）.337のうちの.187の部分にとどまる。そして父職業→本人学歴→本人職業という、学歴媒介トライアングルによる間接効果は.101である。これらに加えて、学歴の世代間関係によって、職業の世代間関係に見かけ上あらわれている擬似相関が.074あることがわかる。[6]

他方、学歴の世代間関係を考慮することなく、学歴媒介トライアングル・モデルの部分のみの因果関係をみるモデル設計をすると（結果の表示は省略）、職業階層の世代間関係の直接効果はβ=.162、学歴媒介トライアングル効果は.175（二経路を合算すると総効果の.337となる）と算出される。これは、一見すると両効果の拮抗状態ということになる。だが実際は、そこには学歴の世代間関係によって成立している擬似相関関係が水増しされているので、その分だけ学歴媒介効果を過大に見積もっていることになる（.101のところを.175と推定する）。因果分析では、このように結果に変動をもたらしうる構造は、コントロールすべきものとされている。世代間社会移動に学歴が関与する経路については、本来は学歴媒介ルートと学歴伏流ルートに分けて理解すべきなのである。

最後に第五点目としていえることは、これらの事実を総合するとき、この図を職業階層の世代間移動の因果構造を分析する図式であるとみる必然性が希薄になるということである。

繰り返してきたとおり、従来の問いの立て方は、親の職業と本人の職業の関連が存在するのはいかなる要因によるのか、というものであって、その説明は次のようになされてきた。

> 職業的地位の世代間移動には閉鎖的な継承関係がある。それはさらに、親の職業的地位に強く規定された本人学歴がメリットを発揮するという、学歴媒介トライアングルの存在によって補強されている。

しかし先行理論をまったく知らない人がこのモデルをみて、そこに描かれている因果を重要な順に説明するとすれば、むしろ次のことが強調されるものと思われる。

この社会（現代日本）では、学歴が高いほど職業的地位が高くなるというメリトクラシー＝クレデンシャリズムの因果構造が、親の世代、本人世代ともに強力である。同時に、親の学歴が高いことが、本人の学歴を高めるという世代間の関連がある。それゆえに職業階層の世代間関係には、学歴の世代間関係によって補強されている部分がある。

これが学歴伏流パラレル・モデルによる説明である。もちろん私はこの結果をもとに、成熟学歴社会においては、職業階層の世代間関係や、学歴媒介トライアングルに目を配る必要はなくなる、とまで強く主張しようというつもりはない。この計量的実態が示しているのは、学歴と職業階層は、卵が先か鶏が先かの因果関係のように相互に乗り入れているので、準拠点をどちらにおくのかということは、相対的な問題だということである。

親学歴効果の説明論理の不在

続いて**図4－3**のなかの、もうひとつの重要な論点に入っていこう。この図には、学歴媒介トライアングル・モデル、学歴伏流パラレル・モデルと重なりつつ、教育機会の不平等（educational inequality）をみる因果図式が含まれている。それは本人教育年数を被説明（従属）変数として、父親教育年数と父親職業威信スコアの二要因を説明（独立）変数とする部分である。

この教育機会不平等の因果関係について、標準化偏回帰係数の大きさをみると、父親学歴からの影響力（β＝.349）と、父親の職業階層からの影響力（β＝.248）はともに大きい。そして父親学歴の影響力のほうが父親職業階層の影響力を上回っているようにみえる。(7) この因果関係について、さらに生年の若い現代の高校生の進学希望についてみると**表4－2**のようになっている。これは片瀬一男（2005）が行なった高校二年生の「教育アスピレーション」についての重回帰分析の結果であるが、この時点におけるこの意識は実際の進学行動に直結しやすいので、大学進学機会の構造の「速報値」とみなすことができる。これをみると、男子・女子ともに親学歴の効果は有意であり、やはり「父学歴」の影響力が他の社会的出自の効果を上回っていることがわかる。

このように親の職業階層と親の学歴を説明（独立）変数にして、本人の教育年数を説明するモデルを用いた分析は、国際的な規模でも試みられている。そしてそこでもまた、父親の学歴（母学歴や両親学歴の合算である場合もある）が、子どもの学歴達成に有意な影響力をもっていることが、古くは一九六二年のアメリカのデータを用いたP・ブラウとO・ダンカンの研究例以来、繰り返し確認されている。しかもその影響力は、やはり親の職業階層の影響力を上回る場合が多いといわれている（Blossfeld and Shavit 1993）。

表4-2　現代高校生の進学希望についての重回帰分析（標準化偏回帰係数β）

	男子	女子
父　職	.124*	.060
父学歴	.160**	.177**
母学歴	.022	.140*
決定係数	.047**	.079**

注：**は5%，*は10%で有意な値を示す．片瀬一男（2005：127）より転載．

ところが、親の学歴が高いほど、子どもの学歴（進学率）も高くなるのは、そもそもどのようなしくみによるのか、しかもその効果が親の職業階層と同等もしくはそれ以上のインパクトをもつのはどうしてか、ということを積極的に説明する論理は、意外にもきちんと言葉にされてはいない。

そこには次のような事情がある。

教育機会がどのような社会的出自に左右されているのかということ

とを考えるうえでは、いうまでもなく親の職業階層が第一義的に検討される。そして親の学歴の影響力は、これと並列の位置にある説明要因（独立変数）として分析に組みこまれる。このような場合、職業階層は社会・経済的な出自の指標であって、学歴は文化・教育的な出自を測りだす指標であると、とりあえず意味づけられ、両者をあわせて、階層的出自による教育機会の不平等の存在が描き出される。このように多元的に測れば、因果モデルの説明力を向上させることができるという変数操作のうえでのメリットがその主たる狙いである。

ところが、議論を展開したり、理論的な命題として扱ったりする局面においては、学歴はあくまで端役でしかない。また実際に、親の学歴と職業階層には少なからぬ重なりがあり、たとえば**図4－3**においては相関係数が $r=.524$ である。そのため理論として整理される場合は、教育機会の不平等の分析結果は、いったん階層的出自にひとくくりにされ、しかし結局は、親の職業的地位による教育機会の不平等として論理化されてしまう。具体的にいえば、高い職業階層を出自とする子弟が高い学歴に至る傾向が強く、低い職業階層を出自とする子弟が低い学歴に至る傾向があるが、それはなぜなのか？　そして、この関係はどうして解消されずに持続するのか？　という、職業階層至上主義の問いが仮説や命題となるのである。

しかし本書の議論の筋道からいえば、親の学歴が高い層の子弟が高い学歴に至る傾向が強く、親学歴が低い層の子弟が低い学歴に至る傾向があるが、それはなぜか？　そして、この関係はどうして解消されずに持続するのか？　という、学歴の世代間関係についての問いが、より重要な仮説や命題とされることになる。

大学進学の多重圧力

教育機会の不平等の研究(8)について、もう少し幅広い視野で要因や仮説理論を確認し、論点をはっきりさせることにしよう。

広く知られているように、日本をはじめいくつかのポスト産業化社会においては、こんにち、ほとんどの人びとが中等教育（高校）に障壁なくアクセスしうる条件が整いつつある。しかし、この現状に至るまでには、高校進学率に重大な階層差がある時期（学費が捻出できないために、進学を断念する事例が数多くある時代）があり、続いて高校進学率に有意な男女差がある時期（女性に学問は不要だという通念が、少なからぬ実効力をもった時代）があった(9)。教育機会の不平等の研究の出発点は、この中等教育以下の部分の平等化の達成をみることにあった。

しかし、現在の国際比較研究における問題の所在は、日本や欧米諸国のように高学歴化の局面を過ぎたポスト産業化社会にあっても、教育年数や進級確率をみたとき、社会的出自（性別と親の社会的地位）による不平等が解消されていないというところにある。

社会的出自による不平等は、民主主義社会では何としても解決されるべき課題である。それだけに、教育を政策から考える立場では、教育の量的拡大つまり高学歴化によって、教育機会の不平等が解消されることが想定・期待されてきたのである。

ところが現代日本の現実をみると、社会的出自による不平等は、その争点を高校進学機会格差、大学進学機会の二段構えの状態から、大学進学機会格差へとただ集約したにすぎず、不平等の総量は、大きく減ることなく持続している。[10] そしてすでに確認したとおり、現代日本社会では、大学進学／非進学という境界が、教育機会の重要な要素となっている。わたしたちが親と子の間の地位継承を考える際には、大学進学機会は、多くの人が通過するきわめて重要な「関門」として注目されることになるのである。

そこで、現代日本の教育機会不平等の集約点である大学進学／非進学が、どのような要因によって決まっているのかについて、いくつかの仮説を紹介したい。

ただし、あらかじめ断っておくべきことは、たとえ調査データの分析をしても、対抗する諸仮説の優劣を確定することはできないということである。その理由は、考えるべき仮説（後述する、本人の学力と進路希望、そして親の学歴、職業階層、世帯の所得、家庭の文化資本などの要因、あるいは労働経済学で考えられている選好など）が、重複していたり、因果的に連結していたりするために、説明論理の優劣の並列的な検証を可能にするデータを得ることがきわめて困難だということにある。また、それらをかりに計測しえたとしても、説明要因の間の重なりが大きすぎるため、どれが真の要因であるのか特定するには技術的な困難が伴うという事情もある。[11] よって、親学歴と親の職業階層について確認したように、事実上はどの仮説も、相互の重複部分を含みつつ存在しているということになり、結局は、相対的な優劣を客観的に決するのではなく、推論のもっともらしさを考えるにとどまることになるのである (Boudon 1973)。

そもそも大学進学／非進学は、ひとつの要因によってシンプルに決まっているわけではない。このことは読者自身が「なぜ大学進学したのか？（しなかったのか？）」を自問してみると、わかりやすいかもしれない。そこには、自分自身および親が、状況に応じて判断しなければならないいくつもの要素があって、整理された答えを見出すことは容易ではない。ここでは大学進学機会の構造を説明する諸仮説を、本人の属性からミクロに論じるもの、マクロな要素を論じるもの、そしてミクロ・マクロ・リンクへの関心に基づくものの順にみていく。

ところでアメリカの教育学者M・トロウ（Trow 1970）は、大学教育について、エリート教育から、大衆教育、そしてユニバーサル化という段階的進展を論じている。そこでは、大学進学率五〇％以上というところが、高等教育のユニバーサル・アクセス（望めばだれでも入学できる状況）の基準とみられていた。そしてこんにちのアメリカ社会では、大学入学者（大卒学歴取得者ではない）の同年人口比率をみれば、確かにこの水準をやや上回る進学率（約六〇％）で水平的推移が続いており、彼の予測した社会が現実のものになっている。現代日本社会における大学進学率もまた、このユニバーサル・アクセスの基準上で推移している。

だが、理屈のうえでは大学進学率が五割程度を上限とする必然性はなく、もう少し拡大を続けてもなんら不思議はない。大学進学率の伸びがこの水準で止まってしまったのは、いったいどうしてなのだろうか。ここで考える大学進学機会をめぐる諸仮説は、この「ガラスの天井」の存在についてもうまく説明するものでなければならない。

ミクロな機会不平等要因

大学進学機会を左右する要因のうちで、本人に帰すべき主要なものは、つまるところ入試学力である。(13)なかには入試学力が十分にあり、親も学校も進学を後押ししているが、あくまで本人の意思として大学進学を望まないという事例もありうるが、ここではそれは説明の対象としない。

いま、かりに同年人口全員が大学進学をめざして学力を競っており、しかもその学力が一人ひとりの学校的な努力のみに起因しているのであれば、現状は学歴社会がめざしてきた平等状態の完成を意味することになる。もっとも、実際はそのような理想・理念モデルを支持する状況にはなっておらず、こんにちの教育社会学、階級・階層論では、表面にあらわれた入試学力の背後にある、別の要因が問題視されることになる。

そこにはまず、能力あるいはＩＱには遺伝的な差があるものだ、ということを強調する極端な考え方がある。この考え方に従うならば、世代間の社会的地位の継承は、知的に上位にある層の遺伝学的な再生産として成り立っているということになる。これは大きな物議をかもしている議論だが、その是非の検証は、本書の関心の範囲を越えるのでここでは紹介にとどめておく（Herrnstein and Murray 1994; 近藤 2000）。

むしろ日本社会において有力な説明論理は、学校における努力には、児童・生徒本人に帰すことのできない階層的出自(14)による差があるという考え方である。大学進学をするには学力が不十分である、大学進学に関心がない、在籍する高校のカリキュラムから考えれば大学進学は難しい、というような進路決定段階にある高校生がもつさまざまな条件は、単純に本人の努力の結果と考えるべき事項ではない。これらの要因は、もとをたどるならば、それぞれの個人にとって変更不可能な社会的出自に起因し、一八歳までの就学過程において、本人の獲得的属性（アチーブド・アスクリプション）へと転化しているものだからである。よって問題は、根源にある階層差へと還元されることになるのである。

階層的出自の影響力についての仮説には、右にみたような学校でのパフォーマンスを経由した間接的な効果を論じる仮説と、階層的出自そのものが、直接、進学機会に影響をおよぼすと考えるものがある。そうした階層的出自の指標としてよく用いられるのは、親の職業階層、学歴、文化資本、さらに家庭の経済的な裕福さなどである。

これらを代表する指標は、やはり親の職業階層であるが、これが大学進学／非進学に直接的な決定作用をもつと考える説は、後述する「相対リスク回避説」のみであり、そのほかの職業階層要因説では親の職業階層と大学進学機会の間に、学校教育におけるパフォーマンス（主に入試学力）を媒介させて間接的な効果が論じられる。

他方、この職業階層さえも理論の表面に出すことなく、文化資本の力を借りた説明をする、文化的再生産論が語られることも少なくない。進学の意思決定に文化的再生産論が関与するプロセスの代表的なものは、イギリスの社会学者P・ウィリスの『ハマータウンの野郎ども』（Willis 1977＝1985）にみられる考え方だろう。この研究は、イングランドの工場町の少年たちを観察した秀逸なフィールドワークである。そこでは、少年たちがもつ対抗文化（下層労働者階級の文化と脱学校文化）ゆえに学校への適応がなされず、同時に進学への道筋をみずからすすんで離れることになり、義務教育修了後に、親と同じような工場労働者への道、つまり階級再生産の道を選んでいくという実態が描き出されている。

また学力、意欲、学校適応などに「階層差」があることに論及する諸研究は、大学進学／非進学にかんする本人の意思決定そのものを説明の対象としているわけではないが、長い初等・中等教育期間に、出自の文化的な要因による選抜が徐々に進行することを指摘するものである（Bourdieu and Passeron 1970=1991; 苅谷 2001)。

これに対し、学校でのパフォーマンスを介さない階層的出自の直接効果として一般に重視されているのは、家庭の経済的な豊かさによる進学機会の差である。これは、ある程度以上に豊かな層では、進学は単純に学力の関数となるが、経済的に貧しい層では、学費が負担できないために進学を断念したり、家計に占める大学授業料の割合が大きくなると負担感があるため、高価な私立大学卒業資格を「購入」しようとしないという傾向を指摘するものである。実際、不況や大学授業料の高騰を背景に、九〇年代以降の現代日本社会においては、高等教育進学機会にこのような経済的な格差があらわれつつあるという研究もなされている。

これも他の仮説と同様に重要な示唆だと思われるが、私は、次の二点でこの経済決定説を、やや妥当性に欠けるものとみている。第一は、日本の学歴社会を長く牽引してきた、学歴についての社会意識のあり方に反する動きだということである。確かに、極度の貧困状態にあった戦後期には、貧困により高校進学を断念する事例が数多くみられた。しかし、日本社会の高学歴化は、家計の経済的な負担の軽重を度外視した（主として親の側の）向学心、あるいは大衆的なメリトクラシーへの信頼によって成立してきたとみるのが有力な考え方である。これに従うと、子どもに十分な学力があり、進学を希望しているにもかかわらず、親の家計の都合で大学進学を断念させるということが、こんにちの学歴社会の主要なメカニズムのひとつとして成り立っているというのは、どうも現実味に欠ける。また、もしもそのような変化があらわれつつあるとしたら、注視すべきは、経済決定性の焦点化ではなく、近頃では豊かではない親たちが「教育にお金をかけるのはもったいない」と考えるようになったという、社会の相対下層部分における学歴主義の弛緩のほうであろう。

第二は、家計の豊かさが、親の学歴の高さ、職業的地位の高さ、家庭の文化資本の豊富さと実質的に重なった指標であるということである。先に触れたとおり、これらのうちのどれが大学進学機会に対する本質的な規定要因となっているのかは、現時点の調査データと統計技法では確定することができない。よってここには、他の要因による擬似相関が必ず含まれると考えなければならない。

ところが、経済的な要因を重視する立場の研究では、たとえば世帯収入が上位の層の子弟と、下位の層の子弟では、九〇年代以降になって大学在学率に開きが出てきているということがデータによって示され、出身家庭の経済的な豊かさが大学進学を決めるように状況が変化しつつあると主張される（近藤 2001; 2002）。しかし前述した重複性を考慮すると、親の職業階層や親の学歴の効果による擬似相関を除去しないままで、ただ見かけ上の数値から経済決定説を主張しても、あまり検証としての意味をなさない(15)。

以上の諸仮説は、大学進学機会を規定するミクロな要因である。ミクロな要因をみることは、一人ひとりが異なった社会的な条件をもっているという側面をみることを意味する。そこでは、本人の努力以外の社会的な要因によって進学機会が左右されているかぎり、社会的不平等が存在している、ということになる。

マクロな制約

ところで、大学進学機会には、右にみたような一人ひとり異なる条件をもつミクロなしくみのほかに、外的でマクロな要因による制約もかかっている。こちらのほうは、全員に同じ強さでかかる制約条件なので、機会を不平等化する要因というわけではなく、進学率の外枠を決めるものとみることができる。

このうちで最も広く知られているものは、大学卒業資格を、将来高い収入を得るための投資であるとみる考え方（人的資本論）であり、学歴メリトクラシーについての経済学的な理解のひとつの原則となっている。そこでは大学教育に対する投資の効果が考えられる。具体的には、大卒者の生涯所得を高卒者の生涯所得と比較したときの差の状態が分析されたり、大卒資格を得るために学費がどれだけかかり、その就学期間の逸失所得（大学に行かずに四年間働いた場合に得られる所得）はどれだけあり、これに対して、得られた学卒資格によってどれだけ利益が得られるのかという、大卒収益率が考えられたりする（Manski and Wise 1983；矢野 2001）。これらは、大学に進学することが、その社会では経済合理性に適った行動なのかどうかという観点からの見極めである。

ただ、現代日本においては、大学に進学することは、のちの人生において経済学的な意味では必ず利益をもたらすことが実証されており、その有利さはこの二〇年ほどは変化していないともいわれる[16]（矢野・島 2000）。大学進学の収益率が一・〇〇以下になったり、大卒層と高卒層の生涯賃金に差がなくなったりしないかぎりは、大学進学には「うまみ」があるわけで、そうだとすれば、そこへの参入者の数（つまり大学進学者数）は増え続けるはずである。だが、実際の大学進学率の趨勢はそうなってはいない。よって大学進学率の現在の安定・膠着は、この論理に基づくマクロな外枠に規制されて成立しているというわけではない[17]。

これとは別の考え方として、社会全体における大卒者の総数を政策的に検討する視点がある。労働経済学からみるときには、大卒労働力の需要と供給のバランスということが考えられる。つまり大卒層に対する労働力需要が少ない、すなわち大学に行ったとしても、新規大卒者に対する求人倍率が低いということが明らかならば、進学率は需要と供給のバランスがとれるところ以上には高まらないと予測されるわけである。またそれゆえに、需要と供給の齟齬（その一例が学歴インフレである）が生じないようにするために、大学卒業者の総数は、高等教育の政策決定者によって、産業構造に見合うようデザインされる。ブルーカラーの労働市場が拡大すれば、公教育はそれにあわせた技能の取得者を輩出するであろうし、ホワイトカラー層が必要になれば大卒資格をもつ者をその分だけ輩出することになる（Willis and Rosen 1979）。さらに細かくみれば、福祉関連の専門職が社会において必要になっているとき、医療や福祉系の学部・学科が新設されるという事例もこのような政策的判断による。実際に、日本の高等教育拡大の推移についての研究では、高等教育政策が、大学設置数や入学者定員を拡大させるものだったか、抑制するものだったかということにより、時代区分が設定されている。あるいは大学の地方分散政策によって、全体的な進学率が抑制されるという影響を指摘する研究もある。大学進学率の外枠を説明する論理としては、このように高等教育政策を要因として数えることは、おそらく間違ってはいないと私は思う。

しかし、繰りかえすことになるが大学進学機会の（ミクロな）不平等がなぜ継続するのかということについては、このようにマクロな制約を論じることから手がかりを得ることはできない。

学歴下降回避説

議論の筋道を確認しておこう。ここでの主たる目的は、先に説明の不在を指摘した、学歴の世代間関係（親学歴による大学進学機会の格差）を成立させているメカニズムを理論化することである。右にみた先行研究は、それと重なりあう対抗仮説群ということになる。そしてそこには、ミクロな要因を考えるものと、マクロな要因を考えるものがあり、社会的出自による大学進学機会の不平等と、大学進学率の安定・膠着をもたらすしくみが説明されている。

最後に考える仮説は、ミクロ・マクロ・リンクを論じようとする発想から展開されてきた合理的選択理論の流れを汲むものである。その主流は、親の職業階層そのものが進学動機を直接規定しており、その因果の集積がマクロな機会不平等構造になっているという見方をとる、相対リスク回避（relative risk aversion）説である。これは、こんにち階級・階層の国際比較研究において、有力視されている仮説のひとつである。そしてこの論理は、本書において日本社会の学歴の世代間関係を考えるうえでも、有用な「下敷き」となりうる。

この説明論理は次のような筋道で展開される。

現代人はみな、親世代の職業階層と見比べたとき、同等以上の職業階層に至りたいと望み、職業的地位の下降を忌避する選好をもっている。ゆえに世代間移動の媒介項である学歴の獲得、すなわち進学行動においては、人びとは下降移動のリスクを回避するに足る学歴を選びとるのが合理的な選択となる。すると、中低位の職業階層を出自とする子弟の場合は、刻苦勉励して大卒学歴まで得ることは、下降移動の回避という動機づけからみると合理的ではない。だが出自の職業的地位が高い層では、親と同等以上の層に到達するためには、大卒学歴を得ることは、いわば必要条件のようにみなされる。たとえば、親が高校の教諭であるとき、それと同等かそれ以上の職に就くには、大学進学が必要になるが、親が熟練した左官や大工やとび職であって、その職に就きたいと望むときには、大学進学は必要にならないというような判断である。このようにして、一人ひとりが、少なくとも親世代の職業階層を下回ることは回避しようという基準で進路を希望していくとすれば、マクロにみたときには、職業階層によって、子どもの各学年段階での進級・進学の確率が異なってくることになる。

結果として、学校教育の機会が社会的・経済的制約から解放されて、だれでも努力次第で望む学歴を得られるようになったこんにちでも、それぞれの親子の自由意志に任せていたのでは、子弟の教育機会は理想とされた平等状態に近づくことはなく、親の職業的地位による不平等（進級確率の差）が残存することになる、という社会的ジレンマが生じるのである（Boudon 1973=1983; 髙坂 1987; Breen and Goldthorpe 1997; 太郎丸 2004）。

相対リスク回避説という表現からは、主観的な要素を介在させた込み入った数理モデルのようなものを連想しがちだが、かならずしもその必要はない。これはあくまで、職業階層ごとの教育機会の不平等が解消されずに持続することについて、ミクロ・レベルでの合理的選択とマクロ・レベルでの不平等の連携を指摘する論理だと理解すればよい。端的にいえば、人びとは本来的に出身職業階層ごとに異なる進学行動をとるものなので、教育機会の職業階層による不平等は簡単には払拭されないのだ、という実態説明の論理である。むしろこの説明の他の仮説との相違点は、これが文化的再生産論や、学校教育におけるパフォーマンスなどを一切介在させない、職業階層と学歴取得（教育機会）を直接結び付ける論理だということにある。

さてここで、職業階層を基準点とするこの命題を、学歴を基準点とする命題に読み替えてみるとどうなるだろうか。すなわち職業階層による教育機会の不平等がなぜ解消しないのかという、相対リスク回避説が扱う論点を、学歴の世代間関係はなぜ解消しないのかという論点におきかえて考えてみるのである。すると、次のようなシンプルな説明が導き出される。

わたしたちは、親の学歴と見比べたとき、同等かそれ以上の学歴を得たいと望んでいる。すると、親が高卒層である場合は、高校卒業が確定した時点で、相対的下降はすでに回避される。ゆえに刻苦勉励して大卒学歴を得ることは、下降移動の回避という動機づけからみると合理的とはいえない。だが親が大卒層であれば、もしも大学に行かなければ下降移動が決定してしまう。よって大学進学がより強く動機づけられる。下降回避は必至だが、上昇移動はかならずしも求めないというメカニズムは、親が中卒層である場合にも作動するだろう。また、親が大学院を修了している場合ならば、大学院に進学する選好を他の家庭の子弟よりも強くもつことになる。ただし、これらの学歴境界線のうちで、現代日本社会において圧倒的な重要性をもつのは、大学進学機会である。

このような合理的選択プロセスを仮定すれば、大卒層では大卒再生産、高卒層では高卒再生産をめざす傾向が必然的に強くあらわれることが予測される。そして社会全体をみたときに、すべての人びとが自由な意志で学歴選択をしてもなお、学歴の世代間継承関係が解消されずに持続するというしくみをストレートに説明できる。この論理を**学歴下降回避説**と名づけよう。

下敷きとなっている相対リスク回避説は、本質的に、欧米型職業階級論に基づく世代間関係に、教育機会という媒介項を埋め込もうとする方向性で考えられたものである。言い換えれば、相対リスク回避説は、学歴媒介トライアングル・モデルに則った説明様式なのである。それゆえに、職業の世代間継承に失敗しないためには、学歴取得という場面では、高い学歴を確保してリスクを減らすのが合理的である、という多重のプロセスが仮説化されている。そこには、学歴→到達職業階層の間の因果の不確実性（強力だが自明といいうる確実さではない）と、それに対する行為者の判断（選好）が混入しているのである。そのため下降回避は即決するわけではなく、あくまで下降リスク回避の行動の選好確率の高さという、面白いが遠回りな説明がなされることになる。

これに対して、学歴下降回避説では、ただ親学歴と本人学歴の関係に注目し、議論を職業階層に帰着させない説明がなされる。それゆえに、可能性の回避の選好ではなく、学歴そのものが備えている下降回避の力学に論及することができ、説明はより直截になる[18]。そしてこれは、教育政策がどう変わろうが、学費負担がどれだけ高まろうとも、あるいは卒業後の労働市場がどうであれ、それらには影響を受けずに学歴比率が前世代の学歴比率に基づいて再生産されるという、学歴の自己言及的な構造維持メカニズムでもある。

他説をしのぐ妥当性

さらに、学歴下降回避説は、世代間関係について、二つの重要な示唆を含んでいる。

第一は、ミクロな意思決定とマクロな構造を取り結ぶこのメカニズムが、すべての人に同質にはたらくものではなく、特定の社会層に対する選択的加熱の論理だということである。つまり、学歴競争・受験競争に全員が参入するのではなく、ある学歴層だけが加熱されて参入していく実態を説明しうる論理なのである。もっともこの点は、オリジナルの相対リスク回避説も同様である。

第二は、このメカニズムが作動する時代と、作動しない時代があるということである。学歴下降回避のメカニズムは、高学歴化の右肩上がりのスロープにおいては、背後に存在はしているが、実質的にはあまり作動することがない。なぜならば、社会全体が教育の量を拡大させている時期にあっては、親より高いか、少なくとも親と同等の学歴を得たいという選好・希望の実現は、構造移動によってほとんどの親子に対して確保されるからである。ところが、構造的な上昇移動が生じなくなって下降移動のリスクが高まったこんにちでは、従来はセーフティ・ネットのように、実質的には機能していなかった学歴下降回避のメカニズムが、進学行動の動機づけに作動するケースが多くなるのである。

つまり、成熟学歴社会の進展に伴って、選択的加熱を伴うこのメカニズムによる意思決定が、重要性を増すと考えることができるのである。このように、高学歴化の終焉に合わせて教育機会の差異化が作動しはじめるという変化を説明する論理は他にはない。

この二つの論点を総合すると、次のような仮説を立てることができる。成熟学歴社会の進展は、学歴の世代間関係における構造移動量を減らし、学歴下降回避メカニズムの作動を促進する。それにより、進学動機が選択的に加熱される傾向があらわれ、（学歴の）世代間関係に不平等が生じやすくなる。

この仮説をあてはめると、成熟学歴社会の進展と新しい格差・不平等の発現の間には、因果関係を想定することができる。本書では、大学進学機会の不平等にかんする既存の説明論理に加えて、この学歴

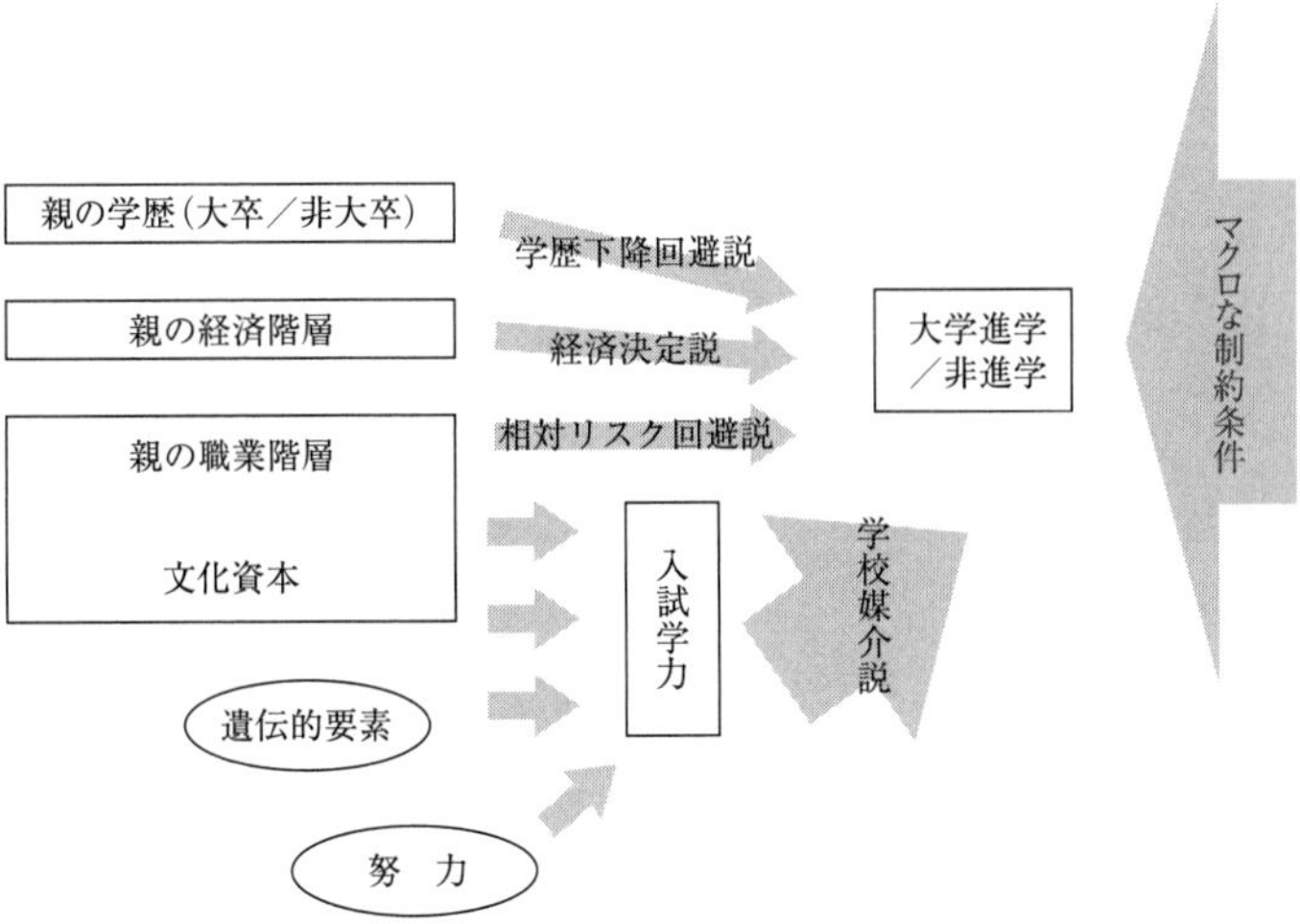

図4-4　大学進学にかかる多重圧力

下降回避説の適用可能性を積極的に考えていく。そして本書が力点をおく、教育機会への親学歴の影響力にかんしては、これが最も有力な説明論理ということになる。

ここで列記した大学進学にかかる多重圧力を、おおまかにまとめると**図4-4**のとおりとなる。まずマクロな（全体社会がもつ）要因として、大学卒業資格によってどの程度の収益をあげることができそうかという収益率や、労働市場の状態や、高等教育政策が、大学進学率の大枠を決めている。そうした制約のもとで、一人ひとりのもつミクロな要因が、大学進学機会に差をもたらしている。

そこにはもちろん、個人に帰しうる努力の差もあるが、他方では遺伝的要素を強調する説もある。これに加えて、社会的出自による多様な差異が、学校でのパフォーマンスを介して、大学進学機会を規定しているという経路も考えられてきた。

これらに加え、人びとの合理的選択に基づいて、社会的出自からの直接効果を考える仮説がある。その第一は、学費にかんする経済決定説であり、第二は親の職業階層ごとの相対リスク回避説である。さらにこの章では、親の学歴と本人の学歴の因果関係について、新たに学歴下降回避説の存在可能性を主張した。

あえて繰り返しておくが、親の学歴、親の経済指標、親の職業階層の間には、密接不可分な相互関連があるため、それぞれの仮説を純粋に抽出して検証することは、実際は難しい。またこれらの要因のほかにも、微細で個別な諸要素によって揺れ動く判断をあわせて、一八歳前後における大学進学／非進学という、現代日本人の人生における重大な意思決定はなされるのである。(19)

特色の少ないメリトクラシー構造

最後に、学歴伏流パラレル・モデルにおいて、学歴と職業階層を橋渡しし、世代間関係の並行性を保っている学歴メリトクラシー＝クレデンシャリズムの因果の部分を検討しよう。

大卒層はホワイトカラー職に就く傾向が強く、ブルーカラー職は中卒・高卒層から人材を確保する傾向が強い。学歴と職業階層の間のこのような関係は、あらゆる社会においてみられる。そもそも、「学歴主義」とは、この強力な関係を、社会分析の根源的な素材としようとするときに用いられる学術用語であった。本書全体としては、視野をもう少し広くとろうとしているのだが、すべての構造の結節点にはこの関係がある。

それではこの関係は、時代とともに強まっているのだろうか、それとも弱まっているのだろうか。また国際的にみたときに、日本はメリトクラシー構造の強い社会なのだろうか、それとも弱い社会なのだ

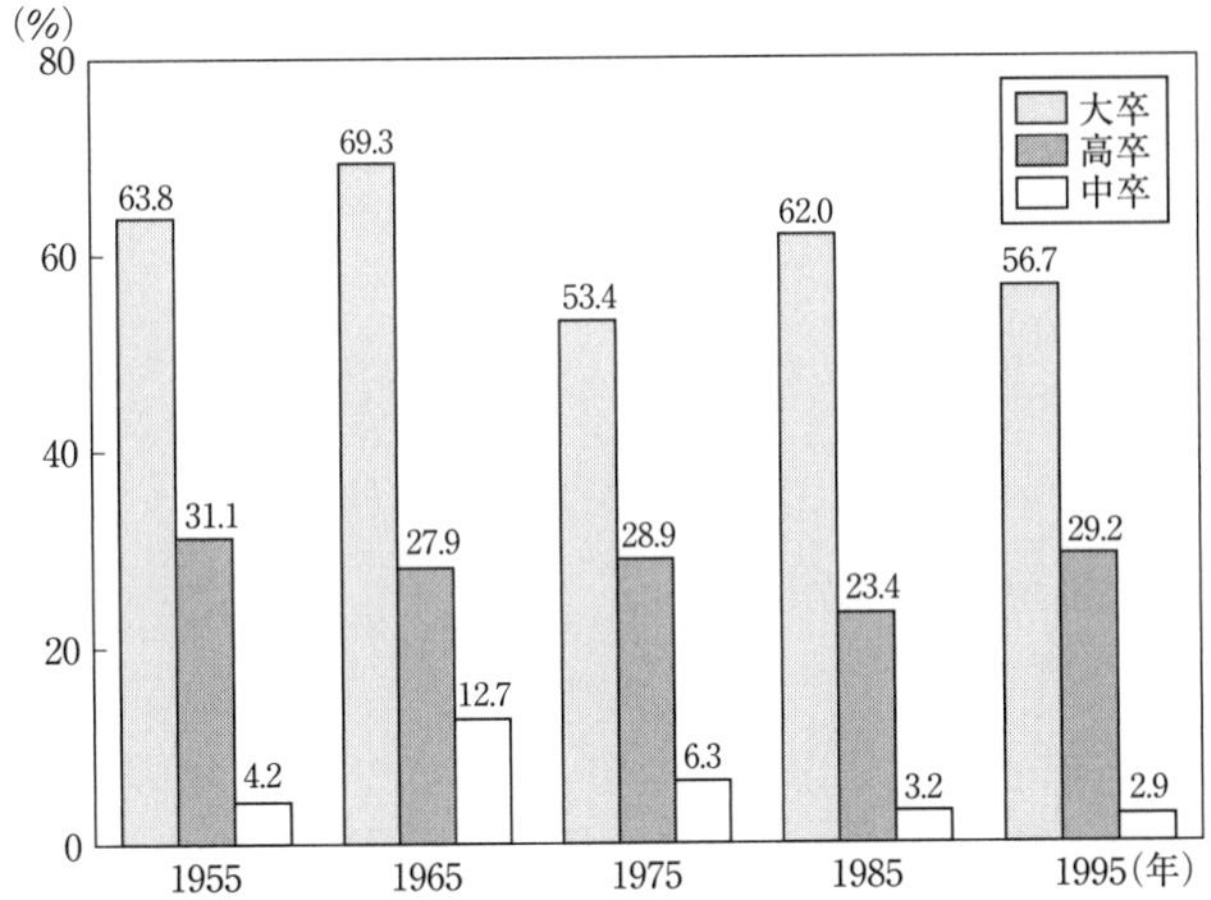

図 4-5　上層ホワイトカラー職への就きやすさ

注：原純輔・盛山和夫（1999: 50）の表 2-2 をもとに作成.

ろうか。

明治以降の日本社会を振りかえる研究では、高学歴エリートのメリットは、細かい紆余曲折を経つつも、ほぼ恒常的に確保されていたとされている（天野 1992; 竹内 1995; 1997=2005; 菊池 2003）。その後現代に至るまでの間にも、とりたてて大きな学歴主義のゆらぎを経験してはいない。こんにちの日本社会についても、**図 4-3** の因果分析が概要を示すとおり、学歴が高いほど威信の高い職業に就きやすいという傾向を確認できる。

図 4-5 は、学歴と現職の関係を、「学歴ごとの上層ホワイトカラー職への就きやすさ」という基準であらわし、その時系列変容を示した原純輔・盛山和夫（1999）による分析の結果である。対象者は二〇―六九歳の有職男性であり、一九五五―九五年という年次は、調査実施年をあらわしている。最も古い一九五五年実施の調査対象者には明治中期の生まれの世代が含まれている。他方、最も若い一九九五

年の実施の調査対象者には、現在の三〇代までが含まれている。よってここからは、各時代の男性就労層が経験してきた学歴メリトクラシー＝クレデンシャリズムの実態を読みとることができる。

この分析結果は、次のように解説されている。「上層ホワイトカラーへは、五五年では大卒レベルから六三・八％がついているのに対して、高卒レベルからは三一・一％、中卒レベルからはわずか四・二％しかついていない。上層ホワイトカラーというのは高学歴であることと密接に結びついた職業カテゴリーなのである。このことは、九五年でもほとんど変わっていない」（原・盛山 1999: 50–51）。つまり、この一〇〇年の間の日本社会は、いつの時代、どの生年世代もほぼ同様の強さの学歴主義の社会であり続けたということになる。

また、この不変性について今田高俊は、本書の**図4－3**の分析と同型の完全逐次パス・モデルを、一九五五－八五年の四時点のＳＳＭ調査データに適用することで検証し、「四時点の地位達成構造はきわめて類似しており、目立った変化がみられない」（今田 1989: 112–113）と、その安定性を結論づけている。

これらの実証結果により、学歴伏流パラレル・モデルにおいて、学歴と職業階層を橋渡ししていることの関係が、どの時代においてもほぼ一定であるということが保証される。周知のとおり、明治期以降現在までの日本社会は、学歴と職業階層の双方について、きわめて大きな分布の変動（高学歴化と被雇用化）を経験している。にもかかわらず、学歴のメリトクラシー＝クレデンシャリズムの強さは、この間、意外なほどに安定していたということなのである。これは、日本の職業階層はどんな時代も常に一定しての学歴の影響下にあったということを意味している。そう考えると、この関係の通時的不変性を、学歴を駆動力とした社会変動の持続を可能にした、ひとつの要素とみることができる。

では、こんにちいわれている雇用の流動化は、学歴メリトクラシー＝クレデンシャリズムの関係にどのような変化をもたらすことが考えられるだろうか。これはやがてデータによって確証されると思われるが、いまのところ、雇用の流動化は学歴の機能的価値の作用を強化すると考えられることが多い。簡単にいえば、職を得るための履歴書に学歴を書く機会の、社会全体での総量が増えれば増えるほど、学歴メリットが発揮されやすくなるということである。実際に、濱中義隆・苅谷剛彦（2000）は、若年層においては学歴メリットがセカンド・ジョブ以降に対しても発揮されるという分析結果を得ている。また、小杉礼子（2003）は、若年層では高卒学歴以下で失業率が高いという就業機会の学歴差を指摘する。これらはいずれも、流動的な労働市場においては、学歴による就業チャンスの格差が存在することを示すものである。他方、労働経済学者の小塩隆士（2002）も、日本的雇用慣行の弛緩は、企業内教育の比重を弱め、代わりに教育による人的資本の形成への社会の需要を高めると推論している。

それでは「学歴社会日本」の国際社会における現時点での位置づけはどうだろうか。このことにかんして、石田浩（2003; Ishida 1993; 1998）は、学歴と職業の因果関係を他の先進工業社会と比較したとき、日本だけがとりたてて学歴のメリトクラシー＝クレデンシャリズムが強い社会だというわけではなく、どの国でも同じかたちでこの関連が成立している、という点を強調する。ここではその分析の詳細に立ち入ることはしないが、私の知るかぎり、その妥当性に異論を唱える実証研究はみられない。

そもそもこれは、ある程度の産業化の段階に至った社会は、どこでも学歴社会なのだという一般命題に従った結論といえる。産業化の標準的な進展の方向を仮説化したD・トライマン（Treiman 1970）

は、学歴と職業階層の関係は、産業化の進展とともに強まると予測した。しかしその後、実際のデータが世界各国から集まってくるにつれて、どの社会でも、学歴メリトクラシー＝クレデンシャリズムは、かならずしも時代とともに強まる傾向にはないことがわかってきた。こんにちの産業化の進んだ社会においては、この関係は強まるわけでも弱まるわけでもなく持続しているというのが、階層研究者の共通理解となっている。

また、高い学歴を得ることが、賃金や所得において、どの程度の有利をもたらすか、（学歴の収益率の高さ）という観点では、次のようにいわれている。まず、教育水準による所得格差をみるかぎり、日本社会では、確かに大卒資格をもつことはその後の人生において利得をもたらすが、それは他社会と比較したときに、著しい学歴主義の状態とはいえない。橘木俊詔（2004）によると、高卒―大卒間の平均賃金の倍率は、アメリカでは一・五一倍、イギリスでは一・六五倍であるのに、日本の場合わずか一・二六倍であり、ＯＥＣＤ諸国のなかでも高卒―大卒間の賃金格差は少ない社会に位置づけられるという。また、石田浩（2003）が行なった日米独の三カ国比較でも、学歴と個人年収の相関係数（有職男性）は、ドイツ（r＝.356）、アメリカ（r＝.284）、日本（r＝.216）の順になっている。つまり、日本社会における学歴の経済的なメリットは、もちろんあるにはあるのだが、他社会と比較すると、むしろ少し低めなのである。

以上のとおり、日本の学歴メリトクラシー＝クレデンシャリズムについてあらためて確認できることは二点である。第一はこの構造の強力さと、日本近現代史のうえでの恒常性である。第二は、日本社会は学歴によって職業的地位が決まるという傾向を強くもつ学歴主義の社会ではあるのだが、その度合いは他の先進工業国と比べて突出しているわけではないということである。

要するに、狭い意味での学歴主義の構造にかんしては、日本社会は時代変化の少ない標準型学歴社会であるということになる。ということは、やはりこの関係だけを見続けていたのでは、成熟学歴社会という段階における社会の変化や、日本型学歴社会の固有性という、わたしたちが感じているリアリティを描き出すことは難しいという結論になる。

図と地の転換

ここで、第3章と第4章を通じて構築してきた本書の研究の方向性をあらためて振りかえろう。階級・階層研究では、職業階層が世代間移動の主役を演じ、学歴はその背景にひかえているとされていた。しかし、学歴伏流パラレル・モデルの有効性や、学歴下降回避説による教育機会構造の説明の有用性を考えるとき、学歴と職業階層の相補的な関係は、どちらが主題で、どちらが副次的な帰結なのかを、一概には決めえない状態にあるようにみえてくる。そこで第一義的な社会的地位の指標を、職業階層から思い切って学歴に移すという発想の転換を試みると、これまで飽きるほど見つめてきた世代間関係から、異なる示唆を読みとることができる。

成熟学歴社会の研究枠組とは、まず学歴が世代を通じて同型的に再生産され、それが強力で安定したメリトクラシー＝クレデンシャリズムを経由して、職業的地位や社会意識という人生の後段におけるスクリーンに影絵のように現出する、とみる考え方である。この章で示した学歴伏流パラレル・モデルの実際の有効性、そのプロセスを説明する論理としての学歴下降回避説、そして学歴のメリトクラシー＝

図4-6　ルビンの壺

クレデンシャリズムの強力さと安定性、加えて、私の十年来の主張である学歴による社会意識形成は、この構造が空論ではなく、いまここにある実態の記述であることを示す素材といえる。

図4－6は、「ルビンの壺」として知られる著名なだまし絵である。これは、同じ認知構図全体（ゲシュタルト）のなかであっても、図と地を入れ換えた発想をすることで、異なる主題（壺か、二人の人物の横顔か）が浮き出してくるということを示す、よく知られた実例である。

職業階層と学歴の間の主題の転換は、因果関係が劇的にそのかたちを変えるということではなく、このだまし絵をみるときと同じように、みる側の認知の転換によって成立すると私は考える。長く日本社会に存在していた学歴を駆動力とする因果は、欧米型職業階級論の圧倒的な影響のために、わたしたちに認知されなかったにすぎないのではないだろうか。

（1）　一九九五年SSM調査の男性有職者有効サンプル（一、七〇九名）を、リスト・ワイズ（分析する変数について、ひとつでも回答していない対象者は、分析から除くというルール）で分析した結果である。なお女性サンプルを分析対象にしなかった理由は、就業の状況が男女で異なるためである。

（2）　職業威信スコアについて解説しよう。「職業に貴賤はない」という平等理念は重要であるが、これを前面に出していたのでは、階級・階層研究は成り立たない。そこで職業的地位が、何らかの基準によって尺度化されることになる。その方向性としては、職業の質の違い（カテゴリ）をみる尺度と、量の違い（連続変量）をみる尺度の二つがあるが、職業威信スコアは、後者の方向性にもとづく指標である。この連続変量の尺度を用いることにより、職業階層を線形多変量解析に投入することが可能になる。

職業威信スコアの作成法は、一八八個に分類された職業カテゴリに、社会的評価の高低を得点として与えて、「高い―低い」という量的な尺度とするというものである。各職業名に対する評価得点は、調査のたびに求められるわけではなく、職業威信調査と呼ばれる専用の大規模社会調査によって得られたものを用いる。本書における職業威信スコアは、一九九五年の基準得点を用いている。詳細は、直井優（1979）、D・トライマン（Treiman 1977）、都築一治編（1998）などを参照されたい。

（3）ここで用いている重回帰分析（最小二乗法による推定）は、複数の独立変数から、ひとつの従属変数への因果的影響力を明らかにする方法である。通常は量的尺度を用い、分析結果は、標準化偏回帰係数によって、独立変数同士で比較したり、見かけ上あらわれている相関係数と比較したりして解釈される。

パス・モデルは、重回帰分析の結果を組みあわせて、全体の因果の構造を解釈する方法である。ここで示した完全逐次型のパス・モデルでは、四変数に、父親学歴→父親職業階層→本人学歴→本人職業階層という因果の順序を定めることで、表面にあらわれている関係（図中でr=○○とあらわされている相関係数）を、直接効果（標準化偏回帰係数：図中でβ=○○とあらわされているもの）と間接効果（標準化偏回帰係数をパスに従って積算したものの和）にわけて、整理しながら解釈している。

（4）ここで使用した尺度（職業威信スコア）が適切なものではなかったために、親子間の関連が低くなっているとは考えにくい。両者の間の相関関係（r=.337）が意味する約一一％の予測力は、絶対的な大きさとして小さいものではない。

（5）P・ブラウとO・ダンカンの最初の研究の時点では、父親学歴の影響力は、積極的にその効果を論じられることこそ少なかったものの、きちんとコントロールされ、そのうえで社会的地位達成が検討されていた。しかし、現在では父親学歴の影響をコントロールしないままで、学歴媒介トライアングルが検討されることも少なくない。

(6) この分析では、生年をコントロールしていないために、父親学歴が高い（対象者が若年であるという含意をもつ）ほど、本人の職業階層が低いというごく弱い負の効果がある。ただし、統計的に有意なものではない。この負の効果があるため、それぞれの因果効果が総効果（単相関係数）の何パーセント分にあたるという加法的な解釈は適切ではない。

(7) 注（5）に示した擬似相関を統制すると、親職業階層と親学歴の本人学歴に対する影響力はほぼ同じ大きさになる。

(8) 教育機会の不平等の実証研究には、本書のように教育年数をみるものの他に、学年進級確率を説明の対象（従属変数）として、選別過程への社会的出自の関与をみるものがある。とくに学校進学段階のロジスティック回帰分析モデルは国際標準の分析法として知られており（Mare 1980）、トランジション・モデル、メア・モデルなどと呼ばれることもある。

このほかに、高校進学機会や大学進学機会という特定の学歴境界に焦点を絞る研究もある。いずれにせよ、男女のジェンダーによる教育機会の差と、社会的出自（出身家庭の階層的地位）による教育機会の差が、検証すべき不平等とみなされてきた。

(9) 日本では、この一〇年ほどの間にようやく若年層においては大学進学率の男女差が縮小し、ついには女子の大学進学率が、男子のそれを上回るようになっている。

(10) 日本社会については、この不平等は、高学歴化に伴ってゆるやかな縮小傾向にあるとみるか（Kikkawa 2004; 鹿又 2006）、一貫して存在しているとみるか（Ishida 1998; 荒牧 2000; Treiman and Yamaguchi

1993）という、趨勢についての細かな見解の違いがある。

（11）説明要因の間に強い多重共線関係が生じ、線形の多変量解析が難しくなることが予想される。

（12）大学進学についての意思決定は、階級・階層論の立場から関心をもたれているだけではなく、教育社会学でも、教育の経済学でも扱われている。とくに、教育社会学からのアプローチでは、高校生を対象とした学校調査によって、高校生あるいはその親の主観のあり方、学校生活に関する諸条件のダイナミズムが検討されている。

こうした教育社会学における研究の論点でありながら、本書において十分に触れることができなかった重要なものとしては、学校タイプによる中等教育におけるトラッキングと、高校生本人の教育アスピレーションがある。社会的出自と大学進学の間にこれらの要素を介在させ、進路決定のダイナミズムを探るための理論枠組は、片瀬一男（2005）が「ウィスコンシン・モデル」として整理・紹介したものに集約される。これらの要因にかんする実証分析は、片瀬一男（2005）のほかに、尾嶋史章（2002）、樋田大二郎・耳塚寛明・岩木秀夫・苅谷剛彦編著（2000）などにも示されている。

（13）真の学力とはそもそも何かということは、ここで正面から扱いたい問題ではない。シニカルな言い方になってしまうが、本文の文脈では学力とは受験競争のルールだと考えれば事足りる。なお、学力低下、真の学力形成についての詳細は苅谷剛彦・志水宏吉編（2004）、志水宏吉（2005）が参考になる。

（14）エスニック・マイノリティや同和地区の児童・生徒についての研究もここに含まれる。

（15）尾嶋史章（2002）は、八〇年代前半と九〇年代後半のデータを比較し、学校タイプや親学歴の影響をコントロールした数値（標準化偏回帰係数）から、家庭の経済状態の影響力が強まっていることを指摘できるとしている。しかしそれは、家計の客観指標を用いた分析結果ではなく、学費にかんする高校生の主観変数を用いた結果であるため、経済決定説を直接検証したものとはいえない。

(16) 矢野眞和・島一則（2000）は、他社会と比べて日本の学歴収益率は意外なほど小さいという点を強調する。また、短大・高専の収益率は凋落傾向にあり、このことが短大・高専の人気のかげりと符合することが指摘されている（矢野 2001）。

(17) 最近では、このように費用に対する純粋な経済合理性を追求する判断ではなく、むしろ大学教育には消費としての側面もあると指摘されることがある。大学進学への費用の捻出が消費であるとみるならば、本人（親）が主観的に満足できることが重要であるし、不確定ながらも成功の可能性を「買う」という行動が選ばれる理由も説明できる（小塩 2002; 2003）。これは、家計の経済的な豊かさによる大学進学機会の差を支持する理論といえる。

(18) ただし、学歴下降回避説は、数理社会学における合理的選択理論で通常期待されるようなデリヴェーション（論理展開の意外性）の面白さはもちあわせない。

(19) 私自身が行なった聞き取り調査のフィールドワークでは、九〇年代前半の山陰の中山間地域の高校生の、大学進学とその後の職歴を追跡している。地方県が一般的にもっている特色は、大学・短大への進学が地元地域からの流出を伴っているということと、県内労働市場が他地域とは異なる閉鎖的な構造をもっているということである。

この研究から得られた重要な知見は、地方県の中山間地域では、大学進学の意思決定に際して、経済的な要因や、その親子にとっての将来の収益率ではなく、まず学力がどの程度あるか、次に大学進学、初職就業に伴う地域移動をどのように設計するかという戦略が作用しているということである（吉川 2001a）。

5章　親の学歴から子の学歴へ

学歴の世代間移動の構造

学歴の世代間移動表をみる

一般に大学進学／非進学の境界のような特定の区分について、親の学校教育達成（学歴）と、本人の学校教育達成（学歴）の結びつきの様子を細かく知ろうとする場合は、第4章で行なったように線形関連をみるよりも、親子間の正方クロス表分析という別の方法を用いるほうがわかりやすい。このような分析は、世代間移動表、あるいは単に移動表と呼ばれる(1)。

世代間移動表の分析には、実態としての世代間関係を記述的に把握できるという意義がある。これをこの章では学歴の世代間関係に用いようとしているのである。この試みにかんしては、つぎのような設計上の利点や、調査データの分析操作上の「都合のよさ」も、見逃せない要素として挙げられる。

そうしたメリットの第一は、分析対象コーホートの若年化である。わたしたち現代日本人の学歴は、遅くとも二〇代前半にはほぼ確定し、その後の人生ではほとんど変動しない(2)。しかしわたしたちの職業達成には、世代内職歴移動（転職、異動、昇進などのこと）による成人後の大きな変化がある。そのため親子の人生における到達段階の足並みをそろえて世代間関係を分析するためには、一定の年齢段階、たとえば四〇歳時などを基準点として、そこに注目するという操作がなされる。このようにして主職の世代間関係をみる切り口と比較すると、学歴の世代間関係は、約二〇生年進んだ日本社会のデータの検討を可能にする。

第二は、非該当サンプルがほとんど生じないという利点である。学歴という終生変化しないラベルは、生年や社会カテゴリの違いを超えて比較の可能な、「統一規格」でわたしたちに貼り付けられている。そのため、対象者の調査時点での職業の有無にかかわらず、だれからでも同じように有効回答を得ることができる。

このことにより、従来の職業階層指標を用いる分析では対象から除外されがちであった、いわゆる専業主婦、一時退職の失業者、無業者、出産・育児・介護などにより短期的に職場を離れている人、高齢退職者、そして職業を転々と変えるフリーターなどについても分析の範囲が及ぶ。当然ながら、昨今の雇用の流動化の影響も被らない。そして最も強調すべきことは、男性と女性を区別なく分析できるため、社会の全体構造を単一のモデルで把握できるという改善点であろう。

第三は、既存の計量技法をそのまま利用できるというメリットである。たいへん都合のよいことに、学歴の世代間関係をみる正方クロス集計表に対しては、職業階層の世代間移動のために長い時間をかけて洗練されてきた諸指標（後述するファイ係数、クラマーのV、総合開放性係数Yなどの表全体の関連性の指標と、分離・結合指数、流入率、流出率、オッズ比・対数オッズ比、個別開放性係数yなどの

表5-1　学歴の世代間関係（1995年SSM調査全年齢層男女）

		本人中卒	本人高卒	本人大卒	全　体
父中卒	度数	821	1,441	365	2,627
	%	31.2	54.8	13.9	60.1
父高卒	度数	83	585	426	1,094
	%	7.6	53.5	38.9	25.0
父大卒	度数	24	195	433	652
	%	3.7	29.9	66.4	14.9
全　体	度数	928	2,221	1,224	4,373
	%	21.2	50.8	28.0	100

注：ファイ係数=.468，クラマーのV=.331，Y係数=.605.

個別のセルの特性を示す指標）をそのまま適用することができるのである。

ただし、二変数の関係をみる分析なので、教育機会にかんする他の要因の影響力はコントロールされていない。

さっそく実際の社会調査データが示す結果をみよう。**表5－1**は一九九五年SSM調査の二〇―六九歳の男女データを用いて、学歴の世代間関係を示したものである。有効回答は四、三七三サンプルと十分な量を数える。学歴のカテゴリは、本書のはじめに断ったとおり、中卒（小学校あるいは中学校卒）、高卒（高校あるいは旧制中学進学者）、大卒（短大・高専・大学以上あるいは旧制高校以上への進学者）の三カテゴリに、父子ともに集約している。

ここで世代間移動表分析について少し詳しい解説をしておこう。はじめに周辺度数からみよう。この表においては、父親学歴の構成比率は、中卒：高卒：大卒が六〇・一％：二五・〇％：一四・九％である。これに対して、本人の学歴構成比率は、中卒：高卒：大卒が二一・二％：五〇・八％：二八・〇％となっている。このように社会調査で現代日本社会の成年構成員からデータを収集し、その親世代との関係をみる分析では、すでに過ぎ去った時代の世代間変動を主たる実態として扱うことになる。そのため、データ上では、日本社会はいまだ高学歴化のただなかにあるということになってしまう。よって、後の分析では、生年コーホートを区切って学歴の世代間関係を示し、とくに若年層での実態や時代ごとの変容を洗い出していく。

一般に、世代間移動表では、表側（行）に出身階層をおき、表頭（列）に到達階層をおく。そしてこの表内には、行パーセントを示している。この表記の場合は、それぞれのセルのパーセントが、最下行に示した周辺度数のパーセントと同一（統計的な誤差の範囲内）であれば、親の出自（父親学歴）ごとの到達階層（本人学歴）の格差はみられない（独立である）ということになる。もしそうなっていれば、機会が平等な状態といえるが、そうではない場合、世代間に不平等を含意するなんらかの関連性があるということになる。このクロス集計表では、父親学歴が高いほど本人学歴が高くなりがちである（低くなりにくい）、という強い関連性がみとめられる。カイ二乗検定は一％水準で有意であり、関連性を示すための指標は、ファイ係数が.468、クラマーのVが.331という大きな値を示している[3]。

もう少し丁寧に表内の数値を読むときには、個別のセル（マス目）の数値を読む。すると、父中卒→本人中卒高卒、父高卒→本人高卒大卒、父大卒→本人大卒という移動をしているケースが多く、父中卒→本人大卒という上昇移動と、下降移動（父高卒→本人中卒、父大卒→本人中卒高卒）のケースが少ないことを指摘できる。なおこれらの数値が父子間に無関連を仮定した場合と比べてどれくらい乖離しているかは、調整残差の値などをもとにして確認（有意性検定）することができる。

さらに、主要な教育機会の境界線である大卒／非大卒の移動障壁についても、数値化することができる。特定の境界の不平等度については、オッズ比、あるいは対数オッズ比（オッズ比を対数変換したもの）という統計値がよく用いられる[4]。**表5‐1**においては、大卒層のオッズ比は七・三二（対数オッズ比は一・九九となる）である。この数値は、親大卒→本人大卒のなりやすさが、親非大卒→本人大卒のなりやすさの七・三二倍であるということをあらわす。これにより、大卒層が世代間関係において高い閉鎖性をもつことを指摘できる。この数値は、表内の他の境界が示す値や他時点において得られた値と大小を比較されることもある。

以上が学歴の世代間移動表の分析からみた日本社会のおおまかな「現状」である。

ところで、この学歴の世代間関係と「オリジナル」の職業階層の世代間関係では、どちらが強い関連性を示すのだろうか。学歴と職業階層、二つの系列の世代間移動表の関連性の指標（開放性・閉鎖性係数）を単純に比較しても、カテゴリの数や周辺分布など、一致しない要素が多いため厳密な差を議論することはできないが、おおよその見当をつけることはできる[5]。同じ一九九五年ＳＳＭ調査データを用いて算出される職業階層の世代間関係の総合開放性係数（Y係数）は、管見のかぎりではY＝.645からY＝.767の間にある（職業カテゴリの切り分け方と、サンプルに男女双方を含むかどうかということによって値は異なる）。これと比較すると、**表5‐1**から得られた総合開放性係数（Y＝.605）は、より閉鎖的、つまり世代間関連が強くあらわれたものとなっている。また、**図4‐3**に示したパス・モデルでも、やはり学歴の世代間関係のほうが、職業階層の世代間関係よりも強い相関関係（学歴の世代間関係 r＝.479、職業階層の世代間関係 r＝.337）を示していた。これらをみるかぎり、世代間関係においては、職業階層よりも学歴のパラレルな伏流のほうが強い流れであるということが示唆される。

学歴を用いると、この分野ではなじみの深い職業階層を用いるときよりも世代間関係が明瞭にあらわれるという事実は、少なからず意外なものである。というのは、そもそも学歴には直接の継承はないが、職業のほうには家業の相続や世襲による非移動の事例が含まれるため、固定的な関係があらわれやすいと考えられるからである。たとえば家業が農業で田畑がある、父親が経営していた工場のあとを継いだ、何かの小売業の店舗を相続した、歯科医院や公認会計士事務所を親から受け継いだというようなケースが、職業階層の世代間関係における非移動のセルには含まれている。これに対し、学歴の世代間関係にはこうした直接的な拘束はない。よって、理屈のうえでは、ある程度の学力があり、学費支出の問題さえ解決すれば、いくらでも上昇移動ができる（選択の余地が大きい）条件下にある。にもかかわらず、学歴の世代間関係には、職業階層の世代間関係と同等以上の閉鎖性（父子同質性）が見出されているのである。

よってここには、世代間関係の閉鎖性を高める方向への何らかの力が加わっているとみることができる。以下では学歴の世代間関係を固定的なものにするこの何らかの力の存在を念頭におきながら、さらに分析を進めていきたい。

自己組織化作用

次に考えるのは、この学歴の世代間関係が、こんにちの学歴水準の高原化の趨勢と、どのような相互関係にあるのかということである。高学歴化と学歴の世代間関係の相互関係について、かつて興味深い研究がなされたことがある。

今田幸子（1979）は、高学歴化を、親の学歴よりも子どもの学歴のほうが高くなる傾向としてとらえ、戦後期と、高度経済成長直後の二時点の学歴の世代間関係を、**表5－1**とほぼ同型の学歴の世代間移動表によって分析した。そこで用いられたのは一九五五年と一九七五年の二時点における、SSM調査の成人男性データである。議論の焦点は、それぞれの時代の日本の高学歴化が、いったいどのような方向性をもって進んでいたのかということの解明におかれている。

分析の方法は、実測された値をもとに、簡単な数理シミュレーションを展開するというものである。まず父親の学歴ごとの本人学歴への移動確率（世代間移動表の各行パーセント）を、世代間関係の定まったパターンであると仮定する。そしてこの一世代目の移動確率を、二世代目の実測値に与えて得られた値を、三世代目の推定値とする。その三世代目の推定値をもとにして、同じパターンにより四世代目を計算する、という繰り返しを行なう。こうして現行の世代間移動のパターンに従って何世代も経たとき、日本社会がいかなる学歴分布に至るのかを計算するのである。これはマルコフ連鎖といわれる方程式である。この変化の推移の極限値として至る学歴分布をみれば、それぞれの時代の日本社会が、いったいどのような「到達地点」をめざして進んでいたのかを知ることができる。

計算結果は、**図5－1**に示されている。一九五五年調査の対象男性の父親の学歴構成比（実測値）は、小卒以下六〇・五%、中卒相当二四・二%、高卒相当六・二%、短大・大卒相当三・九%および若干のその他であった。これは日本の階級・階層にかんする実証データで最も古い学歴の分布であり、日本が著しく低い学歴水準にあった段階をとらえている。ここで、この父親学歴ごとの本人学歴の移動確率が不変のものであるとみなし、計算のうえで世代交代を重ねていく。すると、小卒以下四・二%、中卒二二・四%、高卒二六・二%、短大・大卒四七・二%という学歴構成比率に至ったところで、変動が収束[6]

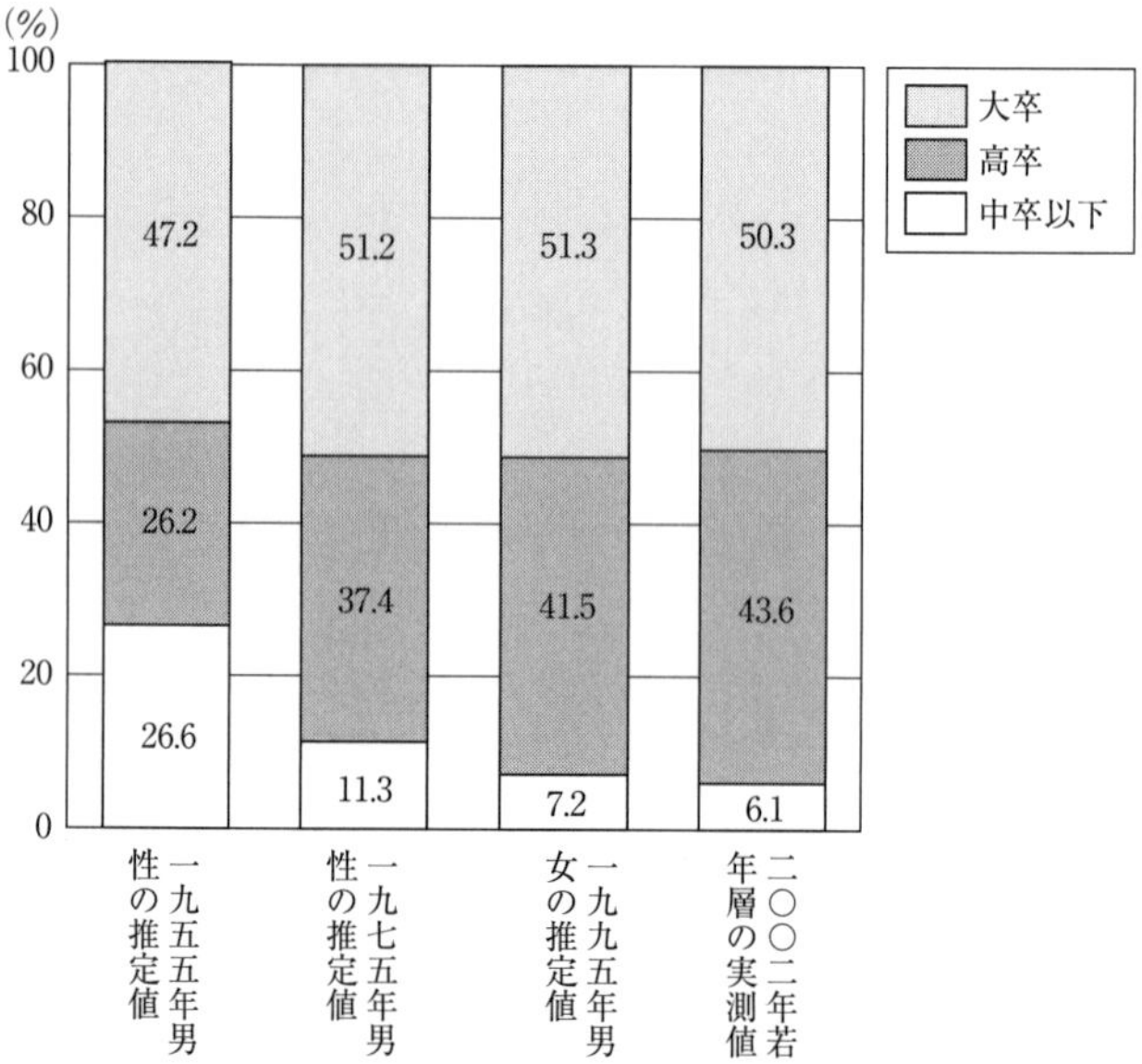

図5-1　それぞれの時代の世代間関係の「到達」学歴比率

し、それ以降は、何世代を繰り返そうとも、同じ比率になるという（図中一番左のグラフ）。

しかるに一九七五年には、父親の学歴構成比は小卒以下四五・一%、中卒相当二五・九%、高卒相当一三・一%、短大・大卒相当七・〇%と若干のその他であり、本人の学歴構成比は、小卒以下七・二%、中卒三七・二%、高卒三六・三%、短大・大卒一八・九%であった。この世代間移動表についても、やはり同じように各行の移動確率を固定して、計算を繰り返すシミュレーションを試みると、小卒以下〇・四%、中卒一〇・九%、高卒三七・四%、短大・大卒五一・二%という学歴分布へと向かう方向性が示されたという（**図5－1**左から二番目のグラフ）。

この結果について、今田幸子は次のよう

に解釈している。周知のとおり、その二〇年の間に日本社会は著しい産業化・高学歴化を経験した。確かに実測値をみると、一九五五年データは親子ともに低学歴に偏っており、一九七五年データでは本人世代が学歴拡大の過程に入っている。そのため二つの時代の成人男性の学歴を、その親世代と比較した結果は、一見したかぎりでは、著しく傾向を異にするようにみえるのである。ところが**図5-1**に示したとおり、シミュレーションの到達点にある学歴比率は、中卒層にかんする大幅な変化を除けば、どちらも比較的類似したものとなる。

今田幸子は、時点を隔てたこの結果の安定性は、戦後日本の学校教育が、雇用構造の変化、経済発展、業績原理の浸透というような産業化の著しい進展への対処として、受動的に拡大したわけではないことを示唆しているとみている。そしてむしろそれは、産業化による外的な要請や圧力（マクロな制約条件）とは独立した、文化的要因の作用による自律的な変化ととらえるべきものであると論じる。

それでは同じ方法で、さらに二〇年を経た一九九五年時点での学歴の世代間関係の傾向をみるとどうなるだろうか。**表5-1**の学歴の世代間移動表の数値を用いて、同様のマルコフ連鎖の方程式から極限値を求めたところ、中卒七・二％、高卒四一・五％、大卒五一・三％という構成比となった（データは男女を含む）。**図5-1**にはこの結果も示している（右から二番目）。

この図から三時点四〇年間の推移をみると、日本社会の高学歴化の進む方向は、戦後期、高度経済成長期、そしてバブル経済後という各調査時点において、いずれもかなり類似したものであることがわかる。とりわけ、大卒層の割合についての極限値は、時点間でほとんど変化していない（四七・二％→五一・二％→五一・三％）。

そしてさらに驚くべきことには、この三つの時点における「到達」学歴比率は、第2章でOECDが集計したデータを引いて示した、現代日本の若年層における学歴構成の実測値（中卒六・一％、高卒四三・六％、大卒五〇・三％）ともほぼ一致するのである（**図2－2**参照）。つまり二五年以上前に書かれた今田幸子論文は、五〇年前のデータが示す高学歴化の「天井」をもとにして、現状についての「予測」に成功しているということになる。

このことは、日本人の世代間の高学歴化パターンの予定の「到達地点」が、父子の学歴の分布が著しく低く偏っていた時代から、急速な拡大期を経て、こんにちの高原状態での安定・膠着期まで、大きく異なっていないことを意味するものである。

すでに述べたとおり、戦後の日本社会では、大学卒業資格の収益率は、他社会と比べると低いながらも常にプラスの値を保っている。他方で、就学にかかわる貧困問題は大きく緩和された。そしてもちろん、中等教育、高等教育の門戸を著しく閉ざす政策がとられたこともない。よって、もしすべての人が望むのならば、教育の拡大がとめどなく続いて、大学全入の時代がおとずれても道理のうえではおかしくはない。それなのに、日本人の進学行動は、三〇年ほど前から高原状態で安定的に推移しはじめている。これはいったいなぜかというのが前章でも触れた大きな問いであった。

この問いについて、マルコフ連鎖によるシミュレーションの「到達」比率が示唆することは、戦後から二〇世紀末までの日本社会では、学歴の世代間関係が、常にほとんど同じポイント、つまり大卒／非大卒フィフティ・フィフティの比率をめざしていたということである。学校教育に外接する産業社会の構造変動（マクロな制約条件）にはほとんど左右されていないという意味において、これは教育拡大の自己組織化作用（今田 1986; 2005）といいうるものである。

潜在する学歴下降回避メカニズム

ここで、この「到達」比率を考慮に入れつつ、もとになった学歴の世代間関係のクロス集計表をあらためて見直すと、あることに気がつく。

それは、親が高卒（相当）である場合の本人の「大学進学率」が、いつの時代も一定以上には伸びていないということと、親が大卒（相当）である場合の本人の「大学進学率」が、いつの時代も高い値で安定的に継続しているということである。

少し煩雑になるが、今田幸子が用いたクロス集計表と本書の**表5-1**から抜き出して、具体的な数値を挙げておく。まず父親高卒層の「大学進学率」は、一九五五年には四四・四％、一九七五年には四〇・四％、一九九五年の男女では三八・九％という数値で推移している。この間の社会全体の著しい学歴水準の上昇にもかかわらず、この層の子弟が親学歴を上回っていくケースの比率は増加することはなく、むしろ若干の減少傾向にあるのである。しかもその水準は、大卒／非大卒フィフティ・フィフティという理論のうえでの期待水準に達しておらず、父親高卒層のこの動向は、高学歴化進行の勢いを鈍らせる作用をもっていることになる。

これに対し、父親大卒層の「大学進学率」は、一九五五年には六七・九％、一九七五年には六七・〇％、一九九五年の男女では六六・四％と、相対的にみて高い比率できわめて安定している。

この二つの学歴層には、高学歴化に伴って、どんどん流入ケース数が増えてくる。ところがこの世代間移動パターンが、大きく変化しないために、世代間関係の流量は一方的な上昇ではなく、上昇ベクトルの緩和の方向に向かって徐々に進行し、高卒比率と大卒比率が、グラフに示したとおりのほぼ一定の極限値へと至るのである。大卒／非大卒フィフティ・フィフティという状態でのこんにちの安定的な推移は、このような高卒層、大卒層の異なる大学進学の選好関数によるところが大きいと考えることができる。

教育拡大の自己組織化作用を担う、高卒層、大卒層それぞれの階層固定化傾向にかんしては、学歴下降回避のメカニズムによって説明を与えることができる。翻って考えるならば、ここで用いているマルコフ連鎖過程は、親大卒層と親高卒層の進学確率を異なるものと仮定する学歴下降回避説に基づいて、ごく簡単な数理シミュレーションを行なったものとみることもできるのである[(7)]。本書のなかで示したこの考え方を繰り返しておこう。

父親学歴が大卒層であれば、子弟はそれと同等かそれ以上の学歴を求めて大学進学の意欲を高める。しかし父親学歴が高卒層であれば、子弟は高校卒業によって相対的下降がすでに回避されるため、大学進学への差し迫った欲求が作動しない。このように、人びとが学歴の世代間関係が下降しないことを選好するならば、高卒層の大学進学率は低くなり、大卒層の大学進学率は高くなるという選択的加熱傾向が生じることになる。

なお**図5-1**の結果からは、高度経済成長期の親中卒層において、高校進学が学歴下降回避とは異なる「異常」な外圧によって後押しされたために、中卒再生産がメイン・ストリームとして成立しなかったことも示唆される。具体的にいうならば、一九五五年のデータから得られる推定比率では、中卒以下

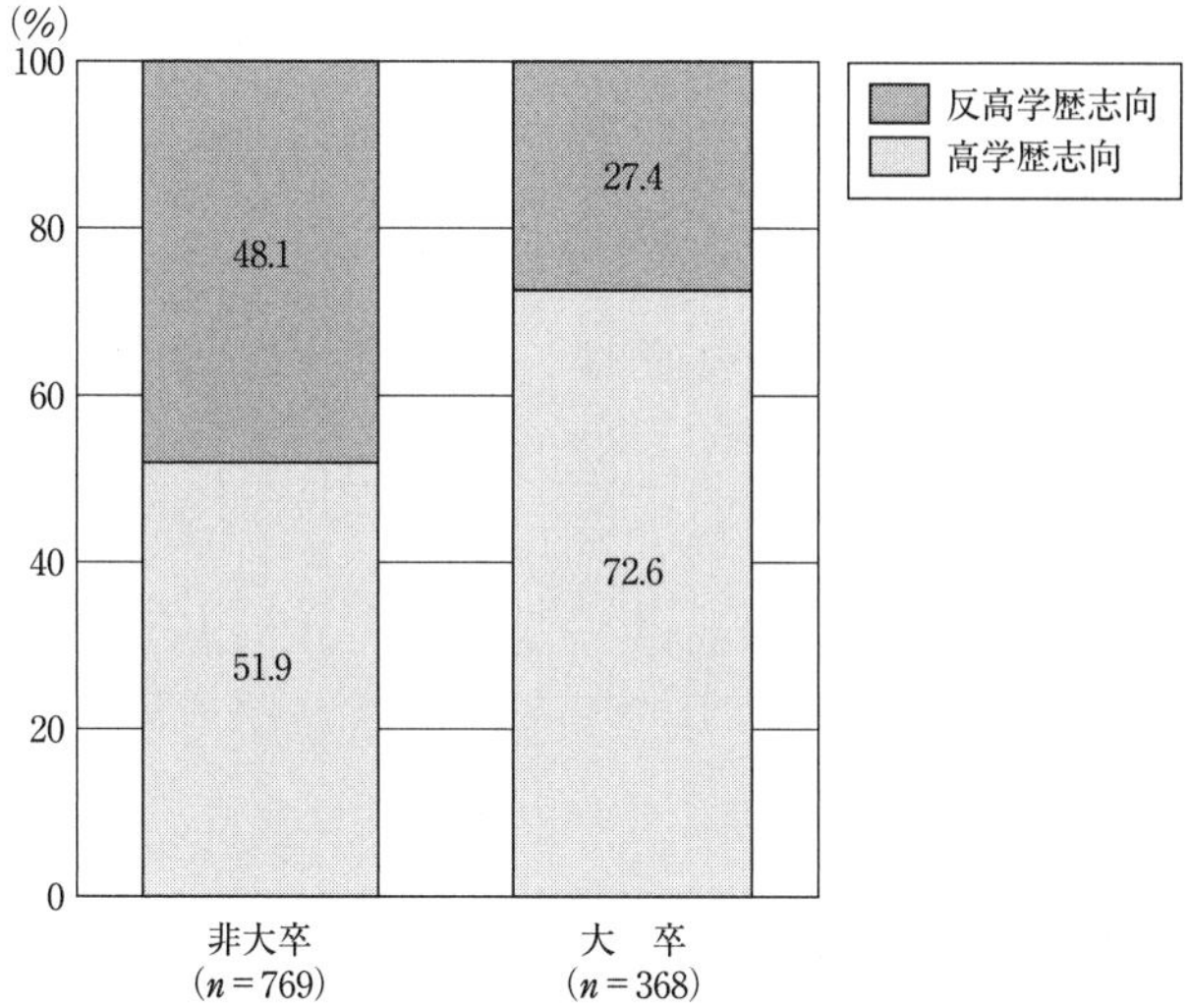

図5-2　次世代への教育戦略の学歴差

の層は二六・六％と他の時点と比べると多めに予測されているが、一九七五年の極限値では初等教育修了に滞留する層の比率が大幅に低くなっているのである。これはこの間に、本来ならば中卒にとどまる慣性をもった層を、高校全入に近い状態にまで引き上げる圧力が加わったことによる結果であろう。もしこの変化がなければ、日本社会の学歴状況は、欧米社会と類似した多段選抜型（たとえば、中卒：高卒：大卒の比率がほぼ一：一：二）になっていたと予測される。

さらに付け足しになるが、こんにちの大学進学行動にはたらいている下降回避メカニズムの存在を傍証するために、大卒層と非大卒層の学歴観の格差を実証しておこう。**図5－2**は、一九九五年SSM調査のデータから、一九四六生年以降、すなわち子育て期に相当する年齢の既婚の男女を取りだし、「子どもにはできるだけ高い教育を受けさせたほうがよい」という意見への賛否（以下、高学歴志向とする）を、本人学歴の大卒／非大卒別にみたものである。(8) 残念ながらこの設問は、「自分と同じかそれ以上の学歴」というように特定したものではなく、「できるだけ高い学歴」志向をたずねているにとどまる。それでも棒グラフに示されたとおり、大卒層では全体の七割強（七二・六％）が高学歴志向に肯定的な意見（「そう思う」＋「どちらかといえばそう思う」）をもっている。しかし非大卒層では、五一・九％が賛成するにとどまっている。学歴観をみるか、実際の学歴の世代間関係をみるかという視点の違いや、対象生年コーホートの違いがあるが、この分布からは、非大卒層の「大学進学率」が四割前後、大卒層の「大学進学率」が七割弱という学歴による高学歴志向の差（学歴層ごとの再生産戦略の差）を読みとることができる。

学校現場における階層問題

ところで、このように学歴の世代間関係をみることは、こんにちの格差・不平等現象にも新たな示唆を加えることを可能にする。次にそのことを確認しよう。

苅谷剛彦は、『階層化日本と教育危機——不平等再生産から意欲格差《インセンティブ・ディバイド》社会へ』（苅谷 2001）において「階層と教育」をつなぐ論理を展開している。そこで提示されるキー・ワードが「インセンティブ・ディバイド」である。

こんにちの学校教育の現場における問題のひとつとして「意欲をもつ者ともたざる者、努力を続ける者と避ける者、自ら学ぼうとする者と学びから降りる者との二極分化の進行」（同：211）がおこっていることがいわれている。そして、子どもたちの学習に対する誘因・意欲が、親の階層によって異なる傾向が、近年顕著になっていることが同書では指摘される。インセンティブ・ディバイドとは、このような学校現場（背後にある家庭学習を含む）における、子どもたちの意欲の階層差を意味する言葉である。そして、そこにはさらに「降りた者たちを自己満足・自己肯定へと誘うメカニズム」（同：211）も作動しはじめているという。

同書で直接検証されている課題は、高校生対象の学校調査データを分析し、努力や意欲に、出身家庭の階層差の影響があることを示す、ということである。そこで検討される問題は、教育達成＝学歴取得の階層差（教育機会の不平等）へと直結し、ただちに世代間関係へと帰着することから、新しい格差・不平等の重要な要石となる。

インセンティブ・ディバイド、あるいは学校的努力の階層差をみる一連の研究では、小中学生、高校生の学力、学習時間、学習意欲などの「階層差」が、おおよそこの二〇年の間に立ち現れてきたことが実証されてきた（樋田・耳塚・岩木・苅谷編著 2000；苅谷・志水編 2004）。これらのなかから、高校生に論点を絞ってその知見をみると、七〇年代後半（一九七九年の高校二年生）から、九〇年代後半（一九九九年の高校二年生）までの間に、次の二つの変化が生じていることがわかる。それは学習時間、学習意欲、学習への興味・関心について、**母親学歴ごとの差が拡大している**ことと、親の「階層」が低位の生徒ほど、脱学校的な要素から自尊心を獲得する、つまり学校での競争を降りて、自己肯定感を得る傾向が強いということである。

それではどうしてこのような変化が生じたのだろうか。苅谷剛彦およびその共同研究者たちは、その主要因を、この間に学校現場の状況を一変させた、教育制度改革に求める立場をとってきた。すなわち九〇年代中盤以降の、ゆとり教育および新しい学力観を推し進める教育改革は、子どもたちの学校教育に対する構えに、階層による分断線が投影されやすい状態をもたらしたとするのである(9)。

八〇年代までの学校教育は、児童・生徒ほぼ全員を学力向上に向かわせる強い働きかけの力をもっていた。それはまた親の社会意識の側での大衆化したメリトクラシー状況と表裏をなしていた。ところが、いわゆるゆとり教育は、こうした学校の働きかけの力を弱めることを明示的にめざし、周知のとおりの学力低下状況をもたらしている。苅谷剛彦が提起する問題は、この二〇年ほどの間に、学力が全体的におしなべて低下したわけではなく、生徒の努力と意欲、ひいては学力そして進学希望が、階層ごとに選択的（部分的）に低下しているということである。

私なりに言い換えるとこうなる。こんにちの学校では、学習意欲のある子はどんどんその長所を伸ばすが、意欲のない子には無理に詰め込むことはしないという、従来とは異なる教育方針が採られている。そのために、従来は修正されていた階層間格差が、むしろ増幅されるようになり、同時に、親の教育戦略の階層差も発揮されやすくなっている。このことをさらに大幅に要約すると「ゆとり教育が格差拡大をもたらした」という巷間での言説に至る。

さて、この学校現場での格差・不平等について、親学歴→本人学歴という本書で示した因果の断面図を新たな素材とするとき、どのような解釈を付け加えることができるだろうか。

学校現場での格差・不平等現象について、まず精緻化すべきことは、説明する側におかれている「階層」の多義性とあいまいさである。しかしこの問題は、結論からいえばたいへんシンプルに解決することができる。いまここで唯一確認すべきことは、『階層化日本と教育危機』をはじめとする学校調査に基づく研究においては、データ分析に用いられ、命題導出の基盤となっている「階層」の指標が、じつはほとんどの場合**親の学歴**であったということである[10]。

すでに第4章で整理したとおり、一般に教育機会に対する社会的出自の影響力についての理論は、多様でありしかも重複している（**図4－4**参照）。加えて、学校現場における児童・生徒対象の調査においては、社会的出自・家庭の階層的要因の操作変数（指標）と理論（概念）の間に、きれいに対応しない部分が残るのは、フィールドワークのうえでやむをえないこととみなければならない。

その事情の第一は、親の職業や親の収入をたずねる項目設計をすると、対象校の調査協力の同意が得にくくなるということである。第二は、かりにこれらを質問できたとしても、児童・生徒の回答の精度がたいへんに低いということである。こうした事情をかんがみて、学校調査では、親の学歴や文化資本のような、質問しやすく、回答しやすいものを用いて、代替階層指標としているというのが本音である。

このことの不本意さは、この種のデータを用いる実証研究者は、みな一様に理解している。苅谷剛彦と同じ調査プロジェクトで学力の階層差を論じている志水宏吉が、そこで直面する状況を率直に言葉にしているのが読者の参考になるだろう。

「階層」なるものは、実態として（モノのような形で）存在するわけではない。…（中略）…「学歴階層」や「文化的階層」をキーにして学力の問題を分析したのは、実はそれらがより本質的に重要な要素だと考えたからではない。アンケート調査では「職業階層」や「収入階層」を聞けないために、「次善の策」としてそれらの指標を採用したというのが実情であった（志水 2005：94）。

しかし、この測定問題は、親学歴の影響力を第一義的に重要だと考える本書の立場でみると、大きな障害ではない。ただ素直に親学歴は親学歴そのものとして解釈すれば事足りるのである。

以上の理由により、学校における生徒の努力や意欲の階層間格差とは、じつは親学歴による格差を測りだしたものだと再解釈できることになる（中澤 2003）。そうであるのならば、次のように実態を読み直すことができる。近年学校現場に生じた変化とは、第一に、学歴が高い親、すなわちこんにちの大卒層の親のもとでは、子どもの学校でのパフォーマンスや子どもの向学心が高いのに対して、学歴が低い親、すなわち非大卒の親のもとでは、学習意欲、学習時間が従来より低下しているという事実である。そして第二には、非大卒層を出自とする子どもたちは、メリトクラシー的な（学歴主義の）成功の基準を外れてしまっても、自尊感情を低下させることはないということである。

このように読み直したとき、ここには、学歴下降回避のメカニズムによる選択的加熱が作動しているのではないかということが、ただちに示唆される。すなわち、大卒の親をもつ高校二年生をみると、親と同等以上の学歴ステイタスを得ようと大学受験に向かって加熱されているために、家庭では長時間学習し、学校では意欲をもち、学業成績がよく、メリトクラシー的な価値観から離脱する傾向もみられない。これに対して高卒の親をもつ高校生は、学歴下降回避のメカニズムでは上昇進学意欲を加熱しえない。そのため、学歴の上昇移動への大衆的熱狂が失われた状態のなかで、こんにちのように学校が働きかけを弱めれば、家庭学習の時間は短くなり、意欲も低くなり、学校に適応しないケースも増えてくる。そして、上昇的な進学志向から「降りて」いるにもかかわらず、下降移動はすでに回避されているために、かれらの自尊心が低下することはない。いわば「ハマータウン」型の再生産ストーリーである。

ゆとり教育の背後にあるもの

そう考えていくと、問題になるのは、この親大卒層の選択的加熱が、一九七九年の高校二年生ではみられなかったにもかかわらず、一九九七年の高校二年生の間で検出されるようになったことのメカニズムである。すでに触れたとおり、このことについて苅谷剛彦自身は、第一義的には教育政策の転換を要因とみている。しかし他方では、次のような漠然とした示唆を行なっている。

> 職業構造においても中等教育の機会においても、大規模で急速な構造移動の時代を終え、階層的秩序はいまや安定期に入っている。そして、**教育を通した競争が大衆化した後に親となった世代の子どもたちの代に、インセンティブ・ディバイドが作動しはじめた**（苅谷 2001：221 強調は引用者）。

そこで本書の道具立てを使って、このことに分析的に踏み込んでみよう。**図5－3**は学校基本調査データを用いて、各年度の大学進学率をみたものである。さらにこの図には高校二年生の親世代にあたる生年の大学進学率[11]の推計値を算出し、描き加えている。二本のグラフの垂直方向での差をみることによって、その時代の高校生が、父母たちとおおよそどれくらい異なる「学歴社会状況」にあったのかがわかる。グラフ全体をみると、親子の大学進学率の差は、過去四半世紀の間、おおまかにみれば縮小傾向にある。

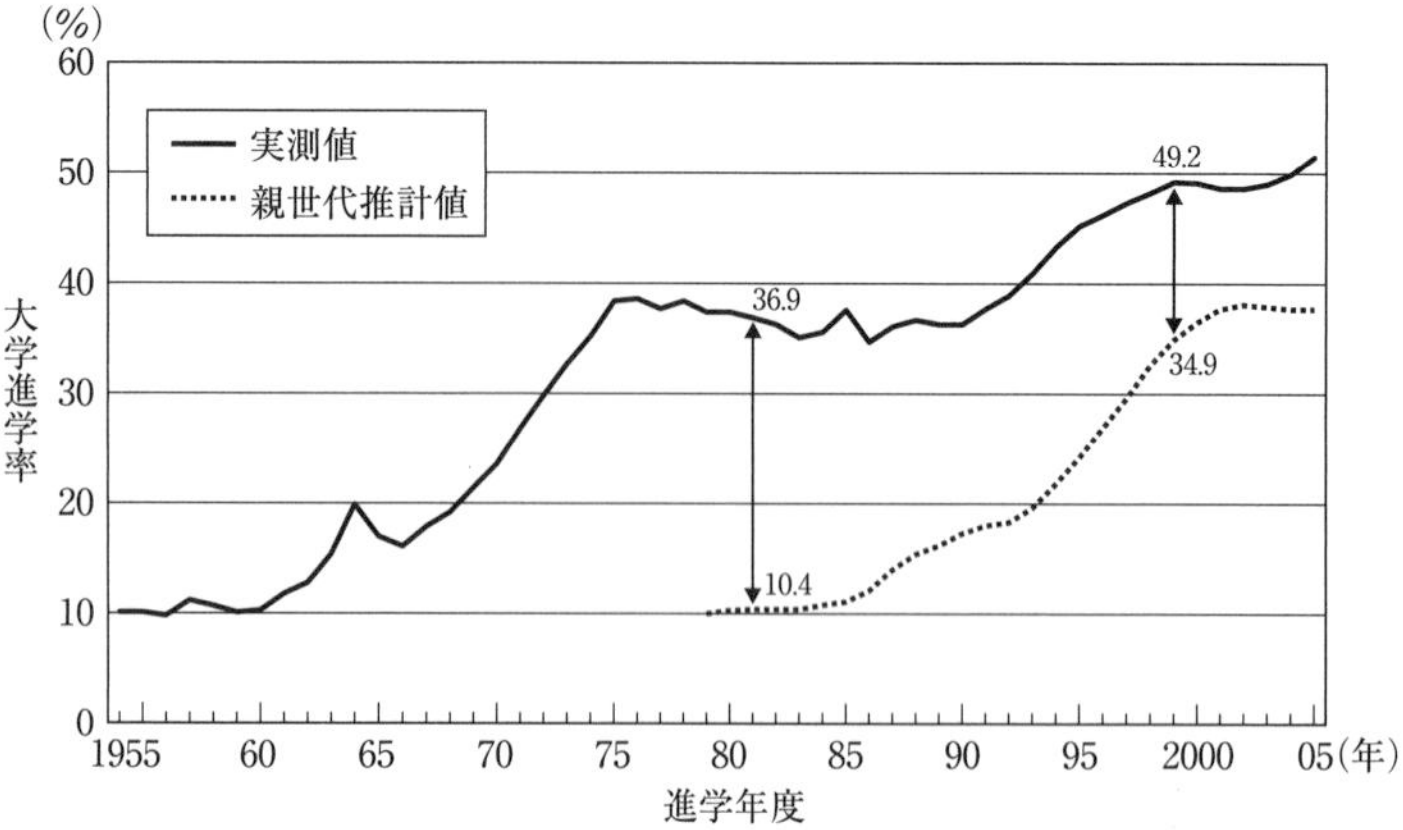

図 5-3　学歴の親子格差の縮小（学校基本調査より推計）

このグラフを用いて、それぞれの時点で対象となった親子がおかれていた学歴にかんする状況を確認しよう。まず一九七九年調査における対象年次（一九八一年進学）の大学進学率は、このグラフによると本人が三六・九％であり、その親では一〇・四％と推計されている。つまりこの時点では、二六・五ポイントの親子間の大学進学率の隔たりがあったわけである。この状況では、親が大卒層であるがゆえに、学歴下降回避のメカニズムに動かされて大学進学を動機付けられる高校二年生は、一〇人に一人程度しかいない。そんななかで、当時の大学進学率はすでに四割近くもあったのである。このとき多くの高校生の学習意欲、学習時間に作用していたと考えられるのは、まさに「メリトクラシーの大衆化」状況であっただろう。そしておそらく、そのような親と子どもの社会意識のバックグラウンドを体現するかたちで、受験学力を多くの生徒に詰めこむ、当時の学校教育政策が立案施行されていたのだろう。

これに対し、一九九七年調査における対象年次（一九九九年進学）の大学進学率は、四九・二％であり、前出のフィフティ・フィフティの均衡に達している。親学歴のほうも、子どもの学歴に徐々にキャッチ・アップしてきて、三四・九％である。その差は一四・三ポイントに縮小している。ここまで来ると、親たちはすでに高校生たちとよく似たかたちの学歴社会を経験しているということになる。そして、親たちの三人に一人が大卒層であり（父親＝男性にかぎればさらに多い）、その子弟は学歴下降回避動機に基づいて進学競争・受験競争へと、自発的に向かっていることを想定できる。それゆえ、こんにちの大学進学希望は、この選択的加熱状況を「基礎票」として、そこに多少のメリトクラシー信頼型の進学加熱層を加え、五〇％という水準を構成していると考えることができる。逆にいえば、学校からの働きかけがなく、学歴下降回避メカニズムに身を任せているだけでは大学進学へは向かいにくい層が、同年人口全体の半数以上いて、かれらが以前のように加熱されることなく取り残されているということでもある。

これらのデータを総合して私が推測するところは以下である。こんにちの学校現場で、階層間格差が問題化しはじめたのは、確かにゆとり重視の教育政策への転換を引き金とする部分が大きいだろう。しかし、この教育政策が「効果」をもったことの背景にある、そうした学歴社会のメカニズムの時代による変化に目を配ることもまた必要不可欠であろう。

いまあらためて考えてみると、そもそもインセンティブ・ディバイド（incentive divide）は、「意欲格差」と「意訳」されるべきものではなく、**利害動機の分離構造**と素直に「訳す」ほうが座りがいい。こちらの表現のほうが実情に近いとすれば、教育政策を転換しただけで、わたしたちの社会が思うように方向を変えていくという「楽観」は適切ではないかもしれない。この問題の根源は、もう少し根深いところにあるのではないだろうか。

(1) 学歴の世代間移動表分析を行なった先行研究としては、今田高俊(1979)、直井優(1987)が挙げられる。これらを参考にしつつ本書では、母子関係、母娘・父息子関係についてもクロス集計表分析を試みた。その結果、母親学歴を用いた場合でも、父親学歴をみた場合とほぼ同様の関連性や時系列変容が確認された。一般に、既婚男女の学歴には高い同質性があることが知られている。よって、父親と母親では意味は異なるものの、指標としての効力は大きくは異ならないものと考えられる。

本書のなかでは、世代間移動表が、職業的地位の父子関係を記述してきた経緯も勘案し、父親学歴を指標として用いることにした。よって、「父親よりも高い学歴を得る競争」の状態が分析されるということになる。しかし学歴の世代間関係の指標として何を用いるかということについては、職業的地位の指標がそうであるのと同じように、さまざまな試行をする余地が残されている。

(2) 日本の成年層では、リカレント教育(社会人再教育)はいまだ実績が少ない。またそれが教養教育ではなく、メリトクラティックな機能を発揮する実例となると、さらに数は少なくなる。

(3) クロス集計表全体をみたときに、二つのカテゴリ変数の間に意味のある関連がみられるかどうかは、カイ二乗値による独立性検定を用いて確かめられる。しかし世代間移動表の場合は、その有意性は明らかなので、論点は、関連度の指標値がどれだけ大きいかということにおかれる。二変数間の関連の強さは、一般にファイ係数やクラマーのVなどの指標であらわされる。いずれも、無関連の〇・〇〇から、完全関連の一・〇〇までの間の値をとる。

これらの広く用いられる関連性係数に加え、世代間移動表に特有の概念として、親子のカテゴリの同質性を示す非移動率、分布の世代間の変動を意味する構造(強制)移動率、そして純粋移動率と開放性係数(安田係数、またはY係数といわれる)(安田 1971)がある。この値も通常は、〇・〇〇から一・〇〇の間の値をとる。

開放性係数は、たとえば父親学歴では中卒の比率が高いが、子世代では中卒の比率は低いというような、構造移動の影響を取り除いた純粋移動といわれる変化について、親子間の非移動（対角セル）に注目することで、移動機会がどのカテゴリについても公平に与えられているかどうかを示す指標である。

(4) それぞれのセルの数値や比率については、上昇移動、下降移動、流入・流出率、(対数) オッズ比、個別開放性係数（前述のY係数に対して、小文字でy係数と表記される）などがある。本書では、主にy係数とオッズ比を用いる。

(5) この指標を作った安田三郎 (1971) は、開放性係数とカテゴリ数の間には、単調な関係があるわけではないということを、実例をもって示している。よって、学歴のほうがカテゴリ数が少ないために、開放性が低くなると単純に結論づけることができるわけではない。

(6) 世代間移動表の行パーセントが、計算に用いられる比率となる。このデータの場合、父親小卒層では、本人の学歴は小卒、中卒、高卒、大卒が、三〇・一%、四九・八%、一四・一%、五・三%、父親中卒相当層では、三・七%、五二・七%、二八・五%、一四・七%、父親高卒相当層では、三・二%、一八・五%、三三・九%、四四・四%、父親大卒相当層では、二・六%、七・七%、二一・八%、六七・九%という実測された比率が用いられることになる。

(7) 本文中に示したマルコフ連鎖モデルは、親学歴によって進学の選好が異なっており、その一定の分配確率に従って結果が生じているとみて、学歴下降回避説の実証を試みたものといえる。配分確率としては、実測移動パターンを用いている。

ちなみに、R・ブリーンとJ・ゴールドソープ、あるいはその源流にあるR・ブードンの研究は、相対リスク回避説に基づいて、職業階層ごとに異なる進学確率を仮定し、個人のミクロな合理的選択行動が、マクロな不平等構造の世代間再生産を導くことを論証するものである（Breen and Goldthorpe 1997; Boudon 1973＝

1983）。

（8）対象者層の選択にあたっては、中村高康（2000）の同様の意識項目に対する年齢・男女別の分析の結果を参考にしている。なおカイ二乗検定は一％水準で有意な関連性を示している。

（9）同書の貢献によって、日本では職業階層による学校教育現場でのパフォーマンス（意欲・学力・学習時間）の差は、進学や勉学に対する意欲の格差として理解されることとなった。そして、そうした子どもたちの感情・情緒的な部分の温度差を操作する教育政策が問題の根源とされる。

他方、近年の欧米の階級・階層論でむしろ多く用いられる論理は、すでに紹介した相対リスク回避説という合理的選択理論である。つまり欧米では、階級・階層ごとの教育機会格差は、近代社会のもつ動かしがたい普遍メカニズム（ミクロ・マクロ・リンクによる社会的ジレンマ）の問題として論じられているのである。

（10）同書中においては「出身階層合成変数」という尺度が構成されているが、これは、父親学歴と〇・八三五、母親学歴と〇・七七五というきわめて高い相関関係にある変数なので、実質上は親学歴を意味する。もっとも、その後の研究では、この問題を解消するために家庭の文化資本や職業階層指標の影響力の分析もなされはじめている（苅谷・志水編 2004）。

（11）中澤渉（2003）は、苅谷剛彦が示している対象者の親学歴分布（ただし他変数との間でリストワイズ欠損処理をしたもの）を検討して、分析データにおける母親高等教育比率が、一九七九年の一一・二％から一九九七年の三六・三％へと大きく変化していることを確認している。

6章　不平等化の伏流水脈
学歴の世代間移動の趨勢

高卒・大卒再生産社会への軌跡

引き続いて学歴の世代間関係の趨勢（生年ごとの変化）を考える。そのために、すでに**表5－1**で全体構造をみた一九九五年SSM調査の対象男女を、さらに一〇生年コーホートごとのグループに分け、学歴の世代間移動表をみることにする。

五つのコーホートの特性は次のとおりである。

第一コーホートである一九二五―三四生年は、昭和ヒトケタ世代をカバーしている。この層には、旧制からの中途移行を経て、最終学歴を新制で終えているケースも含まれてはいるが、対象者全員が旧制国民学校、旧制中学校などの戦前の学校教育を経験している。他方、かれらの父親は、大正から昭和初期に学歴達成を終えた、明治の末から大正生まれの層にあたる。

第二コーホートは一九三五―四四生年であり、戦後新制教育の立ち上げ期を児童・生徒として実体験した昭和一〇年代生まれの層である。この層は、現在では六〇―七〇代となっており、産業・就労局面から徐々に退出しはじめている。やはり旧制学歴の父親のもとに生まれている。

第三コーホートは一九四五―五四生年であり、いわゆる団塊の世代を含む昭和二〇年代生まれの層である。戦後日本の新制学校教育は、この人口の多いコーホートへの対応として、高校進学の門戸を拡大し、続いては大学進学の門戸を拡大した。その父親世代は、依然として多くが戦前に旧制学歴を終えた人たちである。

第四コーホートは、一九五五―六四生年であり、高度経済成長期を学齢期として過ごした昭和三〇年代生まれの層である。その父親は、前述した第一世代に重なる。それゆえに父親の学歴は、この層でもなお半数（四八・〇％）が義務教育卒（図中では中卒以下と表記）にとどまる。

第五コーホートは一九六五―七四生年、すなわち昭和四〇年代の生まれである。かれらは高度経済成長後に学齢期を過ごしており、団塊ジュニアの半数以上がこの年齢層に含まれる。その父親は旧制から新制への移行期から団塊の世代であり、父親の学歴は、このコーホートでようやく義務教育卒（二三・九％）を高校卒の比率（四三・五％）が上回る。

図6-1から**図6-5**は、五つのコーホート・グループごとに学歴の世代間移動表を算出して、相対度数をグラフにしたものである。順に見比べていくと、日本社会が、次第に高学歴社会へとシフトしていった様子がコマ送りでわかる。父親の学歴も本人の学歴も、ともに漸次的に高学歴化しているために、度数を示すグラフは、図中左奥から右手前へと波打つように動いてくるようにみえる。[1] わずか一〇生年ごとの区切りでみたときに、これだけ世代間関連の構図が異なっているということからは、世代ごとの

特徴を確認する。「学歴経験」が、大きく異なっていた歴史をあらためて知ることができる。以下、それぞれのグラフの

図6-1に示した第一コーホートでは、親中卒↓子中卒という中卒再生産が全体の半数近くを占めている。この左奥のカテゴリへの集中が、以下のデータ分析が描く変遷において、解体され激減していく日本の学歴の世代間関係の旧態（現在の七〇代以上の男女の学歴経験）をあらわしている。

さらにここでは、この世代で始まりつつあった、親中卒からワンランク上の高卒層への上昇が、二番目に高い比率をもっている。また、度数は少ないものの高卒再生産、大卒（図中では短大・大卒と表記）再生産の傾向のために、対角線上が少しだけ盛り上がった構造も読みとれる。

図6-2に示した第二コーホートも、前述の傾向を受け継いでいるが、高校進学率の拡大期であるため、親中卒層において、子弟を高校進学させる傾向がより顕著になるという変化が生じてくる。

図6-3に示した第三コーホートでは、親中卒↓子高卒の中等教育拡大を意味する移動が突出しているなかで、徐々に本人の大卒比率が増えはじめている。またこの世代では、親高卒層と親大卒層の大学進学率の格差は小さいようにみえる。

図6-4に示した第四コーホートでも、引き続き親中卒↓子高卒の移動が続くが、ここでは親高卒層において、高卒再生産の比率が少し高まっている。そのため大学進学機会に、親高卒／親大卒間での差異が生じている。

図6-5に示した第五コーホートでは、本人高卒層の出自において、親中卒・高卒が大半を占めるいっぽう、本人大卒層の出自としては、親高卒・大卒が大半を占めるという集約的なパターンがあらわれ

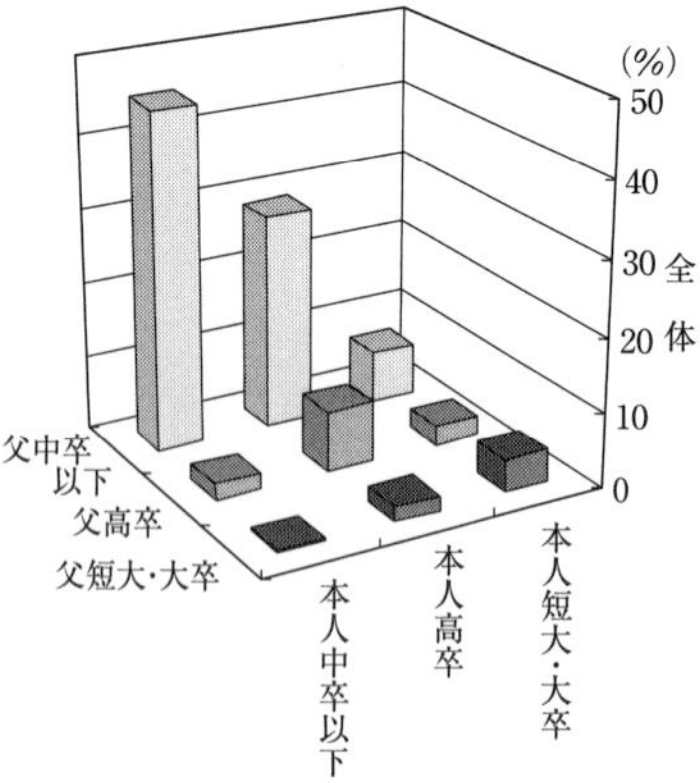

図 6-1　第 1 コーホートの世代間関係

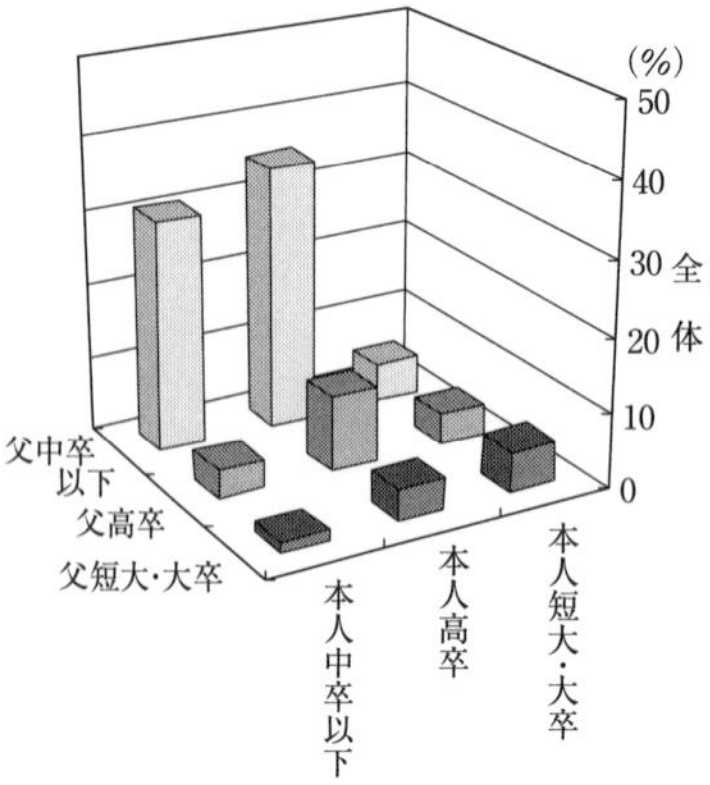

図 6-2　第 2 コーホートの世代間関係

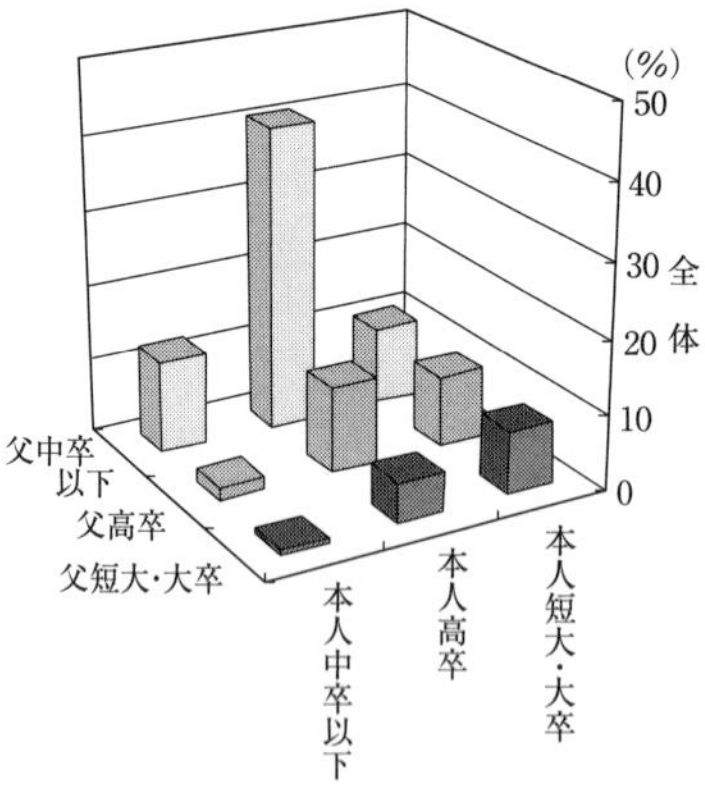

図 6-3　第 3 コーホートの世代間関係

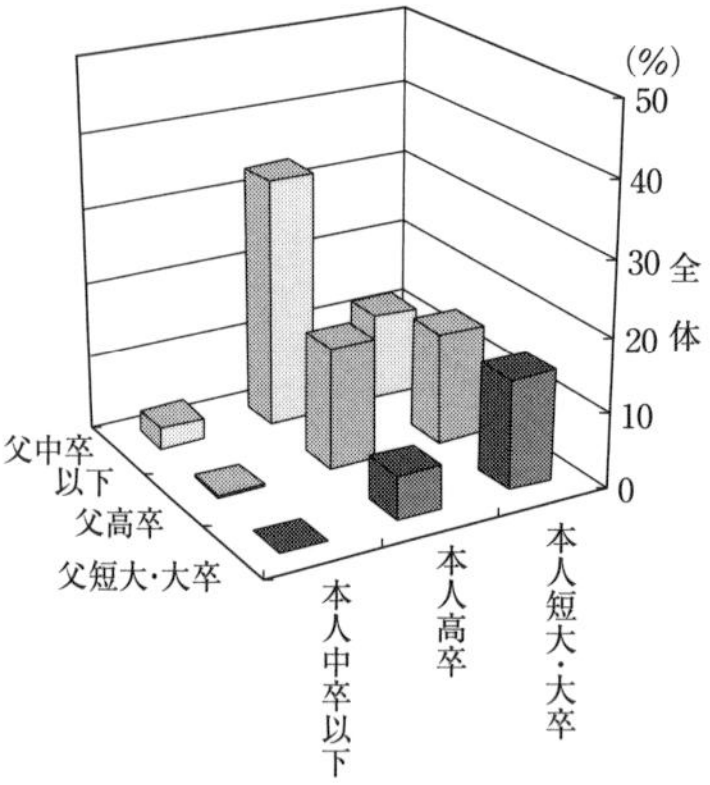

図 6-4　第 4 コーホートの世代間関係

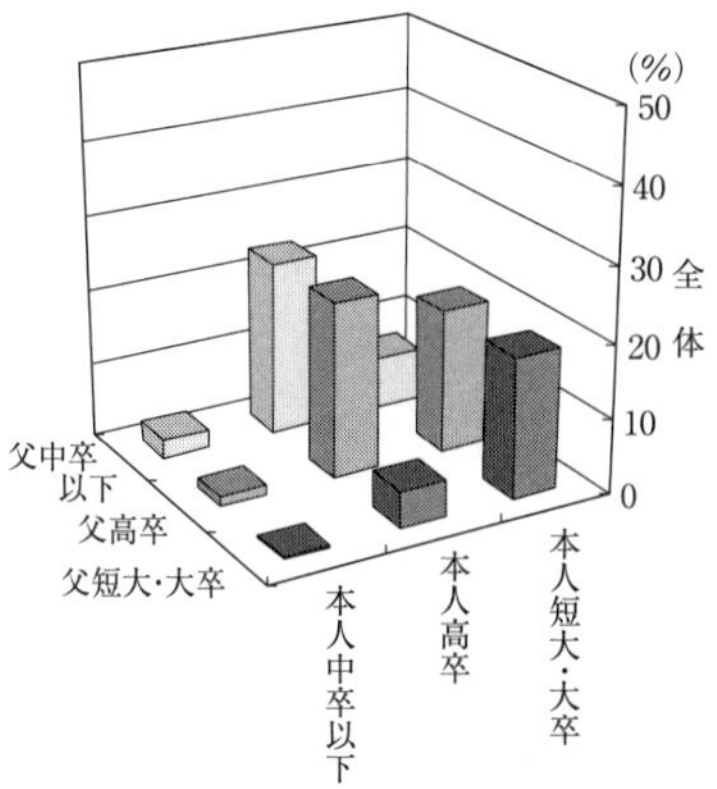

図 6-5　第 5 コーホートの世代間関係

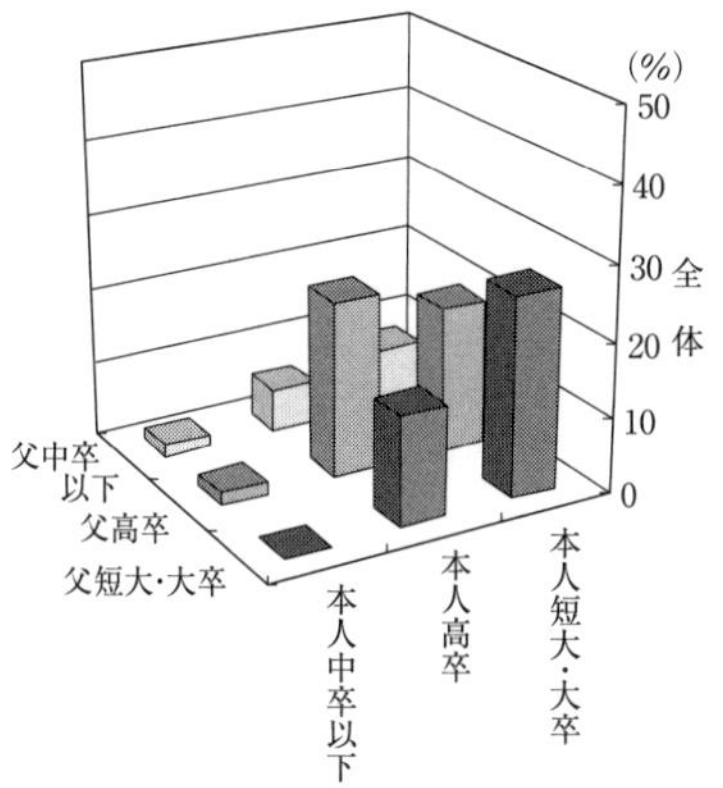

図 6-6　最新の若年層の世代間関係

はじめ、これら以外のセルは、度数が極端に少なくなり、この四パターンだけで、全体の八四・〇%を占めるに至っている。すなわち、団塊―団塊ジュニアの世代間関係を含むこの層に至って、大卒／非大卒境界への機会集約の傾向が親世代にもあらわれはじめ、低位学歴→高卒、中高位学歴→大卒というかたちで、閉鎖化した構造がみられるようになっているのである。

　ここまでみてくると、いま現在の若年層には、どのような傾向があらわれるのか、たいへん気になってくる。そこで参考データを用いて、予測的な分析を試みることにしよう。**図6-6**は二〇〇三年一二月に実施されたSSM予備調査（ランダム・サンプリングの全国規模の階層調査）における、二〇代（一九七三―一九八二生年）男女の学歴の世代間関係を分析した結果を示したものである。残念ながらこの分析では、有効ケースが一二五サンプルと多くはない。それでも来たるべき成熟学歴社会の様相について、おおよその見当をつけることはできる。グラフをみてみよう。

図6-6が示す傾向は、先にみた第五コーホートからさら

に変化している。まず父親における中卒層が激減しており、親子ともに、高卒学歴と大卒学歴の境界線へと学歴達成の争点がさらにシフトしているのである。そのため、図の右手前の四本の棒グラフにサンプルが集中したかたちになっている。これが成熟学歴社会の基本のかたちとして想定される、教育機会の大卒／非大卒境界への一点集約構造の世代間での継承関係である。

ここで最も注目すべきことは、親高卒層の「大学進学率」が四三・六％（「高卒再生産率」は五二・七％）にとどまっているのに対し、親大卒層の「大卒再生産率＝大学進学率」ははるかに高率の六四・七％であり、非大卒へと下降するのは約三五％（しかも中卒層への転落はゼロ）だという事実であろう。ここからは親学歴によって、大学進学／非進学の振り分けがなされる、下降回避メカニズムの作動の状況が確認できる。

この高卒・大卒の固定的再生産傾向はまた、日本社会が恒常的にめざしてきた「到達地点」でもある（第5章参照）。ここでは、高卒再生産、大卒再生産が世代間関係の主流パターンとなり、両層の間で比較的少数の「入れ替え戦」がなされつつ、高卒層、大卒層双方が固定化していくことになるのである。

反転閉鎖化

続いて、クロス集計表の関連性をあらわす指標を用いて、学歴の世代間関係について五つの生年コーホート(2)が示すトレンド（趨勢）を要約しよう。

ここで注目する点は二つある。ひとつめは、全学歴層をみた場合に、世代間関係が平等化しているかどうかということである。そしてもうひとつは、大卒／非大卒の区分に世代間の閉鎖的再生産の傾向がみられるかどうかということである。
クロス表全体をみる分析には、中卒／高卒の区分と、高卒／大卒の区分という二つの要因が含みこまれる。これは高校進学率の増大、大学進学率の増大という変化をともに視野に入れた教育拡大の道筋を論じる際には有効である。ただし、二つの要因の混成によって成り立っているため、どの境界線で、いかなる不平等が生じているのかがはっきりと特定できない。

これに対して、大卒／非大卒区分は、この境界線が全体社会をいかなる比率で分断するのか、つまり、それぞれの生年コーホートの大学進学率の高さによって重みを異にする。たとえば学歴水準が低い第一コーホートでは、大卒／非大卒区分における閉鎖的傾向は、多くの人にかかわる不平等とはいえず、この世代の大半の人にとっては、むしろ高校（旧制中等学歴）進学機会が重要性をもっていたと考えられる。しかし、成熟学歴社会に踏みこみつつある第五コーホートにおいては、高校進学機会はすでにほぼ飽和して重要性を失っているため、大卒／非大卒区分が、多くの人を切り分ける主要な学歴境界線となっている。

前者の指標の趨勢は**図6－7**に、後者の指標の趨勢は**図6－8**に折れ線グラフとして示した。従来の教育社会学の計量分析が繰り返し問題にしてきたとおり、これら二つの視点に基づく分析結果は、一致した傾向を示すわけではない。

図6－7では、学歴の世代間関連の強さを三つの指標によって示している。クラマーのVとファイ係数は、ともにクロス集計表の関連性の標準的な指標であり、特定の学歴同士の世代間関連が強ければ強いほど、最大値の一・〇〇に近づき、父親の学歴が本人の学歴カテゴリにまったく影響を与えない状態

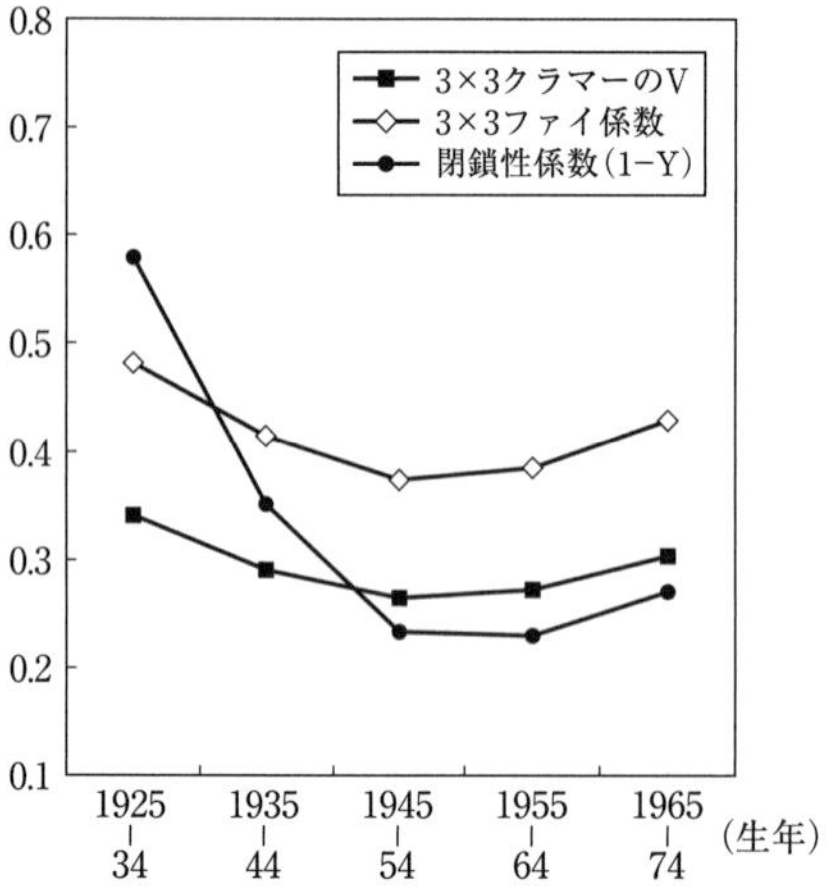

図 6-7　学歴世代間移動表にみる全体社会の不平等

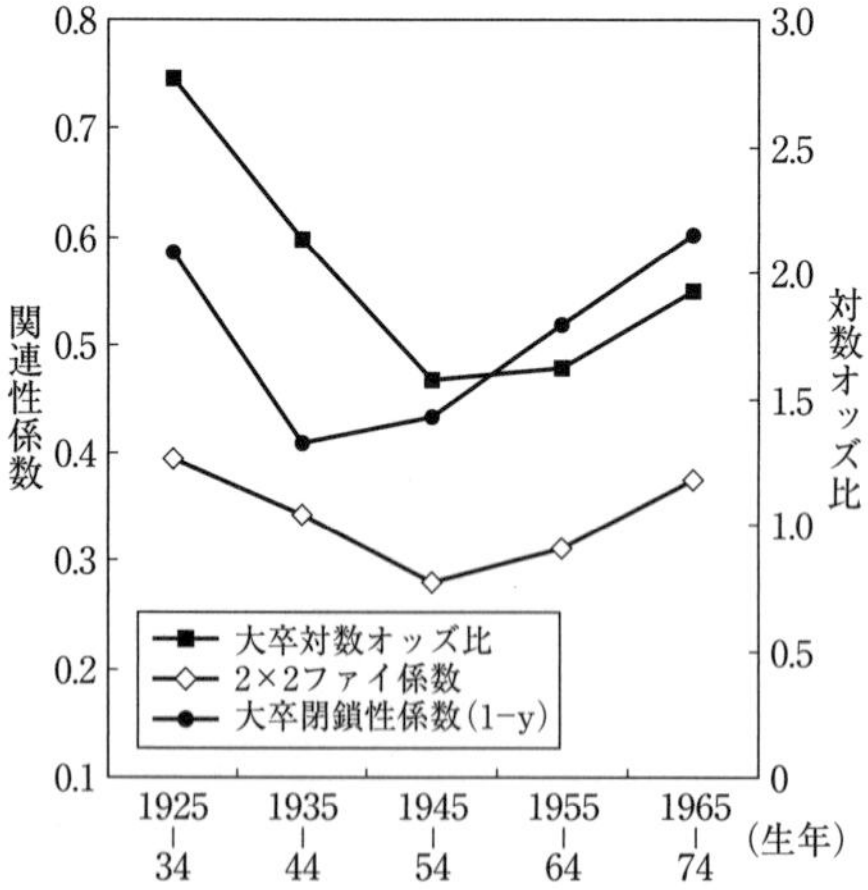

図 6-8　学歴世代間移動表にみる大卒境界の不平等

では、最小値の○・○○という値をとる。もうひとつの指標である開放性係数（Y係数）は、親子が同一学歴（非移動）であるか否かに注目した指標である。この値は、世代間移動の開放性が高いほど一・○○に近づく性質をもっている。なお図中では開放性係数は、他の指標との増減の関係を読みとりやすくするために1－Y、すなわち世代間移動の閉鎖性を示す指標としてグラフ化している。

図6－8は、大卒／非大卒という区分に注目して世代間関係をみる指標の趨勢を示したグラフである。この場合は、父親大卒／非大卒、本人大卒／非大卒という2×2のクロス集計表について算出したファイ係数を関連性の指標としている。これに加えて、世代間の関連性を示す指標としてよく用いられる対数オッズ比も表示している。すでに述べたとおり、大卒対数オッズ比は、親が大卒学歴である層における大卒学歴の取得しやすさを、そうではない層と比較した倍率（オッズ比）の大小関係をあらわしている。数値が大きいほど大卒層の世代間閉鎖性が高いことを意味しており、これを対数変換した値は、大卒学歴の取得しやすさに差がないときが○・○○であり、値が大きくなるほど大卒閉鎖性（再生産傾向）が高いことを示す。また、大卒学歴取得が、父親学歴によらず平等になされているかどうかをみるために、個別開放性係数yを算出し、やはり他の指標との関係を読みやすくするために1－yとしてグラフに示した。これらの指標は、相互に明確な数式上の関連があるわけではなく、どれを最も重視すべきかということでも議論がわかれるが、いずれも世代間移動の不平等をみるためにしばしば用いられる指標である。

まず、**図6－7**によって、学歴の世代間移動表の全体構造をみると、次のことが明らかになる。学歴の世代間関係は、この五つのコーホート・グループのうちの前半では開放化に向かっているが、中盤から後半ではおおよそ横ばい状態で推移している。前半部分（第一—第三コーホート）においては、ファイ係数とクラマーのVの低下傾向は緩やかであり、閉鎖性係数は急な勢いで低下している。後半の若年コーホートになると、親子間の関連が強まっているようにもみえるが、その傾向は、どの指標をとってもごくわずかなもの（いずれも数値の変化は〇・〇五未満）である。

このように、日本社会全体の学歴の世代間関係は、こんにちの五〇代以上、つまり戦前—高度経済成長期になされた学歴取得にかんしては、平等化・開放化に向かっていたが、七〇年代中盤以降こんにちまでになされた学歴取得にかんしては、ほぼ一定の不平等状態が持続していると結論づけられる。(3) これと同じような傾向は、他の研究でもすでに繰り返し指摘されているが、本書が先行研究として参照した今田高俊（1979）、直井優（1987）のほかはいずれも、学歴の世代間関係としてではなく、職業階層による教育機会の不平等として示されてきたものである。

続いて**図6-8**によって、大卒／非大卒境界の生年コーホート間の変動をみよう。ここでは第三コーホート、つまり団塊の世代までは、各指標はやはりおおよそ低下傾向にある。ただし、閉鎖性係数については、第二コーホートと第三コーホートの間は横ばいである。それでも、おおまかにみれば、新制大学制度の発足と、入学者数の拡大の時期においては、大卒／非大卒の境界線の世代間関係に、開放化の傾向がみられたことは明らかなようである。

ところが、それよりも右の若年コーホートでは、いずれの指標も固定化・閉鎖化へと傾向を反転させている。ただし、どの指標をみるかということによって、平等化が底を打つ時期は異なる。一例として対数オッズ比を、理解が容易なオッズ比に再変換して読んでみると、第一コーホートから第三コーホートまでは、オッズ比は低下していき、団塊の世代を含む第三コーホートでは、本人が大卒になるなりやすさが、大卒層の出自では非大卒層の出自の場合の四・八二倍（対数値一・五七）という値にまで下がっている。しかしその後は、五・〇一倍（対数値一・六一）、六・七九倍（対数値一・九二）と、再閉鎖化の道を進んでいる。また閉鎖性係数（1－γ）でみるならば、第二コーホートで、いったんは〇・四〇八まで進んだ開放化は、第三コーホートにかけて〇・四三二への横ばい傾向を示した後は、↓〇・五一八↓〇・六〇〇と、やはり再閉鎖化している。

図6－7でみたとおり、高卒学歴の拡大、大卒学歴の拡大という二つの波長の異なる波を合成したクロス集計表の全体傾向においては、不平等状態は、再閉鎖化ではなく、水平的持続の傾向を示していた。ところが、大卒／非大卒の境界に限ってみると、いったん進んだ平等化は、完全に障壁を解消するにはほど遠い水準で行き詰まり、こんにちの若い層では、どの指標でみても再閉鎖化の途上にあるのである。

繰り返し確認してきたとおり、今後の日本社会における重要な特性は、教育機会の一点集約構造である。それゆえに、成熟学歴社会における社会的不平等を見極めるには、後者、すなわち大卒／非大卒境界の再閉鎖化傾向がもつ問題性に注目すべきだと私は考える。

『不平等社会日本』

次に、ここで「発見」された大卒学歴の世代間関係の反転閉鎖化傾向を、こんにちの階級・階層研究の知見へと結び付けていこう。

新しい格差・不平等論から最も代表的なものをひとつだけ選ぶとすれば、多くの社会学者は佐藤俊樹の『不平等社会日本――さよなら総中流』(佐藤 2000a) を挙げることだろう。その最大の貢献は、職業階層カテゴリを指標としてみたときに、社会の上層部分で世代間関係に不平等化がみられることを「発見」したことにある。

同書はこう指摘する。

戦後の高度成長期にはたしかに日本は、戦前にくらべて「努力すればナントカなる」＝「開かれた社会」になっていた。だが、近年、その開放性は急速にうしなわれつつある。社会の一〇―二〇％を占める上層をみると、親と子の地位の継承性が強まり、戦前以上に「努力してもしかたない」＝「閉じた社会」になりつつある (佐藤 2000a: 13)。

同じSSM調査データの分析に基づいて、現代日本社会論を展開している本書の視座からみても、この「発見」には首肯すべき確かな心当たりがある。ただし、学歴と職業階層というライフコースの異なる断面図をもとに描かれた二つの社会像を重ねあわせるためには、いくつかの補正が必要になる。同書の内容を私なりに嚙み砕く際の要点は以下の五点である。

第一に確認すべきことは、時代性の相違である。同書において議論が展開されているのは、高度経済成長期を、明治―戦前期と比較する歴史社会学である。佐藤俊樹は、機会の不平等の結果は後になってしか計量しえないのだという立場をとり、そのことを繰り返し強調する。[(4)] 一億総中流がいわれた時代の人びとに許されていた社会的な上昇チャンスの構造は、それが歴史として定着した九〇年代になって、ようやく見極められるようになるという考え方である。それゆえに、同書のなかでなされているのは、九〇年代において四〇―五〇代である男性とその父親の世代間関係を、明治末期以来の父親と息子の世代間関係と比較する「発掘作業」である。(5) その意味では、苅谷剛彦の大衆教育社会論とほぼ同じように、九〇年代の視座で戦後を語りなおすものといえる。

もっとも、本文だけを読み通すと、同書には「〇〇《ゼロゼロ》年代」の格差・不平等について語られている部分もないわけではない。しかし、そうした「現代日本論」の部分は、計量分析部分とは時代が隔絶しているので、両者は別々の物語であると考えるべきである。よって私は、同じ書物のなかで波状にあらわれる、計量歴史社会学的研究と現代評論的な部分を注意深くふるい分けて読みとることにしている。もともと一般読者向けに書かれた読み物であるので、こうした議論の多面的な膨らみは致し方ないだろう。しかし、著者自身が随所で発言しているとおり、計量歴史社会学のアウトプットに対して過剰な思い入れを付与されても受けとめることはできない、というのが学術的なスタンスである。

第二は、その計量分析作業において、「四〇歳職」といういままで見過ごされてきた切り口の重要性を指摘していることである。既存研究について同書が指摘する問題点はシンプルである。すなわち「世代間移動の出発点は『父の主な職業』である。これにもっとも自然に対応するのは『本人の主な職業』だろう」(同：55) ということである。この判断から、本人主職を厳密に測定する必要があるというところに至る。(6) そして同書では「本人の主な職業」としては、四〇歳のときの職業が適当だと判断する。到達年齢の特定により、職歴という人生の長い線を、たまたま調査時点という個々別々の断面でみた「現職」という旧来の指標を用いる場合よりは、分析の精度が確実に向上する。とくに、いまだ地位達成が完成していない若年層が混入することによる結果の攪乱は回避される。理屈のうえでは間違いのない指摘である。

この転換は、単なる変数操作上の手続き修正にとどまるものではない。なぜならば、ここには、現代社会におけるホワイトカラー一般従業者（いわゆるサラリーマン）の職歴達成のイメージが投影されているからである。つまり、この尺度を用いることで、四〇歳までに管理職になれるかどうか、そしてそれは自分の父親と比べてどうなのか、という高度経済成長期の男たちの「人生ゲーム」のルールが示されているのである。

もっとも、四〇歳になるまで待って、父親の主職と本人の達成した職位の関係をみるというのは、こんにちの若い世代のリアリティとは少なからず乖離しているかもしれない。かりに私が学生たちに、「君たちは四〇歳時の職業的地位を到達地点として、そこに向かって世代間移動を競っているのですよ。目前の受験や就職という進路決定は、そのためのステップにすぎません」と説いても、かれらからは「自分たちはそのルールでゲームをしてるわけじゃない」という反応が多く返ってくるかもしれない。このことについて、若者たちの気づかない間に閉鎖的な地位継承が進行しているのだ、と読みとるべきなのか、わたしたち研究者の側の独善的なルール設定、もしくは変数操作のご都合主義を反省すべきなのか、判断はわかれる。

それでも、戦後日本の計量社会学の宝であるＳＳＭ時系列調査の蓄積を利用すれば、ある程度のサンプル数を確保した世代間移動表分析が可能になる。こうして四〇歳職という切り口で、父親と息子の関係の断面を「採寸」しなおし、それを時系列比較すると、既存研究とは異なる不平等の図柄と趨勢があらわれてくることになる。
そこに第三点目のポイントがある。それは、ホワイトカラー雇用上層（以下W雇上とする）と、それ以下の層の間の機会の分断線が強調されるということである。同書で注目される社会層は、ほぼ一貫して中間層上位に位置するW雇上である。ここには専門職（技術者、医療関連の技師や看護師、会計士、税理士、教員、司書、福祉事業専門職など）と、管理職（中─大企業の課長以上）が含まれる。なおW雇上という表現は聞き慣れないが、決して同書のなかだけで恣意的に作られた分析カテゴリではない。というのは、これが階層研究の国際標準の分類法のひとつとされるEGP階級分類における「サービス階級」とほぼ重なっているからである。むしろ職業階層の分析では一般的な中間層上位の類別法といえる。わたしたちの理解の仕方としては、職業階層カテゴリにおける中間層上位と「サービス階層」とW雇上とは同義であり、いずれもミドル・クラス（欧米の実態カテゴリとしての中流階級）をさすとみればよい。
同書内では、この層において、「実績主義」の考えをもつ人の比率が高く、収入が高く、昇進競争の結果にも差があり、**本人学歴も父親学歴も高い**ということが述べられる。これにより、「W雇上がもともと親子間で継承されやすい、いいかえれば生まれによる有利不利が他よりも強い」（同：74）社会層だということが論証される。出自から将来性まで、どこの断面をみてもW雇上は有利なのだということである。[7]
このW雇上層に注目しつつ時系列比較をすると、「団塊の世代」[8]では、それ以前の「明治のしっぽ」─「昭和ヒトケタ」世代で低下してきた世代間継承性が、反転上昇していることが発見される。これが、第四の論点である「団塊の世代」以降の階層固定化である。

この指摘は、一般の読者層にとっては、日常の実感が学術的に立証されたということで大きな反響を得たが、わたしたち専門研究者にとっても、注目すべき「発見」と受けとめられた。というのは、後発世代において機会の平等が損なわれているという事実が、階級・階層論の主流であった産業化理論＝持続的発展理論に適合しない新たな傾向だからである。しかも不平等社会への反転が、高度経済成長の頂点付近で発生していたという「発見」なのだから、そのインパクトは小さいはずがない。

それゆえに、同書で示された結果が確実なものであり、その大きさが再閉鎖化、不平等拡大という言葉に見合うものであるのか、また中の上層の傾向を全体社会の変化として一般化できるのか、年齢層や階層カテゴリの切り分け方を少しずらしてみても、閉鎖化傾向は安定的に検出しうるのか、閉鎖・開放の判断に用いられている指標は適切か、などのさまざまな観点から、データに基づいた反論や追証が提出されてきた。なかでも傾聴すべき反証は、盛山和夫（2000＝2001；2003）や原純輔（2002）によるものであり、どちらも日本社会の不平等化という結論に強い疑念を呈している。分析操作上の細かい指摘は、これらによりすでに出つくしている感があるが、それらの議論を経たこんにちでも、日本社会が不平等化しているのかどうかについては、いまだ専門的解釈はわかれたままである。

最後に指摘する第五点目は、社会意識の解釈のしかたについてである。同書では、W雇上の閉鎖性拡大に伴って、「努力」が報われるという人びとの認識や希望が失われ、ノン・エリート層において、努力してもしかたないという気分が蔓延することが指摘されている。佐藤俊樹の展開する主張のうちで、この社会意識論にかかわる指摘に限っては、私は次の理由から賛同しかねる。

同書で展開されているのは、ほとんどが階層構造論なのだが、導入部分においては、カテゴリカルな意見の社会的属性別の簡単な分析結果（クロス集計表）が提示されている。その分析からは、次のような診断が導かれる。

「努力してもしかたない」という疑念をかかえつつ、「努力すればナントカなる」と自分にいいきかせて、学校や会社の選抜のレースに自分や自分の子どもたちを参加させてきた、というのが日本の戦後のいつわらざる姿である（佐藤 2000a : 36）。

「努力すればナントカなる」社会から「努力してもしかたがない」社会へ、そして「努力をする気になれない」社会へ――。現在の日本はそういう転換を、それもかなり急激な形で経験しつつある（同 : 128）。

計量社会意識論の立場からいえば、このような精巧な論理を、わずかな数の意見項目の素朴な分析と、階層構造分析から導くのは少し危険な手法である。(9) さらに、論理的にも少し危うい橋を複数渡らなければならない。

第一に、団塊の世代以降でのW雇上の世代間関係の閉鎖化が、事実として発生した時代は七〇―八〇年代である。それならば、その時代その生年において社会意識が変化しはじめなければならない。しかるに、同書で実際に行なわれている意識分析は、一九七五年や一九八五年ではなく、一九九五年時点での若年層を中心とした傾向の把握であり、W雇上の閉鎖化現象とは別の時代の異なる生年の出来事を扱っている。第8章で後述する私自身の分析結果に基づくならば、階層固定化が始まったとされる時代は、日本人が根拠もなく豊かさに熱狂していた「浮遊する階層帰属意識」の時代にあたる。

第二に、中間層上位への参入の可能性が減ったことが、社会全体に「努力してもしかたがない」「努力をする気になれない」という気分の蔓延をもたらすという論理の展開が丁寧ではない。というのも、世代間移動の閉鎖化・固定化は確かに上昇移動の可能性を減らすが、それと同じだけ、下降移動の可能性も減らしているのであり、社会全体はゼロサムだからである。ということは、努力してもしかたがないという悲観的・閉塞的なムードと同量の、**努力しなくてもナントカなる**という楽観的な気持ちやアノミー的な気分を社会の各層にもたらすはずである。

第三に、そもそもこんにちの各層の非移動者は、主観的にも客観的にも社会移動の失敗者たちであるとは同定できず、**首尾よく下降せずに済んだ成功者たち**と意味づけられる側面をもつ。それゆえに粗移動量の少ないポスト産業化社会における人びとの合理的選択を扱う、相対リスク回避説、学歴下降回避説という新しい説明論理は、非移動（＝下降回避）を世代間移動戦略の成功とみる立場をとる。

さらに余談ながら、私自身が現代の社会意識を扱っていて感じているのは、佐藤俊樹の強調する悲観的・閉塞的なムードと同時に、その反対の楽観や驕りの蔓延がみられるということである。しかも、そうした相反する社会意識は、ときに同じ社会カテゴリにある人びとのなかに混在している。そうした現実があるがゆえに、社会的なカテゴリ別の分析から、人びとの主観の差を、ずばりと鮮やかに描き出す計量社会意識論を展開するのは難しい。

一例として、ニート、フリーターの意識について考えてみればいいだろう。この層には、確かに、努力してもしかたがない、努力する気になれないという希望を失った若者たちがいるであろう。しかし、それとは正反対の、努力しなくてもこの社会（現代日本）で生きていくかぎり、最低限の生活のリスクは回避できているし、そのうちナントカなる、という楽観的な現状認識や「仮想的有能感」（速水2006）をもつがゆえのニート、フリーターも少なからず混ざりあっている。どちらの社会意識をもったとしても、人は刻苦勉励をやめる。希望をもつことは重要な要素かもしれないが、希望だけに目を奪われていたのでは、おそらく現実の半分程度しか見極められないだろう。

学歴の先行性

紹介と解釈が長くなったが、ここでは『不平等社会日本』の論旨から、W雇上カテゴリを切り分ける分断線への注目、四〇歳職という世代間移動の到達点をみる分析の切片の導入、そして団塊の世代を境界とした不平等化という妥当性のみとめられる三点を取りあげて、成熟学歴社会論との連携性を考えたい。

図6－9は、右に挙げた『不平等社会日本』の核心部分を、数値として抜き出したものである。すなわち、調査対象男性の職業階層（四〇歳職）とその父親の職業階層の関係を、世代間移動表として集計して、W雇上セルの閉鎖性をコーホートごとにみた結果である。[10] ここには、前述したオッズ比（対数オッズ比に変換した）と、開放性係数（1－y の閉鎖性係数に変換した）が、五つのコーホートについて示されている。このグラフをみると、日本社会が緩やかな開放化・平等化の時代を経た後、最右端の

「団塊の世代」に至って、反転閉鎖化しはじめていることが鮮やかに描き出されている。

他方この章では、これと重なりあう時代の世代間関係について、大卒／非大卒の区分（一八歳時進路）を切り口にした分析を行なった。W雇上と大卒層は、どちらも中間層上位にあたる部分を切り分ける境界であり、父子大卒再生産層と父子W雇上再生産層は、対象生年をどこにとるかにもよるが、事実上は少なからぬ重なりをもっている。

図6-10は、各生年の男女の大卒／非大卒境界について、**図6-9**との比較が容易になるように、対数オッズ比と閉鎖性係数をグラフにしたものである（**図6-8**の数値をそのまま用いている）。なお、双方の図に共通するコーホート（一九二五―一九五五の三〇生年）がわかるように太線の枠で囲んでいる。(11)

グラフを見比べると、一八歳、四〇歳という人生の異なる断面をみた二つの図の示す趨勢は、戦後のある時期までは、機会の平等化を示す右下がりの趨勢を示し、やがて底を打ち閉鎖化に向かっている。この点で、日本社会の中間層上層（W雇上と大卒層）の世代間再生産構造が反転して強まりつつあるというベーシックなストーリーは共通しているのである。

ただし、より細かく見ると、平等化傾向が底を打つタイミングにずれがある。**図6-9**においては、対数オッズ比、開放性係数ともに、「団塊の世代」以降（一九三六―五五生年）で閉鎖化が進んでいるという結論になる。これに対し、**図6-10**において大卒層の動向をみると、明確に再生産傾向が強まるのは、閉鎖性係数でみた場合一九五五生年以降、対数オッズ比でみた場合、さらに若年の一九六五生年以降といわなければならない。つまり、不平等化の発生時点について、少なくみると一〇生年、長くみ

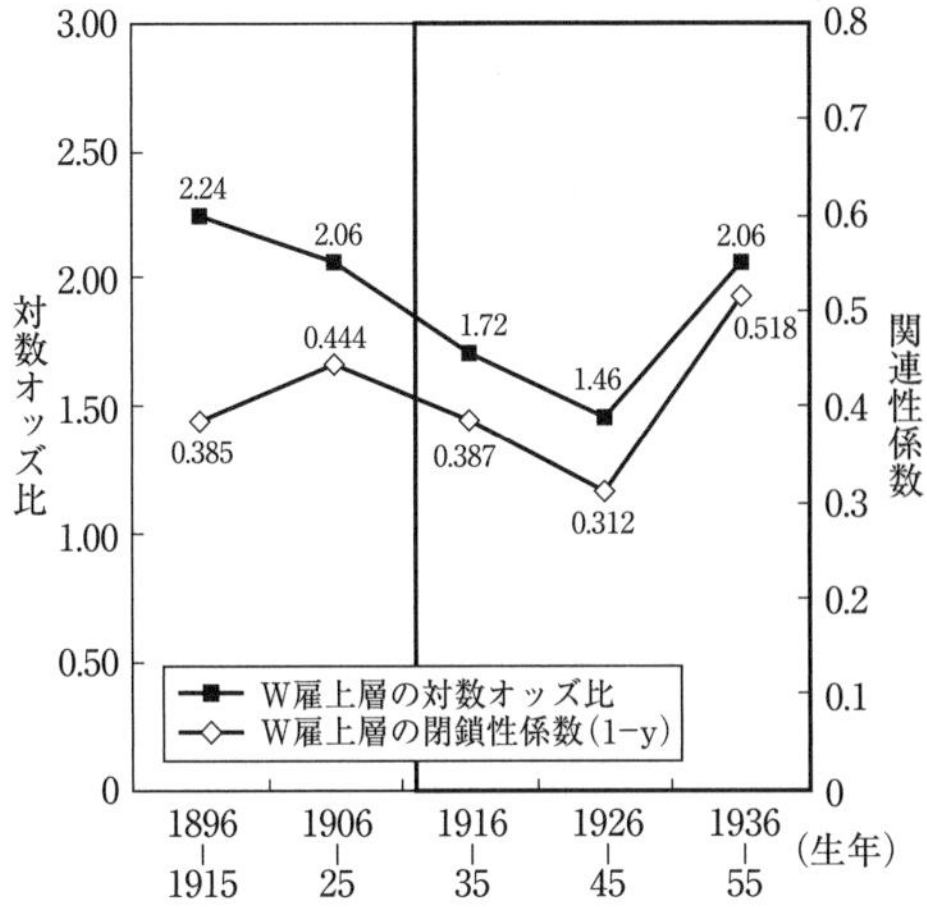

図 6-9　40 歳職世代間移動表における W 雇上層の趨勢（佐藤俊樹 2000a）

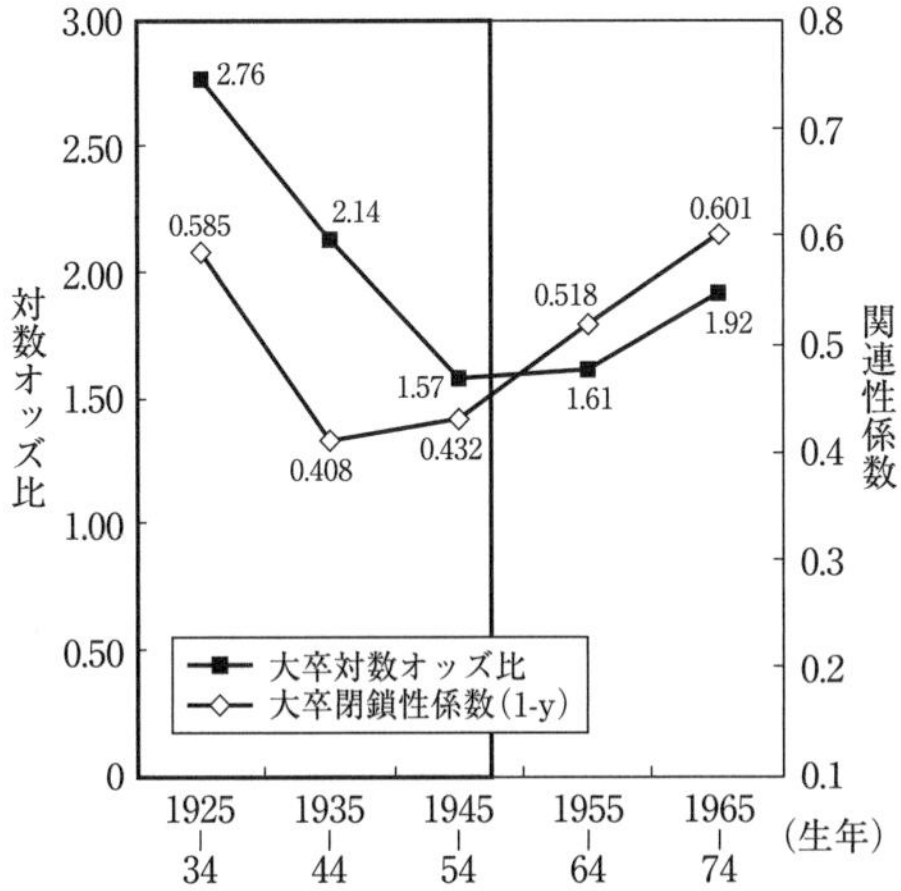

図 6-10　学歴世代間移動表における大卒層の趨勢（本書）

ると親子一世代程度のずれが存在するのである。このずれには、分析したデータ・セットが異なることや、コーホートの区切りが異なることに起因する部分がある。また『不平等社会日本』では、女性対象者が分析に含まれていないこともおそらく関係するだろう。これらを調整すれば、二つの図はもう少し類似したものになる可能性がある。(12)

また、同じ関連性指標を用いて同じスケールで描いた二つのグラフには、平等化が底を打つタイミングだけではなく、反転後の跳ね上がりの高さの差異も認められる。**図6-9**のほうが、変化が急激で跳ね上がりが大きいのである。これは、男女の最終学歴取得時点での世代間関係をみるかぎりは（**図6-10**）、不平等化傾向は比較的緩やかであるのに対して、中高年男性だけをみると、世代間関係の反転不平等化がより鮮明にあらわれることを意味している。おそらく、分析対象層を産業社会の構成員に限定し、学歴取得後の差異化過程を加味すると、変化がより増幅、あるいは純化されるのだろう。言い換えれば、高度経済成長以降の日本社会の産業セクターは、世代内移動によって階層閉鎖化傾向を強化する方向性をもっており、佐藤俊樹はとりわけその点を強調するために、この切片に注目しているのである。

論点をまとめよう。

私がここで最も強調したいことは、佐藤俊樹が「発見」した人生後半（中高年男性）における不平等には、大卒／非大卒境界の不平等化という、人生前半に確定する学歴の世代間関係を基盤として成立している部分が少なからずあるのではないかということである。もっとも、こんにちの不平等に対する学歴の関与については、『不平等社会日本』のなかでも随所で触れられていることなので、本書の示した切り口での趨勢グラフの反転傾向の類似は、佐藤俊樹の想定内ということになる。(13)

もうひとつの重要な指摘は次の点である。職業階層の世代間移動をみる切り口は、確定した過去の歴史としての趨勢を追う指向をもつ。これに対し、学歴の世代間移動をみる切り口は、より若い年齢層をカバーしており、その分だけ先見的な指向をもつ。学歴伏流パラレル・モデルに従ってみていくならば、学歴は職業的地位よりも早い時点で取得されるので、学歴の世代間関係は、職業の世代間関係に対して、常に先行成立すると考えられるのである。これは学歴の世代間関係をみれば、近未来の職業階層の世代間関係について、おおよその見当をつけることができるということを意味している。こうした視点から日本の階級・階層研究をふり返ると、世代間移動の反転閉鎖化の兆しを、自覚的ではないにせよ、先駆的に記述したのは、一九七五、八五年のSSM調査データを用いて学歴の世代間移動表の分析を行なった今田高俊（1979）や直井優（1987）であることに気がつく。

確かに、世代間関係について正確を期すということならば、産業社会における人びとの人生の軌跡を事後確認することは必要だろう。しかし、現代社会論を語るにはそれでは遅すぎることもある。実際、佐藤俊樹が選択した、明治―昭和の計量歴史社会学によって、平成の不平等を語るという手続き上の若干の勇み足は、ここで示した学歴の世代間関係を付け加えることによって、およそ二〇生年先までの動向（**図6－10**の右半分）を確証することで、ようやく補われる。

大卒／非大卒の世代間関係という切り口で時代の趨勢を示すこのグラフからは、現代日本社会においては、中間層上位の世代間移動が、この後さらに閉鎖化していくことを予測できる。この傾向が世代間関係の大きな追い風として存在していることを思えば、「〇〇《ゼロゼロ》年代」の日本社会の計量歴史社会学の結論は、さらなる閉鎖化（右肩上がりの傾向が、このまましばらく続く）であると予測されるのである。

アメリカの社会学者G・レンスキー（Lenski 1954）の言葉で「地位の結晶化」というものがある。産業社会において人びとは、ライフコースに沿って、学歴から初職、初職から現職、そして収入や資産を獲得していく。その経過を結晶が徐々に大きくなる様子にたとえているのである。私には、四〇歳職を切り口としてみた格差は、一八歳前後に直面する大卒／非大卒の分断線が核となって、その後二〇年をかけて徐々に拡大した結晶のようにみえる。そうであるならば、どのような結晶ができるかは、小さな核の原子配列をみれば、ある程度まで予測することができる。

（1）もしも父親の学歴と本人の学歴に関連がなければ、どのグラフもタテに見たときもヨコに見たときも、規則的な階段状になるはずだが、実際にはどのグラフもそのようになっていない。

（2）**図6‐6**に示した二〇〇三年調査の最若年層データは、サンプル数が十分ではないためこの時点間比較には含めない。

（3）爆発的な高学歴化の時期には、学歴の世代間関係は平等化に向かうが、その後三〇年は不平等な世代間再生産が一定水準で継続している。この非線形の趨勢は、**図2‐1**でみた教育年数の趨勢における、高学歴化から高原状態での安定・膠着へという変化と、同時に進行しているようにみえる。

この二つの趨勢の関係を特定する研究は一九九五年ＳＳＭ調査データを用いて、すでに試みられている（Kikkawa 2004）。このようなマクロな趨勢の関係の把握には、マルチレベル重回帰分析という技法が有効である。ごく簡単にいうと、父親職業階層、父親学歴、本人性別によって本人の教育年数を予測する重回帰モデルの、それぞれのパラメーターの時点間の変化の趨勢を、教育拡大の趨勢（高校進学率、大学進学率、教育年数の伸びなどが指標となる）によって説明・予測するというモデル分析である。

そこで明らかになることは、表面的にみればすでに自明の事実である。すなわち、教育機会の不平等が解消に向かう時系列変容は、教育年数の拡大と高原期の安定・膠着、あるいは高校進学率の拡大と飽和という非線形の趨勢によって、説明・予測されうるということである。要するに、高学歴化の進行が止まるとともに、学歴の世代間関係の平等化傾向も底を打ち、以降一定の不平等状態が継続するという仕組みである。なおこの論文では、日本社会だけではなく、アメリカ社会の現状についても分析がなされているのだが、それによると、日本よりも一〇—一五年先行して高原期に入ったアメリカでは、すでに、生年世代の進行によって教育機会が平等化することを楽観視できない状況になっていることがわかる。

(4) 佐藤俊樹は次のように述べている。「機会の平等が守られているかどうかは『後から』しかわからないのだ。個人個人の背景のちがいを実際に調べてみないと、機会の平等が守られているかどうかはわからない。そして、調べることができるのは、人々が選別や競争によってそれぞれ財や地位を得た後、つまり、社会的な資源の配分が終わった後である」(佐藤 2000a: 168)。

(5) 佐藤俊樹(2000a)が分析している世代間関係のうちで、最も古いコーホートは、一八九五(明治二八)年生まれの対象者が、一九一〇(明治四三)年ごろの父親の職業と、一九三六(昭和一一)年当時に本人が就いていた職業について、一九五五(昭和三〇)年の調査時点において回顧したデータに基づいている。

(6) そもそも父主職は、本人現職に対応する前世代の職業階層要因として、対象者の年齢にかかわらず問う設計になっている。そのため、父主職が何歳のときの職かということには時間幅があり、回顧データとしての信憑性も確実なものとはいえない。しかし階級・階層論ではそこは問わない暗黙のルールとされてきた。よって父主職を出発点とするというのは一般的な理論命題ではなく、むしろ社会調査のデータの変数設計上の都合といえる。

(7) ただし、W雇上が実際はさまざまな出自からの参入を許す、非一貫的な層であり、本文中に説明不足があることが、著者自身によって言われている。ゆえにその輪郭はあいまいであり、これが「階級」と呼びうるような性質をもつかどうかは安易には断定されない（佐藤 2000b = 2001）。
（8） 同書に特有の広い定義によるもので、一九三六—五五生年コーホートを指している。
（9） 用いられた意識項目は一九九五年ＳＳＭ調査の以下の二問である。「どのような人が高い地位や経済的豊かさを得るのがよいか、という点について、次のような意見があります。この中で、①あなたの意見に一番近いと思われるものを一つ選んでください。②それでは日本社会の現実は、次の四つのうちのどれに一番近いと思われますか」

選択肢　1　実績をあげた人ほど多く得るのが望ましい／多くを得ている
　　　　2　努力した人ほど多く得るのが望ましい／多くを得ている
　　　　3　必要としている人が必要なだけ得るのが望ましい／得ている
　　　　4　誰でも同じくらいに得るのが望ましい／得ている

佐藤俊樹はこの項目を用いるにあたりわざわざ「いささかそっけないのにおどろいたかもしれない…（中略）…これが社会調査というものである」（佐藤 2000a : 18）という注釈を付している。これはおそらくワーディングについて述べたものと思われるが、読み方によっては、社会意識の計量分析はこの程度の水準なのだ、というような誤解を招くおそれがある。
（10） 数値は、同書巻末に掲載されているのでそれを用い、若干の再計算を行なった。
（11） 佐藤俊樹（2000a）の分析結果を示す**図6－9**のほうは、五つのＳＳＭ調査データを用いて、生年世代を一〇年ずつ重ねた分析になっている。これに対し、**図6－10**は一九九五年一時点のデータのみを用いている。
（12） ここで分析されている生年区間では、女性は、男性に少し遅れて大学進学率を上昇させている。なお、両論のオリジナルの文脈を離れてまでの共通点の探索は、本書の論旨のなかでなすべき作業ではないと判断して、この方向での研究は実践していない。別稿での課題となるだろう。

（13）　学歴と不平等社会の関連について、佐藤俊樹は別のところで次のように述べている。「『不平等社会日本』で『学歴―昇進』を一体としてあつかったのは、二つの理由があった。一つの理由はサンプル数の問題だが、もう一つ、学歴とか『学校』にこだわること自体に私は懐疑的だからである。選抜競争のなかで学歴は、もてる者にももたざる者にも大きな重みをもつが、だからといって、学歴へのこだわりを結果的にせよあおることもしたくない。学校がらみのデータからしかないのならともかく、そうでない場合には学校にあえてこだわらないという見方も重要だと思う」（佐藤 2000b=2001：242–243）。

7章　成熟学歴社会の社会意識論をめざして

社会意識の説明モデル

前章までは、成熟学歴社会のハードウェア性能ともいうべき、社会関係構造を確認する作業（社会的属性変数の関係分析）を行なってきた。この章では視点を転じて、成熟学歴社会の研究枠組（図3－5参照）のなかのもう一本の因果、学校教育・学歴による社会意識形成作用について、日本社会の現状を紹介する。

社会の状態の維持や社会変革を制御する、いわばソフトウェアともいえる社会意識が、何によって形成され、どのように変容していくのかを知ることは、わたしたちの社会の次なる方向性を知ろうとするときに大きな意味をもつ。計量社会意識論は、それを見極める分野である。

社会意識は、それぞれの社会のいま現在の形状を反映しつつ変化していく。それゆえ、社会意識がいかなる要因によって形成・変容しているのかということは、他社会で発展した既存理論に依拠して先決すべき事項ではない。おそらくK・マルクスが生きた時代には、産業社会における生産労働が人びとの生活全般を特徴づける主要な要素であることは不動の事実であり、それゆえに（職業）階級による主体のあり方の差が争点となったのだろう。しかし日常生活の中核が、消費や生活機会に移れば、それらが社会意識形成の重要な要因となってくることが予測されるし、その社会が民族社会というべき状態にあるならばエスニシティによって、社会変動の痕跡の著しい社会ならば、生年世代によって、社会意識のあり方は特有の影響を受けているはずである。

このような前提から、成熟学歴社会においては、学歴が重要な社会意識の形成要因となっている可能性を考えることになる。そして第1章で述べたとおり、学歴による社会意識の形成・変容を実証する学歴社会意識論は、日本社会において、こんにち着実にその蓄積を増しつつある。

以下では、本格的な成熟学歴社会の到来によって、学歴社会意識論の説明力がさらに増大するという見通しを示したい。ただし、わたしたちがいま分析できる社会調査データは、いまだ十全たる成熟学歴社会をとらえたものではない。学歴社会意識論がどのような可能性をもつのかは、本来は成熟学歴社会が完全に到来した近未来において、リアルタイムで検証されるべき事項といえる。この章では、そのような限界を考慮しつつ、現状における変化のベクトルを見極める。

それでは一般的にいって、現代日本社会においては、いったいいかなる社会的属性が、社会意識に対してどの程度の影響力をもっているのだろうか。ここでは、学歴のみに焦点を絞りこむ考え方をいったん離れ、学歴のほかに、年齢、職業階層、世帯収入という三つの社会意識形成要因を考慮し、**図7-1**に示したような線形重回帰分析を用いて、それぞれの影響力を比較検討する。[1] つまり、社会意識を形成

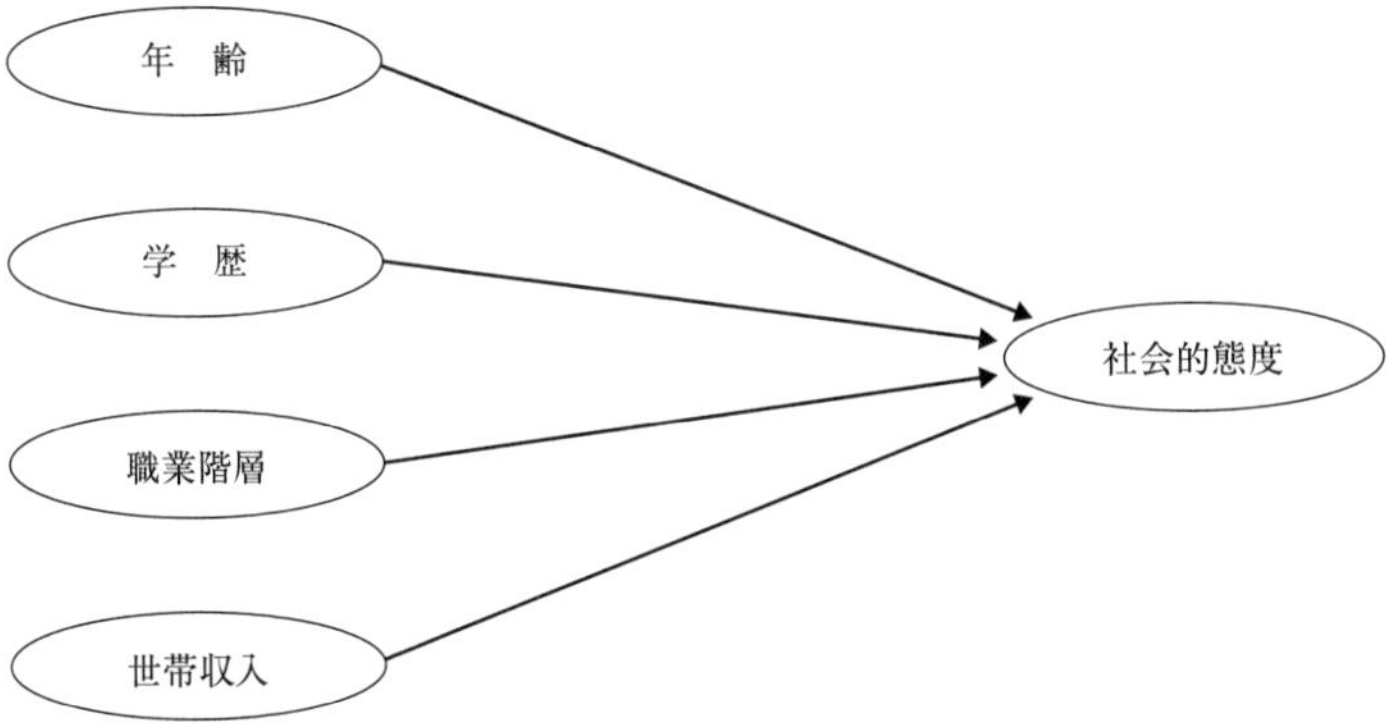

図 7–1　社会意識の形成要因をさぐる重回帰モデル

していう重なりあう諸要因のなかで、学歴の相対的な力がどの程度強いのかをみるのである。ここでは、年齢の指標は連続変量の本人生年とし、学歴の指標としては教育年数を用い、職業階層の指標としては本人現職の職業威信スコアを用い、世帯収入の指標としては〇〇―〇〇万円程度という実額（細分カテゴリ）を用いる。

説明される側の社会的態度としては、「賛成」―「反対」、あるいは「そう思う」―「そう思わない」、「とても満足」―「とても不満」というように、三件以上の順序尺度の選択肢をもつ[2]尺度を複数扱うことにした。

すべての投入変数を、多い―少ない、高い―低いという量的尺度にそろえた重回帰分析においては、説明・予測をする側の要因（独立変数）が、説明される側の要因（従属変数、この場合社会的態度）に対してもっている因果効果（標準化偏回帰係数β）の大きさをみることで、影響力を比較・検討することができる。これは、計量社会意識論では最も一般的に用いられているモデルである。

そして通常は、説明される側の社会的態度の一つひとつについて、先行仮説、先行分析を吟味し、作業仮説を立てて尺度を作成し、その社会的態度に対して、何がどのような影響力をもっているのかが慎重に議論される。たとえば、「権威主義的伝統主義の形成要因の研究」、「性別役割分業意識の形成要因の研究」、「学歴観の形成要因の研究」というように個々のタイトルをもつ研究論文は、ほとんどがこのようなスタイルをとっている。

しかし、本書の流れのなかで、いまわたしたちが関心を抱いているのは、説明される側の社会的態度一つひとつの特性ではなく、説明する側の要因（とりわけ学歴）の、社会意識一般に対する影響力である。そのために以下では、多数の同型の重回帰分析を繰り返し、得られた数値を整理することで、四つの要因の社会意識形成の力の強弱を把握する。

説明する側の社会的属性と、説明される側におかれる社会的態度の間には、実態として表面にあらわれている関係である（単）相関係数と、他の要因の影響力をコントロールした因果関係を示す標準化偏回帰係数がある。双方とも、標準化された同型の指標であり、プラス一・〇〇とマイナス一・〇〇の間の値をとる。そして関連や相関がない場合はゼロになり、関連や相関の度合いが大きいほど絶対値が一・〇〇に近づく性質をもっている。一般に、相関係数は見かけ上の関係であり、他の変数の影響をコントロールした標準化偏回帰係数は、真の関連であると解釈される。

また、説明に用いられる四つの社会的属性（社会意識形成要因）の間には、内部相関といわれる関連構造がある。具体的にいえば、職業階層が高ければ世帯収入が高い、学歴が高ければ職業階層が高い、学歴が高ければ世帯収入が高いという、地位達成の因果関係と、学歴と年齢の間の高学歴化による負の関係と、年齢と世帯収入の間の年功制を意味する正の相関関係である。これらはいずれも日常生活においてわたしたちが知覚できるほど明瞭な実体を伴っている。そして、説明要因がこのように重なりあって存在しているからこそ、何が社会的態度に対して真の因果的効果をもっており、見かけ上の相関関係があらわれているにすぎないのはどの要因であるのかを、注意深く見極める必要が生じているのである。

いまわたしたちは、高度経済成長後の日本社会を分析対象としようとしているので、ここでは一九七九—二〇〇三年の間に実施された次の四つの大規模階層調査データを扱うことにする。なおその際、調査間の傾向の比較を行なうことができるように、分析対象は全有効回答ではなく、男性有職者に絞りこむ。

調査①「一九七九年職業と人間調査」
対象者　一九一〇—五三生年の関東七都県の成人有職男性
分析対象数　六二九ケース

調査②「一九八五年SSM調査」
対象者　一九一五—六四生年の全国の男女
分析対象数（男性A票）一、二三九ケース

調査③「一九九五年SSM調査」
対象者　一九二五—七四生年の全国の男女
分析対象数（男性B票）一、二四二ケース

調査④「二〇〇三年SSM予備調査（仕事とくらしに関する全国調査）」

対象者　一九三三―八二生年の全国の男女
分析対象数（男性）五三七ケース

これらはいずれも層化二段無作為抽出に基づく訪問面接調査として実施され、十分な回収率が得られたものである。いずれも調査実施主体による一時的な分析を終え、すでにその研究成果が報告されており、一部については個票データも公開されている。(3)

この四つの調査のもうひとつの共通点は、すべてが階級・階層の構造を明らかにすることを主目的として設計されたものだということである。そのため社会意識の形成要因については、どの調査でも同一の指標を用いることができる。また社会的態度項目にかんしては、どの調査においても階級・階層指標との関連を仮説命題とする、いわゆる階層意識が豊富にたずねられている。このような点で、これらの四つの調査は、本書の問題設定に対して好都合な特性を備えている。

ただし、社会的態度については、かならずしも定型の質問文と定型の選択肢が繰り返されているというわけではない。むしろ、それぞれの調査は、設計主体の実施時点における関心にあわせて、異なる社会的態度項目を採用している。よって調査①では、他の調査には含まれない自己確信性や不安感が重点的に問われているし、調査②では階層イメージを問う項目が多く用いられている。また、調査③では性別役割分業意識や細かい領域別の不公平感が多く問われ、調査④では組織や地域活動についての意見が他の調査よりも多く問われているというような差異がある。それでも、どの調査も階級・階層変数と関連のある意識を多面的に問うという原則のもとに項目を精選しているという、仮説設計のうえでの共通性をみとめることはできる。

ここでは社会的態度尺度をできるだけ多く検討するという方針で重回帰分析の従属（被説明）変数を選択し、調査①では六三項目、調査②では五三項目、調査③では五九項目、調査④では三九項目[4]の社会的態度を重回帰分析の従属変数とすることにした。つまり従属変数を取り替えて同型の（四要因線形重回帰）分析を総計二一四回実行し、得られた数値を調査ごとに集計するというのが、この分析の手続きである。

分析結果が示す実態

その結果をまとめてグラフ化したものが、**図7－2**から**図7－5**である。ここでは見かけ上の関係（相関係数）と真の関連（標準化偏回帰係数）について、説明要因それぞれの標準（平均）値を、四つの調査ごとに算出している。この整理法では、それぞれの社会的態度の個別特性は考慮できなくなるが、対象とする意識が何であるかということにかかわらず、それぞれの説明要因の社会意識一般に対する形成作用の大きさを知ることができる。

解釈に先立って三点、留意事項がある。第一は、棒グラフの高さ（数値の大きさ）は、それぞれの要因の社会意識形成作用の絶対的強弱を純粋に示すというわけではなく、どのような社会的態度を従属変数としているかということによっても変わりうるということである。とくに、調査間でグラフの高さを比較するのは適切とはいえないので、同一の調査内での要因間の影響力の大きさの比較（それぞれの調査がどのようなグラフの形態を示しているかの検討）が主目的となる。

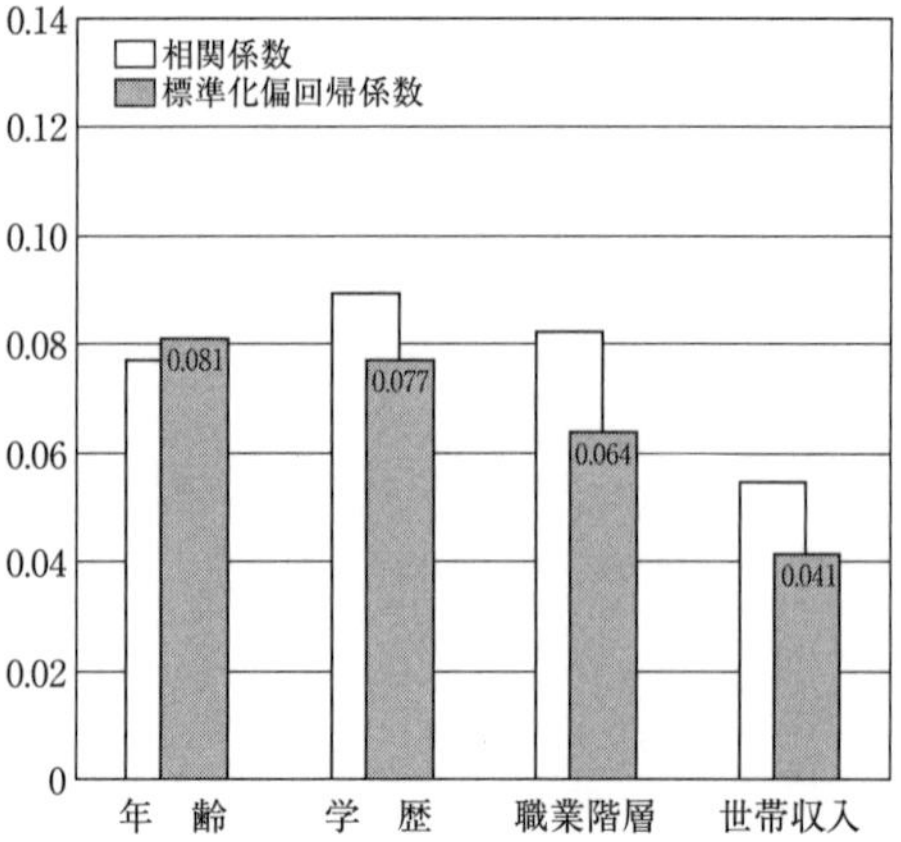

図 7-2　調査①　1979 年職業と人間調査

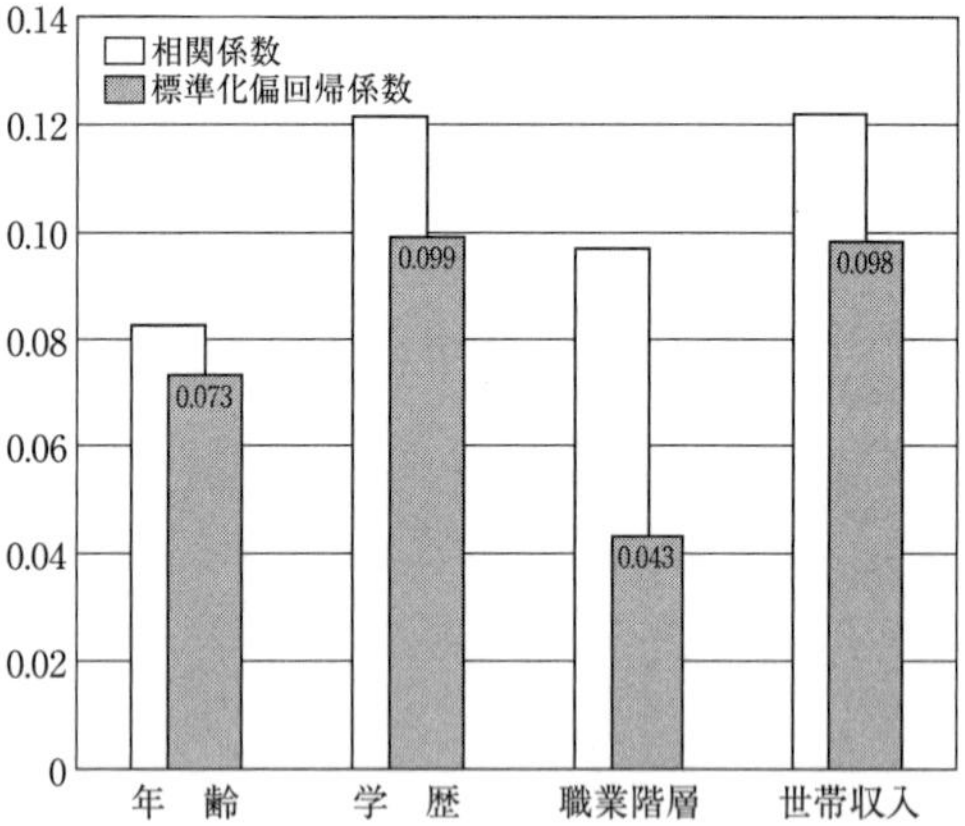

図 7-3　調査②　1985 年 SSM 調査

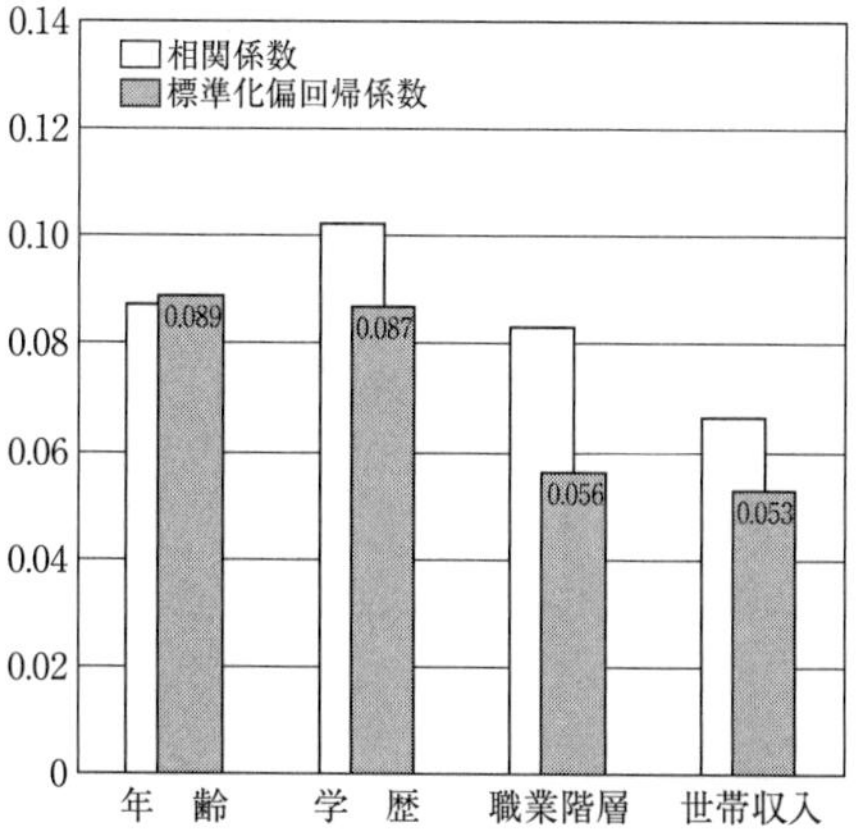

図 7-4　調査③　1995 年 SSM 調査

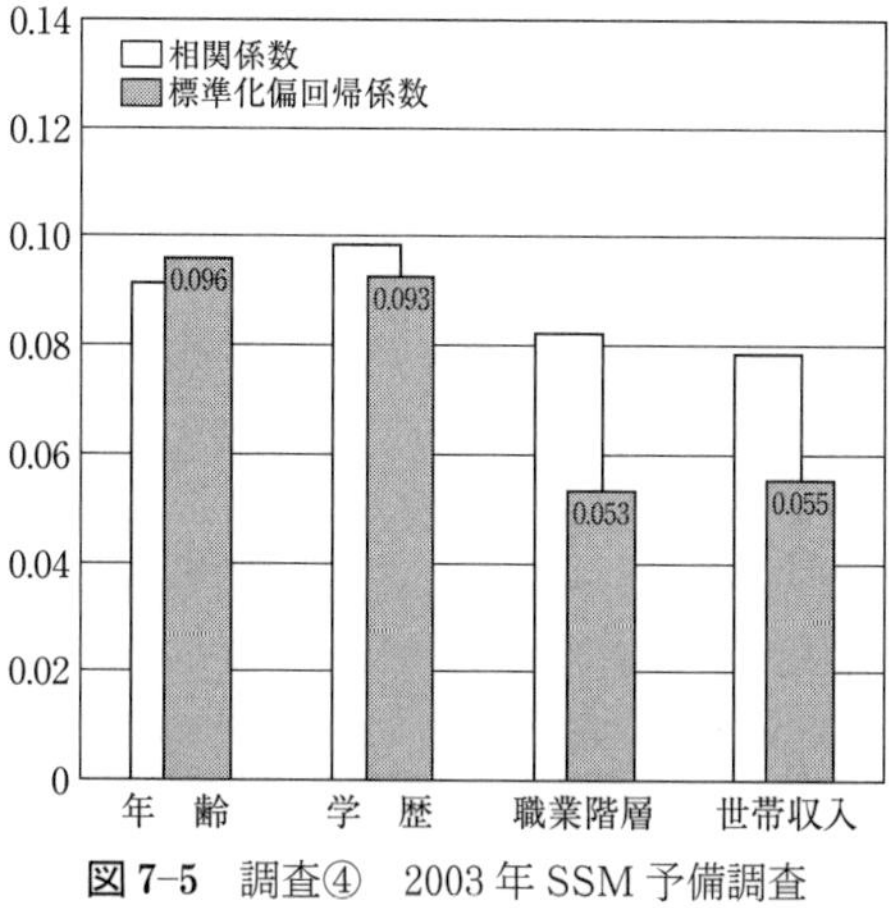

図 7-5　調査④　2003 年 SSM 予備調査

第二の留意事項は、それぞれのグラフがあらわす数値が、通常の計量社会意識論で目にする値と比べると低い（いずれも〇・一以下である）ということである。これは、有意かつ絶対値の大きい推定値が得られている重回帰分析ばかりではなく、ゼロに近い推定値が得られている場合も含めて、その平均値を算出していることによる[(5)]。

このことに加えて、ここでの分析結果が、荒削りの段階の数値を用いているということも、棒グラフの高さを低くする要因になっている。通常行なわれるような、一つひとつの社会的態度の形成要因をみる研究においては、この段階の基礎的な分析結果は、単なる研究の途中経過である。実際は、ここからさまざまな試行錯誤を繰り返して、明瞭な結果のあらわれる切り口や、適切なモデルを探索していく。それぞれの社会的態度の性質との「対話」によって決まっていくそうした分析の方向性は一様ではない。

蛇足になるが、その手続きとしては以下のようなものがある。①説明される側の社会的態度の尺度を、因子分析などの方法で合成したり変換したりする。②説明する側の測定指標を精選する（たとえば、世帯収入ではなく個人収入を用いたり、カテゴリカルな職業分類を用いる）。③有意ではない説明要因を取り除いたり、ライフステージ、資産、ネットワーク、組織参加、居住都市規模というような別の説明要因を加えたりする。④分析対象サンプルを調整する（男女別に分析を行なったり、年齢層を五〇代以下に限定したり、既婚者のみに絞りこんだりする）。

しかし、ここで用いた定型の重回帰モデルによる分析結果の段階では、このようなモデルの説明力を高める個別の「仕上げ」の手続きが加えられていないのである。

これらのことに留意したうえで、グラフを概観するとき、明らかになるのは次のことである。

第一に、調査②以外の三つの調査では、見かけ上の関係（相関係数）でも真の関連（標準化偏回帰係数）でも、四要因の影響力の大小関係に、時点間の推移はみとめられず、どの調査でもグラフの高低は類似しているということである。ただし調査②では、世帯収入の影響力が相関係数、標準化偏回帰係数ともに大きく、その分、職業威信の影響力が目減りしている。これはこの調査が、社会的地位の評価にかんする項目（階層イメージと呼ばれている）を大量に含んでいることによる。高度経済成長期とバブル期を結ぶ時点における調査であったために、経済的豊かさと生活意識の間の関連の解明が目的とされていたためである。こうしたトピックの偏りだけではなく、この調査では実際に、経済的な要因の地位指標としてのはたらきが、他の時代よりも強いという傾向があることもわかっている（第8章参照）。

第二には、どの調査にも共通する傾向として、年齢と学歴の影響力が、相関係数、標準化偏回帰係数ともに職業階層の影響力を上回っているということがわかる。もっとも、他の三要因が階級・階層変数であるのに対して、年齢は少しばかり性質を異にしている。指標としての年齢はいくつかの効果を内包しているが[6]、社会意識の世代差からは、通常は、社会変動の影響が読みとられることが多い。それゆえに、現代日本のように急速な産業化を経験した社会では、世代（年齢）効果は、ほとんどあらゆる社会意識に対して作用していると想定され、実際に意味のある結果が検出されることが多い。

第三のポイントは、職業階層の影響力の相対的な弱さである。いずれの調査においても、職業階層と社会意識の間の見かけ上の関係は、他の要因と同程度に実在している。ところが職業階層は、見かけ上の関係（相関係数）から真の効果（標準化偏回帰係数）への目減り分が、どの調査でも他の要因よりも大きく、結果として他の三要因に比して直接効果が小さくなる[7]。これは、職業階層の第一義的な影響力の凋落（吉川 1998a）をあらためて確認する結果といえる。

第四点目は、世帯収入の影響力が平凡なものであるということである。この指標は、格差・不平等の最も目にみえやすい実態を示すものである。ところが、ここで示される結果をみるかぎり、世帯収入の影響力は、年齢、学歴と比べるとやや小さい。ただし、経済的な要因の影響力を「狙い撃ち」している調査②では、世帯収入の効果が少し上乗せされている。

そして、第五の論点として挙げられるのが、社会意識全般に対する学歴の影響力のあり方である。それはすなわち、いずれの時点においても、学歴が、見かけ上の相関でも真の因果効果でも、社会意識との間に比較的緊密な関係をもっているということである。とりわけ、年齢の効果を別格とみて、階層三指標（学歴、職業階層、世帯収入）の間で見比べるならば、学歴の社会意識形成の直接効果は、どの調査でも最も強くあらわれている。ここからは、高度経済成長以後の日本社会においては、学歴による社会意識形成効果が相対的にみると優位にあるということを結論づけることができる。

ただしより正確にいうと、学歴は他の階級・階層要因を大きく引き離して、唯一無二の社会意識形成要因の座を占めているわけではない。データがわたしたちに伝えている実態を言葉にするならば、年齢、職業階層、世帯収入などがそれぞれ効果をもつなかで、学歴は、これらよりもやや大きな影響力をもっているということになる。

学歴社会意識論のメカニズム

それでは、学歴が高いことが、社会的態度のあり方に変化をもたらすのは、いかなるプロセスによるのだろうか。

翻って他の要因を考えると、職業階層による意識差については日々の職業条件の自律性、労働からの疎外、労使関係や役職というような、社会的属性と社会意識を取り結ぶプロセスがすでに理論化されている。また社会意識の生年による差については、産業化の進展に起因する意識の世代差、加齢効果、ライフステージによる影響などが要因として考えられる。そして所得と社会意識の関係は、経済的な豊かさ（貧しさ）が生活意識のあり方に変化をもたらしたり、生活機会の差が価値観の差をもたらすということが、自明のことのようにみられている。ところが、学歴社会意識論のプロセスにかんしては、これらと比肩しうるほど十分な説明論理が示されていない。

この点について私は、学歴の高低が社会意識におよぼす作用は、説明の対象となる社会的態度によって異なるものと考えており、現状では、それを三つに分類している（吉川 2000）。

第一は、社会化エージェントとしての学校教育が、特定の価値観や思考様式に基づいた社会意識を、形成・変容する効果である。そもそも学校教育には、その本質的な目的として、知的な柔軟性をはぐくんだり、その社会に特有の価値観、道徳観を伝達したりする機能が与えられている。

この学校教育による社会意識形成効果の典型例とみることができるのが、権威主義的伝統主義への学歴の関与である。この社会的態度が、それぞれの社会においてどのように分布しているのかということについては、ファシズム研究以来の長い研究の歴史がある。そこでは、出身家庭の要因や、階級的地位や職業条件の影響が論じられてきたが、そのいっぽうで、学歴と権威主義的伝統主義の間に直接の因果関係があることが繰り返し明らかにされている。それらを要約するならば、学歴が低いほど、硬直した因習的な考えをもち、指導者や専門家に従う傾向が強いのに対し、学歴が高くなるほど反権威主義的な傾向が強いということになる（吉川 1998a；吉川・轟 1996；轟 2000）。そしてこの因果関係が生じるメカニズムについては、幼児期にはだれしもがもっている硬直的で一面的な価値観や、激しい感情・情緒性が、学校教育における民主主義の理念の教化と、相対的な視点に基づく発想の涵養によって、徐々に拭いとられることによると一般に考えられている（保坂 2003；岡本 2005）。

権威主義的伝統主義の他にも、性別役割分業への否定的意見、政治的な反保守傾向、環境保護意識の高さなどが、高学歴であることと直接の因果関係をもつことが明らかになっており、これらもまた、社会化エージェントとしての学校教育の社会意識形成機能によって生じる作用であると考えられる。

第二は、自分が達成した、「大学卒業」という教育水準を、社会的地位すなわち学歴ステイタスであるとみなすことによって生じるはたらきである。これは学歴のメリトクラシー＝クレデンシャリズムとは無関係に、学歴の象徴的価値（地位表示機能）が社会意識のあり方におよぼす作用であるといえる。

この典型例といえるものが、学歴が高いほど自分は社会の上層に位置していると判断しやすいという、学歴と階層帰属意識の因果関係である（第8章において詳述する）。あるいは、高学歴であることを知的上流階級と自覚して、政治参加や公共性についてのみずからのスタンスを決めるというような、ノブレス・オブリージュ（エリート層のなすべき責務）を考える作用があるとすれば、これも学歴ステイタスによる社会意識形成ということができる。

第三は、高学歴であるほど学歴主義を肯定するという、学歴社会を成り立たせている自己言及的な作用である。この関係については、学歴が高いほど「高い学歴を得ること」を重要だと考え、「学歴は本人の実力をかなり反映している」と考える傾向をもつということが実証されている。また、第5章の**図5－2**で示したように、「子どもにはできるだけ高い教育を受けさせるのがよい」という学歴の世代間移動戦略への心的準備状態（高学歴志向）には、大卒と非大卒の間で明確な「温度差」がある（中村2000；吉川 2000）。このような学歴観の学歴差は、学歴競争・受験競争にかんする選択的な加熱を促進し、学歴の世代間再生産を成立させるという、学歴社会を成立させている特別な機能をもっている。

学歴の「不戦勝」

最後に、分析結果とそれに対する解釈をもとに、現代日本の社会意識のゆくえを予測しておこう。はじめに年齢・世代による社会意識の差異が、これからどうなっていくのかということから考えよう。私の現代日本社会についての時代認識は、急速な社会変動が残した痕跡がどんどん過去のものになり、安定・膠着したポスト産業化段階の継続がみられる状況になるということである。かりにこのように考えるならば、変化の時代を生き、それゆえに劇的な時代性を内包したコーホートは、停滞・安定期に育った若年層の参入によって、人口構成から退出していくということになる。すると、社会意識の年齢差は徐々に緩やかになっていくという予測が成り立つ。ただし、実際にどの程度の速度で年齢効果が弛緩するのかは、社会調査データを見守り続けなければ明らかにすることはできない。

いっぽう、職業階層の規定力にかんしては、次のように予測することができる。**図7－2**から**図7－5**のグラフが示しているとおり、現代日本社会では職業階層の社会意識形成の力は、既存の学説が予測するほどには大きいものではない。そこにおいて、こんにち雇用の流動化が進行し、職業階層の安定性と顕在性がゆらぎはじめている。一般に、ある社会的属性が人びとの社会意識の決定因となるためには、それが恒常的に社会意識に作用し（安定性）、人びとがその存在を知覚している（顕在性）ことが重要な要素であろう。すると、職業階層の社会意識形成の力は、これから後に欧米型職業階級社会と同じ水準まで強まるとは考えにくく、せいぜい現状のまま進行するか、次第に弱まるか、どちらかの道をたどると予測される。

むしろ今、議論が百出し注目されているのは、経済的な状況の差異が社会意識に差異をもたらすという言説である。

しかし私の見方としては、こんにちの所得の格差拡大状況が、単純素朴に意識格差拡大をもたらすという予測には懐疑的である。社会意識の経済決定性が高まりつつあるという言説の背後には、大前提として経済格差が拡大しているという認識がある。確かに、いま日本社会では経済的な格差が漸次的に拡大していることが指摘されている（橘木 1998）。このことには傾聴しうる反論（大竹 2005）もなされているので、その是非自体も確実とはいえないが、いずれにしても、そこでみられるのは所得分布の比較的細かな変化である。

他方、計量社会意識論の立場からいうならば、この程度の説明要因の変動にビビッドに反応するほど、全体社会における人びとの社会意識の変容は繊細ではない。あるいは、現在用いられている社会的態度尺度の感度と計量的技法の精度が、こうした議論を可能にするほど良質なものではないといってもいいかもしれない。この章では確かに、経済的に豊かであれば、満足度が高く、自尊心をもち、ストレスが少なく、みずからの階層帰属を上層とみなす、あるいは不公平感をもちにくいというような要素からなる、ある程度の社会意識の経済決定性を確認している。それでも読者は、経済的な豊かさが、社会意識に対して思いのほかに効いていないという印象をもったのではないかと思う。現在の社会意識論の研究パラダイムを前提とするかぎり、そこで社会意識の分布が大きく変わるためには、おそらく、所得分布が双峰の分断状況になるというくらいの大きな変化を必要とするだろう。よって「経済格差が意識格差をもたらす」というような拙速な議論はひかえるべきだと私は考えている。

以上の予測や解釈との相対的な関係を考慮しつつ、最後に考えたいことは、学歴による社会意識形成作用である。

先に示したとおり、学歴は、現状ですでに他の階層要因よりもやや強い社会意識形成効果をもっている。この実態に加えて、第6章までに示してきたとおり、大卒／非大卒境界のさらなる明瞭化、世代間関係の反転不平等化、そして分布の安定・膠着という変化が近未来の日本社会には漸次的にもたらされる。これらの学歴にかんする変化は、学歴という要因が、これから先しばらくの間は、その顕在性と安定性を強めていくであろうことを予測させる。

そうした学歴自体のもつ傾向に加えて、職業階層と年齢という、学歴と重複した位置にある二要因は、次第に影響力を縮小させていくことが予測されるのである。そうすると、近未来の日本社会においては、学歴のほかには、人びとに共通する階層評価基準となったり、価値観や選好を差異化する要素が見当たらなくなるという可能性もある。これは、決して学歴の社会意識形成効果の絶対量の増大が、他の要因を圧するということではない。むしろ、他要因の影響力の弱体化によって、学歴社会意識論が説明要因の筆頭に躍り出るという、いわば「不戦勝」がもたらされるという予測である。具体的には、**図7－2**

から**図7－5**に示した棒グラフを今後のデータで作成したとき、学歴が高さを増すのではなく、学歴だけが現在の高さを維持して、他の要因のグラフの高さが低くなるという状況をイメージすればよい。

いずれにしても、計量社会意識論は、どのような社会の変動がいかなる社会意識変容をもたらしているのかを、時々刻々と記述する役割を担っている。ここに示した私の印象に基づく予測が現実のものになるのかどうかは、社会調査データの意識項目の計量分析によっていずれかならず明らかになる。

（1）これらに加えて、男女のジェンダーによる意識差も重要である。これをみる場合は、階層要因の関連構造が男女で異なっていることを考慮し、男女別に分析を行なって結果を比較するのが一般的である。残念ながらここでは、データの制約から男性のみの分析にとどまる。詳しくは吉川徹（2000）を参照のこと。

この他に地域、家族、組織参加、社会関係資本なども社会意識の形成要因とされることがあるが、これらの要因の社会意識形成の影響力は、おしなべていうと前記の主要四要因およびジェンダーの重要性には及ばない。

（2）分析の設計上、回答に順序をつけることができないカテゴリカルな選択肢でとらえられた意見は、ここでの分析対象とはしていない。

（3）これらについては「質問紙法にもとづく社会調査データベース」(http://srdq.hus.osaka-u.ac.jp/) において概要を知ることができる。

（4）生活満足度と階層帰属意識の二項目だけは、むしろ例外的にすべての調査で共通してたずねられている。これらについては第8章で詳しく分析する。

また、先行研究において、すでにいくつかの合成指標が作られて用いられているので、それらを参考にしつつ、権威主義的伝統主義、自己確信性、集団同調性、階層重視度、不公平感などについては、主成分得点変数を作成して分析対象に加えている。

個別の社会的態度の形成要因については、原純輔編（1990）、海野道郎編（2000）、吉川徹（1998a；2000）などを参照のこと。

なお調査④には、自分の働き方についての評価などの就業意識と、老後の資金設計についてたずねる項目が多く含まれている。これらは就業行動や高齢化社会における公的扶助についての意見を問う試みであり、前者は職業カテゴリ、後者は年齢ときわめて明瞭な対応関係にあることがわかっている。この自明の関係は、探索的な意図をもつ計量社会意識論とは性質の異なる仮説によるものなので、ここでは検討対象に加えていない。

(5) ここで分析した調査のなかには、重回帰モデルの説明力（決定係数）が、一—二％にしかならない意識項目、つまり階級・階層にかんする要因と関係をもたない社会的態度を多く含むものがある。私は、こうした社会的態度項目について、「空論上の階層意識」と名づけて、調査実施者が抱くかたくなな「仮説」がもたらす弊害と、調査設計時における分析計画の欠如を問題として指摘してきた。

(6) 単純構造の調査データの分析では、年齢の効果には、歳をとることで社会意識が変容するという加齢効果と、社会意識の世代ごとの差異（世代効果）の双方が不可分に含まれている。たとえば、年齢と政治的保守傾向の関係は、人は歳をとるほど革新を望まなくなるという加齢効果と、旧い世代の人ほど保守的な考え方をもっているという世代の効果の双方を含有しているといわれる。

(7) 職業階層については、カテゴリカルな階層指標の影響力を検討すべきであり、とりわけホワイトカラー雇用上層と、それ以外の差が重要であるというようなことも考えられる。この点については、別稿（吉川 2000）においてすでに検討し、カテゴリカルな指標を用いないことによる説明力の「取りこぼし」は、多くはないことを確認している。

8章　総中流の静かな変容

「中」意識研究からの脱却

めでたさも ちう位なり おらが春

この有名な句は、江戸期の庶民派俳人、小林一茶が晩年の穏やかな心のうちを詠ったものである。現代日本人の多くが中（流）意識をもっているということは、いまやあまりにも周知の事実となっているが、みずからの主観的な心の安らぎを「上等ではなく中位……」と判断する大衆の心性の起源は、じつは思いのほかに根深いものなのかもしれない。なお、この「ちう位」とは、いわゆる中程度の意ではなく、あやふや、いいかげん、どっちつかずの意の方言であると解釈されている（丸山 1964）。

七〇―八〇年代に新聞紙上や一般向けの書物においてもてはやされた中意識の増大が、英語圏でいうミドル・クラス（中流）[1]という社会層の比率が増えるという実態をかならずしも伴っていなかったことは、こんにち振りかえればいうまでもない。それでもこの総中流化現象は、戦後―高度経済成長期の三〇年間に、日本人の社会意識の不安定状態が徐々に安らいでいく過程をとらえていたとみて間違いないだろう。では、その後現在までの三〇年においては、この「ちう位」(あやふや)の心性から、わたしたちは何を読みとることができるだろうか。

一億総中流(中意識の増大)は、計量社会意識論の用語が時代のキー・ワード(流行語)となった、歴史上数少ない事例といえる。この章では、かつての中流論争にその起源をもち、こんにちでもなお新しい格差・不平等論において主観の側の中心論点とみなされている階層帰属意識(中意識)の、現代日本社会における静かな変容過程を読み解いていく。さらに、その結論のうえに立って、本書で扱ってきた学歴社会の変遷と社会意識のあり方の関係も考えてみたい。

一億総中流が測りだされるときの指標は、一般には中意識あるいは中流意識と呼ばれているが、これは社会学の専門用語としては、階層帰属意識という正式名称をもっている。階層帰属意識は、階級・階層について考えるうえで、主観の側の本質とみなされることも少なくない(原 1990)。それゆえに計量社会意識論のみならず、数理社会学においてもこの社会的態度は特別な位置を占めてきた。

ＳＳＭ継続研究においては、この階層帰属意識は、一九五五年以来一九九五年までの一〇年ごとの五回の調査において「かりに現在の日本の社会全体を、このリストにかいてあるような五つの層に分けるとすれば、あなた自身はこのどれに入ると思いますか」という問いに対して、「上」、「中の上」、「中の下」、「下の上」、「下の下」という選択肢から回答を求める同一の形式で、継続的に面接法によって問われていた数少ない意識項目である。

「中」意識、という問題設定からも知られるように、階層帰属意識の従来の研究は、回答のカテゴリカルな分布を扱うものが圧倒的に主流であった。とりわけ全サンプルの過半数を占め続ける、「中の上」と「中の下」をあわせた「中」回答群の客観階層上の布置（どの社会層が「中」と答えているのか）、「中」回答比率の趨勢の把握（いつごろからどのくらい「中」が増えたのか）、さらにこの趨勢と戦後日本社会の構造変動の関連（何がどのように変化したために「中」が増えたのか）をめぐって議論が蓄積されてきた。

その火付け役とされるのは、村上泰亮（1984）、富永健一（同編 1979）、岸本重陳（1978）らによる、いわゆる「中流論争」である。ここでは、この理念・解釈、時代認識の次元での論争には直接言及せずに、その後に展開された計量研究に重点をおいて紹介していくことにしたい。

まず直井道子（1979）は、一九七五年ＳＳＭ調査データを分析して、客観的な階層要因（年齢、学歴、従業上の地位、世帯収入、財産）が階層帰属意識を分化させる、つまり中意識を規定する決定的要因となってはいないことを明らかにした。この関心を引き継いだ間々田孝夫（1990）は、「中」回答の比率の時系列変容を、収入を中心とした経済的要因の趨勢から説明する可能性を模索した。しかし、客観的な属性と主観的判断の対応関係の簡明な説明には至らなかった。

そのため「中流とは何か？」をめぐる解釈論争以後もなお、現代日本人のどの層が、どういう根拠で「中」回答をしているのかは結局解明されず、それゆえに一億総中流現象の根本にある原因は、よくわからないままで時間だけが過ぎていった。その後は、階層帰属意識の分布がほとんど変動しなくなったという事実も後押しして、だれがどう考えて「中」回答をしているのかという問いに拘泥する旧来の記述的な方法から、現代のトレンドを見出す前進はみられなかった（間々田 1990；2000）。

こんにちでは、新聞世論調査の解説にみられるような統計的根拠の希薄なジャーナリズム的言説[2]と、社会意識の実態の記述を目的としない数理社会学的な探究[3]を例外とするならば、「中」回答の素朴な観察は「絶滅」してしまった感がある。

盛山和夫（1990）は、この説明不在の状況について、単一の社会的地位が、階層帰属意識を明白な対応関係で規定する（はずだ）という、マルクス主義階級論からの流れを汲む仮説群がそもそも正鵠を射ていないことを、「素朴実在反映論」と呼んで厳しく批判する。そして、諸個人が帰属階層を認知する際の階層評価基準[4]は、複数の要因から成り立っており、しかもその構成は時点間で変容していくものと考えるべきだと指摘している。つまり、右にみた研究の経緯は、「中」カテゴリを単純に社会の特定層と結びつけようとした「素朴実在反映論」が、結論に至らなかったことを示すものであり、実態はもっと複合的、多元的なものなのではないかと指摘するのである。

いまここで、研究の方向性にかんする盛山和夫のこの指針に従うならば、階層帰属意識を分析することと自体は、意味を失ったわけではなく、そこにはいまだ論じられていない観点があると考えることができる。むしろ、新しい格差・不平等が人びとに実感されはじめたといわれる現在、階層帰属意識について方法を改めて検討することには、一定の意義を見出すことができるだろう。

省みるならば、中カテゴリへの回答集中という「不可思議な」現象の原因を、単純明快に解明しようとして失敗を繰り返したかつての研究は、高度経済成長期の日本社会が社会意識の側面において均質性と求心性を高めていった、その時代のダイナミズムを語ろうとした試みであったといえる。しかし、変動期を脱して安定・膠着期に至ったこんにちの日本社会を考えるうえでは、主観のなかでの格差・不平等を意味する階層帰属意識の内包する論点は、もはや以前と同じではない。むしろ私には、その回答のばらつき（偏差）が、どれだけ複雑で潜在的なプロセスによって階級・階層構造と連携しているのかを示す研究が有効であるように思われる。

人びとは、いかなる階層（社会的）要因を基準として、みずからの帰属階層を認識しているのだろうか？　そしてその階層評価基準はいかなる時代的な変遷を経て、現在の状況に至っているのだろうか？

多変量の因果モデル

この章では、階層帰属意識の回答カテゴリごとの観測値（とりわけ「中」回答）に特別な関心を寄せるのではなく、階層帰属意識を「上―下」の連続変量として扱って、その分散（回答の散らばり方の総体）を階層要因によって説明・予測するという分析を展開する。(5)

はじめに階層帰属意識の分布の変化の軌跡をあらためて確認しておこう（図8-1）。なお以下の分析にはSSM継続調査のデータと、本書執筆時点で使用できる最新の全国規模の階層調査である二〇〇三年SSM予備調査のデータ（尾嶋編 2005）を用いる。ひとまず男性サンプルから結果をみよう。

このグラフをみると、一九五五―七五年の階層帰属意識は、すでに繰り返し論じられてきた「中」意識の増大という趨勢を確かに描き出していることがわかる。しかし一九七五―二〇〇三年の約三〇年については、わずかなデータ・セット間のズレはみられるものの、分布の形状は安定している。この四本の折れ線グラフを一九七五年、一九八五年、一九九五年、二〇〇三年という四つの調査年次に分別しよ

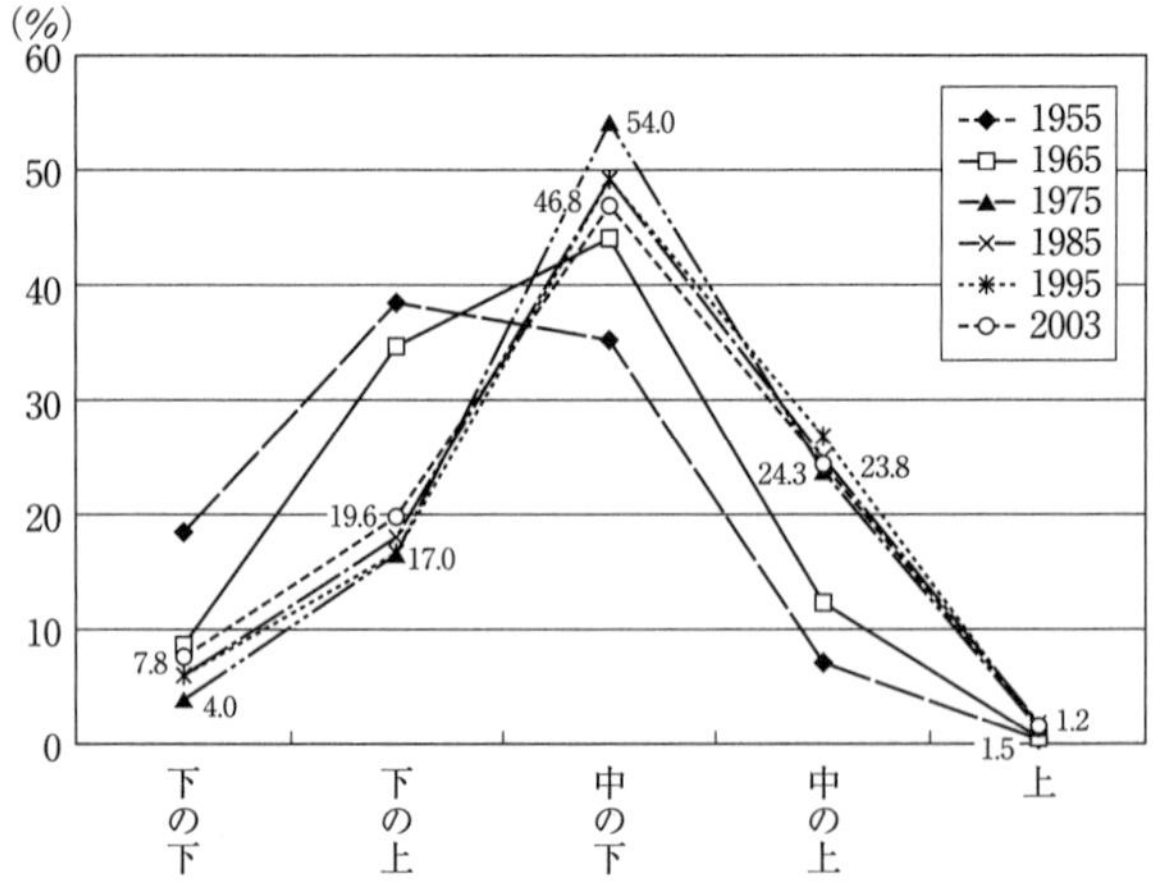

図 8-1　階層帰属意識の分布

注：図内の数値は，1975 年と 2003 年の分布を示す．

うとしても見分けがつかないほどである。

　このような推移から、この質問項目にかんする論点のひとつであった「中」意識の増大という問題設定がもはやあてはまらず、一九七五年以降は「中」意識の分布の不変状態（「中の上」と「中の下」をあわせた「中」回答が、全体の七五％前後を占め続ける状態）が持続していることを確認できる。よって本書では、高度経済成長後三〇年の階層帰属意識の分布は、ほぼ不変であるという事実認識に基づいて議論を進める。とはいえ、この不変性から、約三〇年の間、階層帰属意識と階層構造との関連性は変容しなかった、あるいは階層帰属意識の趨勢と、階層構造の変動の趨勢は連携しない、という結論に至るのは早計かつ無根拠であることはいうまでもない。

　ところでいま、格差・不平等の拡大という風潮にあわせて、総中流が崩壊し、中意識が再び拡散しはじめているといわれることがある。そこであらためてこのグラフをみると、一九七五年調査から二〇〇三年調査までの間に、「中の下」が約七・二ポイント減少し、「下の上」と「下の下」の合計が約六・四ポイント増えているので、その解釈も全くの誤りとはいえないことがわかる。しかし、その前の一九五五―七五年の間に起こった大きな変化と比べると、これはかすかな変化でしかないので、解釈は慎重であるべきだと私はみる。[6]あえて言葉にするならば、日本人の階層帰属意識が現在のペースで「先祖がえり」していくとしても、一九六五（昭和四〇）年と同じような分布の形状になるのは二〇三〇（平成四二）年ごろになるというほどの、たいへんにゆっくりとした変化なのである。

ところが、現在の格差拡大、下流意識増大を指摘する論説においては、この緩やかな分布形状の変化を、あたかも今日・明日の火急の問題であるかのように語る傾向が見受けられる。そうした言説は、格差社会イメージの一人歩きを助長しかねない。確かに私も、こんにちの時代を象徴する集団は、もはや「中」だけではないだろうという感覚は共有している。しかし、だからといって、総中流から勝ち組・負け組の社会へ、あるいは「下」回答群が中核となる下流社会へというように、旧来のやり方で単純に「反転」を語る試みは、少しばかり戯画的すぎる。こんにちの変化は、むしろ人びとの認知パラダイムのもっと根本的な移り変わりであるとみるべきではないだろうか。

続いてこの章における分析モデルの説明に入ろう。

人びとがみずからの階層帰属を認識するとき、影響を与えうる要因としては、原則としては客観基準の明らかな階層要因を用いるべきであろう。こうしたものとしてこれまでに、年齢、学歴、職業、収入、資産などが扱われてきた。しかし前述した直井道子や間々田孝夫が行なったような旧来の「中」意識研究の多くにおいては、目的変数がカテゴリカルであることもあって、一つあるいはせいぜい二つまでの階層要因と階層帰属意識の関連がクロス集計表などによって検討されてきたにとどまる。

例外といえるのは友枝敏雄（1988=1998）の重回帰分析とパス解析による研究である。彼は、一九八五年SSM調査までの四時点の階層帰属意識が、学歴や職業ではなく、所得、財産などの経済的要因によって、より強く規定されていることを明らかにした。とくに一九八五年のデータについて、経済的地位とそれについての主観的な評価が重要な規定要因となっていることを指摘している。

以下の分析では、これを参考として、年齢、学歴（教育年数）、職業階層（現職威信スコア）[7]、世帯収入（年間世帯収入のカテゴリ代表値あるいは実回答値）を説明変数とする。そして、これらを社会的地位達成過程の因果（Blau and Duncan 1967）として組み立て、その先に階層帰属意識があるという状況を描くことにする。

いっぽう、階層帰属意識の形成にかんしては主観的変数を説明に用いるべきであるという議論がある。直井道子は階層帰属意識の有効な規定要因として「くらしむき」を導入した。そして、階層帰属意識と所得・財産の関連について、「①高い所得や多い財産は自己のくらしむきをゆたかなものと評価させ、中の上の階層帰属意識を導きやすい。②しかし、高い所得や多い財産があっても、くらしむきをふつうと評価する人は中の下に帰属しやすい。③低い所得や財産の少ない人は自己のくらしむきを『貧しい』と評価しやすく、下の上や下の下への帰属意識を示しやすい。④所得が低かったり財産が少なくても、くらしむきをふつうと評価する人は中の下に帰属しやすい」（直井 1979: 372–373）と解説している。これは階層帰属意識が、みずからの社会階層上の位置の認知だけではなく、生活条件に対する主観的評価によって規定されていることを述べるものである。ただし階層帰属意識の説明に「くらしむき」を用いることにかんしては、同じものを測っているにすぎないとの批判も当初からある。

これらを考慮しこの章では、さまざまな生活条件と階層帰属意識を媒介する社会的態度であると考えられる生活満足度を説明変数に導入する。現在の生活に対する直接の評価である生活満足度は、実感としての豊かさや幸福感（well-being）の指標とみることができ、生活意識の中核的要素とされてきた。同時に、その形成には階級・階層要因（とりわけ経済的な豊かさ）が関与することが想定されてきた（間々田 1993）。そして生活満足度が階層帰属意識の規定要因として一定の効果をもつ変数であることは、すでに坂元慶行（1988）や前田忠彦（1998）のデータ解析によっても確証されている。

パス・モデルの時点間比較（有職男性）

さっそく社会的地位達成過程と生活満足度の媒介を因果構造とし、四時点について全く同一のモデルで各要因の階層帰属意識に対する影響力を比較していくことにしよう。**表8－1**および**図8－2**から**図8－5**は、一九七五―二〇〇三年の四時点の有職男性の階層帰属意識が、いかなる階層（社会的）要因によって規定されているのかについて、完全逐次パス・モデルを用いて解析したものである。表内にはリストワイズの相関係数と標準化偏回帰係数を示している。図中では、モデルの全体構造を把握しやすいように、**表8－1**の数値から五％水準で有意な効果のみを矢印で示し、標準化偏回帰係数、決定係数を該当箇所に表示した。

はじめに、地位達成過程および地位の結晶化のプロセスである世帯収入までの要因の因果構造（年齢の効果は含めない）が、**図8－2**から**図8－5**の各モデルにおいてほぼ共通していることを確認しておきたい。このことは階層要因間の因果構造がこの約三〇年間おおよそ変化していないことを再確認するものである（今田 1989）。ゆえに階層構造がほぼ安定しており、階層帰属意識の単純集計レベルでの分布も不変であったこの間において（**図8－1**）、階層要因と階層意識の関連の様態はどのように変質したか、あるいは維持されたかというところに、この分析結果をみるときの主たる論点がおかれる。それぞれの時点別にモデルを検討していこう。

一九七五年の時点では階層帰属意識の決定係数は.093であり、階層要因および生活満足度が階層帰属意識の分散の約一割を説明していることを示している。この数値は相対的にみると大きいものではなく、この時点ではこのモデルの説明力はかならずしも高くないといえる。

階層帰属意識に対する効果の大きさをみると、ここでは生活満足度から最も大きい効果（.211）がみられる。これは直井道子がこのデータを用いて結論として導いた、媒介的な主観的変数（＝くらしむき）の効果を追証するものといえる。さらに階層要因からの効果としては、地位達成過程にかかわる部分（学歴と職業階層）からの効果（.062と.052）がある。これらは、分析したサンプル数が多いこともあり、統計的にはゼロではない（有意である）ものの、ごく小さな値にとどまっている。これに加えて世帯収入が高いほど階層帰属意識が高まるという経済階層の直接効果（.128）もみられる。ただしこれは、生活満足度からの直接効果ほどの大きさではない。また総効果を因果効果の積算によって検討してみても、階層要因の効果はいずれも他時点と比べてかならずしも大きくはなく、生活満足度の固有の影響力だけが突出していた状況が明らかになる（生活満足度に対する階層要因の説明力は、決定係数

表 8-1　4時点の重回帰分析の結果（有職男性）

	年　齢	学　歴	職業階層	世帯収入	生活満足度	階層帰属意識	決定係数
1975年(n=2,736)							
1985年(n=1,912)							
1995年(n=1,789)							
2003年(n=312)							
年　齢		−0.373	0.045	0.051	(0.031)	(0.011)	
		−0.419	(−0.005)	0.108	0.063	(−0.023)	
		−0.339	(0.011)	0.161	0.122	(0.036)	
		−0.327	(−0.002)	0.077	0.126	(0.043)	
学歴（教育年数）	−0.373		0.419	0.208	0.089	0.122	R^2=.139
	−0.419		0.467	0.214	0.045	0.138	R^2=.175
	−0.339		0.462	0.202	(−0.018)	0.201	R^2=.115
	−0.327		0.426	0.264	0.087	0.288	R^2=.107
職業階層	0.234	0.506		0.323	0.120	0.145	R^2=.223
(威信スコア)	0.231	0.564		0.314	0.100	0.156	R^2=.262
	0.189	0.526		0.355	0.074	0.263	R^2=.245
	0.154	0.477		0.392	0.179	0.252	R^2=.203
世帯収入	0.088	0.131	0.264		0.188	0.198	R^2=.117
	0.186	0.185	0.228		0.194	0.281	R^2=.131
	0.204	0.137	0.290		0.194	0.324	R^2=.164
	0.134	0.172	0.319		0.206	0.402	R^2=.180
生活満足度	(0.040)	0.051	(0.044)	0.161		0.247	R^2=.041
	(0.048)	(−0.008)	(0.042)	0.174		0.241	R^2=.041
	0.079	(−0.040)	(−0.028)	0.179		0.272	R^2=.047
	0.131	(−0.047)	(0.103)	0.144		0.418	R^2=.069
階層帰属意識	(0.019)	0.062	0.052	0.128	0.211		R^2=.093
	(−0.041)	(0.042)	(0.046)	0.224	0.193		R^2=.123
	(0.011)	0.111	0.119	0.214	0.222		R^2=.184
	(−0.046)	0.202	(0.002)	0.276	0.338		R^2=.312

注：対角セルより右上には単相関マトリックス，左下に標準化偏回帰係数を表示している．（　）は5% 水準で有意ではない値を示す．決定係数は，自由度を調整していない値を用いた．

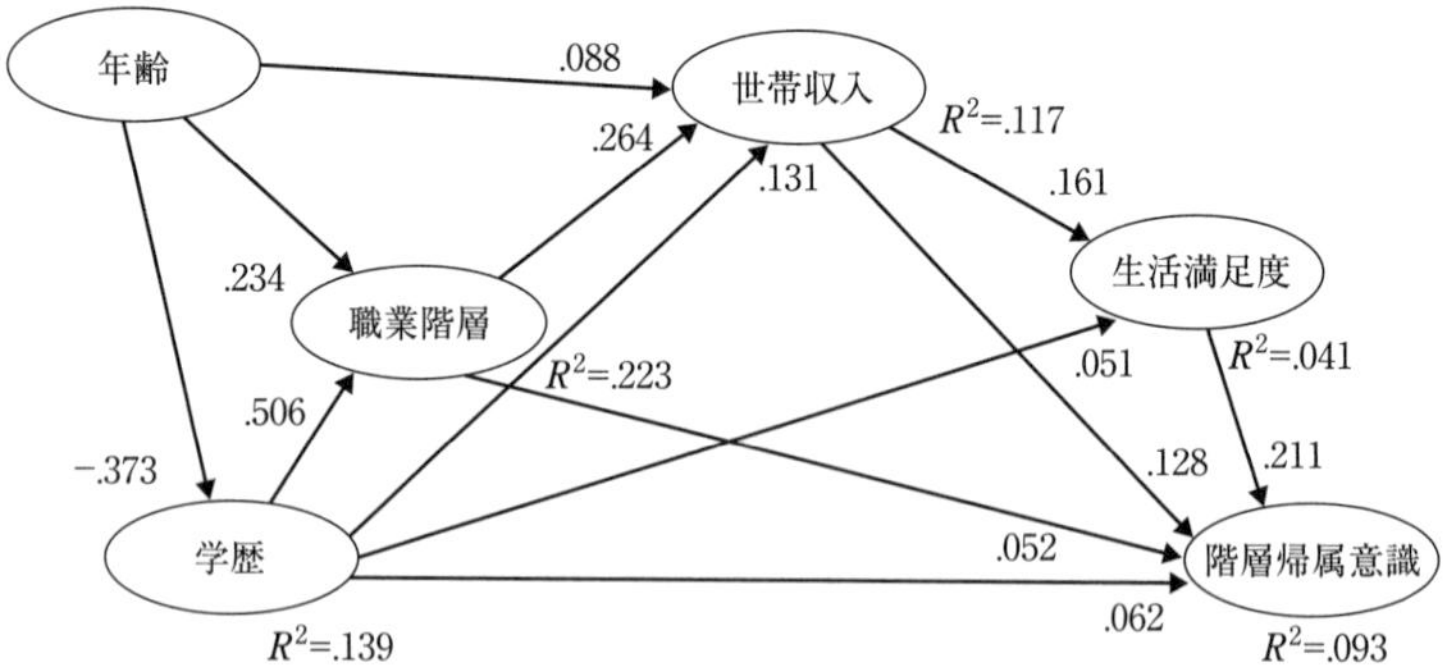

図 8-2　1975 年有職男性の階層帰属意識の規定構造

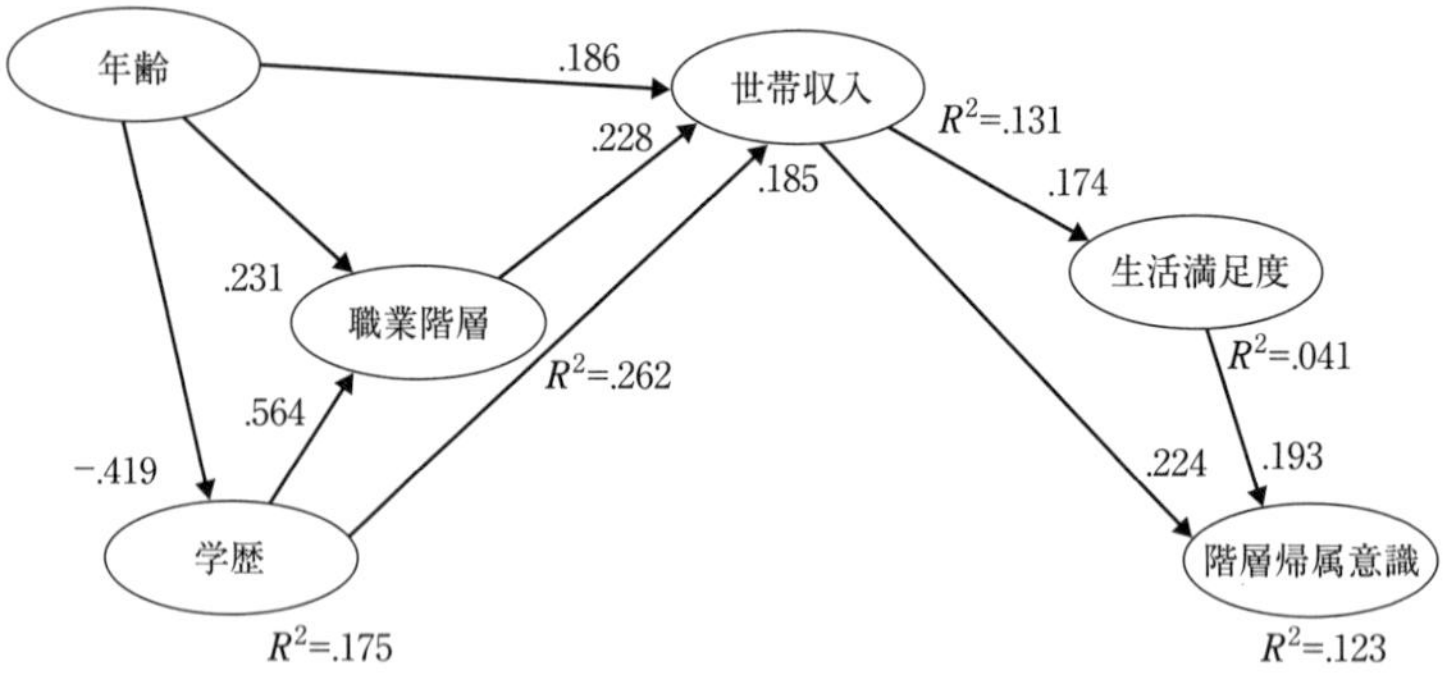

図 8-3　1985 年有職男性の階層帰属意識の規定構造

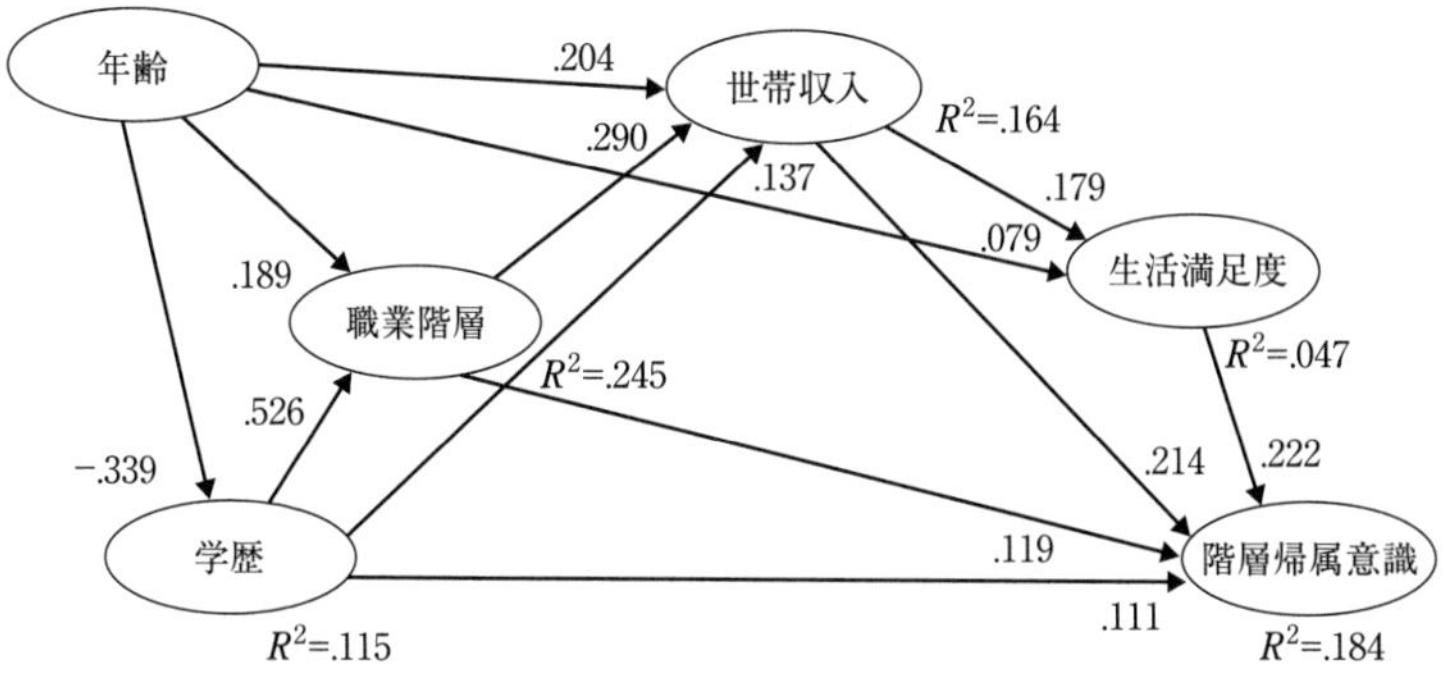

図 8-4　1995 年有職男性の階層帰属意識の規定構造

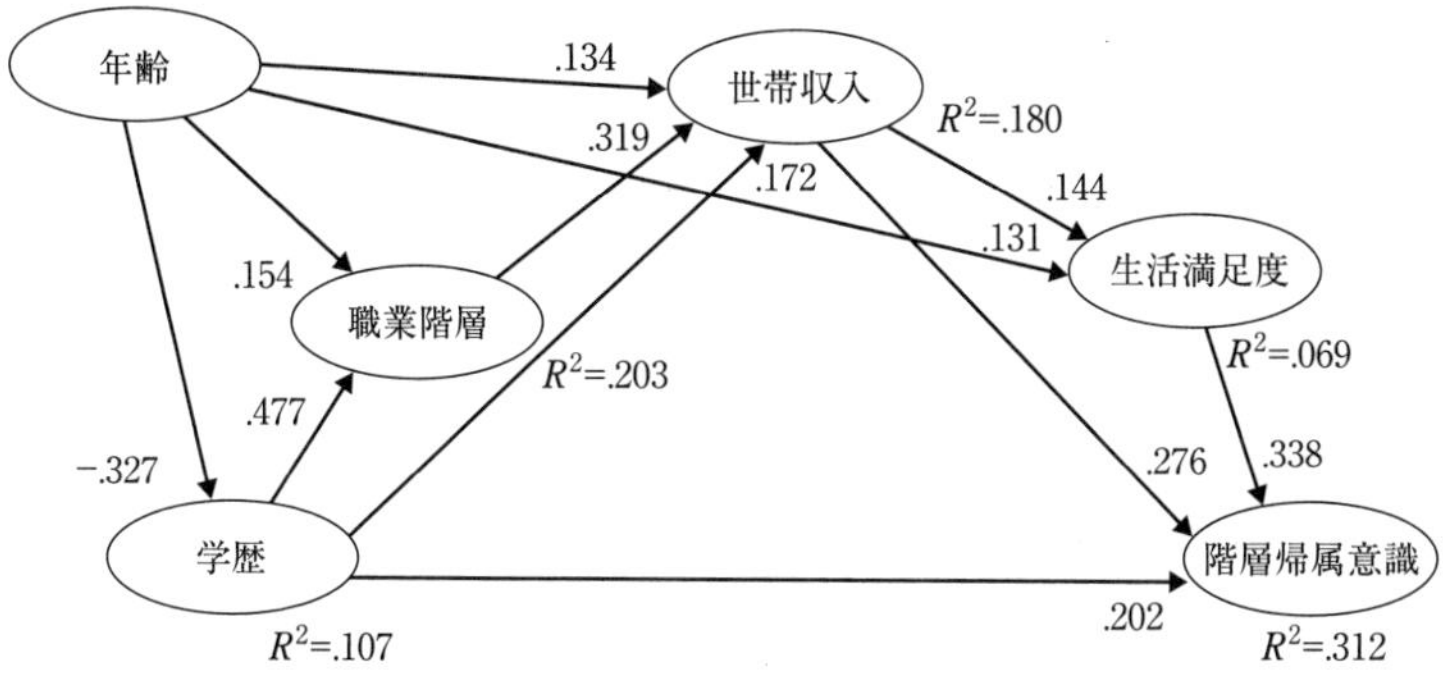

図 8-5　2003 年有職男性の階層帰属意識の規定構造

が.041と低い)。

これは、直井道子(1979)がクロス集計表で探索した際に、いかなる階層要因も階層帰属意識と強くは関連していなかったと述べていることを再現する結果で、高度経済成長期における階層帰属意識の社会関係構造からの浮遊状況を示しているといえる。

したがって資産・財産の効果も決定的ではなかったという先行研究の知見も総合するならば、一九七五年は、主観的変数である生活満足度を主要因として階層帰属意識が形成される**浮遊する階層帰属意識**の時代であったとみなされる。

次に一九八五年のモデルをみよう。ここでは決定係数が.123まで向上し、説明力は一〇%を越えている。**図8-3**から因果効果の大きさを検討すると、この間の説明力の向上は、生活満足度の直接効果を維持したまま(.211→.193)、世帯収入からの直接効果が増大してきた(.128→.224)ことによることがわかる。これに対し、学歴と職業階層からの直接効果は若干低下して有意ではなくなっており、**表8-1**から(単)相関係数をみても、学歴(.122→.138)、職業階層(.145→.156)ともに一九七五年とほぼ同様の数値にとどまっている。

このことから、一九八五年時点では、生活満足度の影響力に加えて、経済的要因が階層帰属意識に直接影響しはじめたことが指摘できる。この結果は一九八五年のデータにパス解析を行ない、収入・財産因子が階層帰属意識を大きく規定していることを示した友枝敏雄(1988=1998)の分析のみならず、坂元慶行(1988)や間々田孝夫(1990)の分析結果とも矛盾しない事実であり、この時点にかんする分析で、所得と財産に大きな関心が振り向けられていたことの妥当性を確認できる。これらのことから、一九八五年は世帯収入と生活満足度によって階層帰属意識が規定される**経済階層と主観的生活評価による階層帰属意識**の時期であったことがわかる。

続いて一九九五年のモデルをみよう。このモデルでは階層帰属意識に対する決定係数はさらに向上し、五変数で全分散の一八・四％を説明している。直接効果の大きさを検討していくと、生活満足度からの直接効果の大きさ（.222）はほぼ前二時点と変わっていない。また経済階層の要因である世帯収入からの直接効果（.214）も維持されたままで、生活満足度の効果と同等の影響力を保っている。

注目すべきなのは、学歴と職業階層の直接効果がともに増大し、有意な値（.111と.119）となり、このことが決定係数の増大に寄与していることである。

こうした変化の影響もあって、階層要因と階層帰属意識の間の（単）相関係数を一九七五年と比較すると、学歴（.122→.201）、職業階層（.145→.263）、世帯収入（.198→.324）のいずれも大きく増大している。ゆえに一九九五年に至って、人びとはみずからの帰属階層を多元的な基準によって評定するようになったことがわかる。すなわち一九九五年のモデルは**多元的階層評価基準に基づく階層帰属意識**という特徴を示しているのである。

それでは、最も新しいデータではどのような変化の兆しをみることができるだろうか。**図8－5**に示したのは、二〇〇三年データを用いた分析結果である。説明要因間の内部関連、すなわち地位達成過程の構造には、それ以前と比較して特筆すべき変動はみられない。ところが、階層帰属意識に対する因果的説明の部分をみると、このデータにおいては決定係数がさらに向上しており（.312）モデルの説明力は、驚くべきことに三〇％を上回っている。この値は、一九九五年の説明力の一・七三倍、一九七五年の説明力のじつに三・三五倍にもなる。また説明変数と階層帰属意識の間の見かけ上の関係を示す相関係数をみても、学歴、職業階層、世帯収入ともに高い値（それぞれ．288、．252、．402）を示しており、階層帰属意識の「階層性」が高まっていることが知られる。

直接効果の大きさを検討していくと、生活満足度からの直接効果の大きさが一九九五年よりも向上している（．222→．338）ことがまず目を引く。そして世帯収入からの直接効果（．276）は維持されたままで、生活満足度を経由した経済的な豊かさの間接効果も依然として大きい。加えて注目すべきなのは、学歴の直接効果がさらに増大（．111→．202）していることである。これらが上述したモデル全体の高い説明力をもたらす要素となっているのである。

ところが、一九九五年の時点でいったんは有意な値を示していた職業階層の直接効果は、この時点では再び有意ではなくなっている。これは、前章で予測したとおり、職業的地位が主観に与える影響力（階層評価基準としての有効性）が、ひそかに失われつつあることを示唆するものといえる。

このデータは、サンプル数が他の時点でのデータよりも少なく、しかも本来の一〇年インターバルを待たずに実施された予備的調査という性格をもつものである。ゆえに結論を導く際には、一定の留保が必要であるが、二〇〇三年のモデルが示唆するのは、評価基準としての職業的地位の空洞化と、それに伴う学歴ステイタスと世帯収入への説明要因の再集約の進行、そして全体としての「階層性」の増大である。このことについて、誤解をおそれず単純化するならば、**所得と学歴の二元構造による階層帰属意識の時代**の到来ということができるだろう。

以上の分析によって一九七五―二〇〇三年の、浮遊する階層意識の時代から、経済階層と主観的生活評価による階層帰属意識の時期、そして多元的階層基準に基づく階層帰属意識の時期を経て、所得と学歴ステイタスの二元化の時代へ、という階層帰属意識の規定要因の変容が示唆された。本書ではこれを、従来、難解で不明瞭とされてきた構図を読み解いた、ひとつの解答とみなしたい。

変化をもたらした要因は何か?——階層構造の変動、人口の参入・退出、評価基準の変容

続いて、この趨勢が社会のいかなる変容によってもたらされたのか? ということの手がかりを探そう。はじめに考えられるのは、過去三〇年間の日本社会の階層構造(前節のモデルにおける説明変数の内部関連)の変動である。しかし(線形の因果関連でみるかぎりは)この間の日本社会の階層構造には、階層帰属意識に重大な影響を与えうるほどの変化はみとめられないため、この仮説は積極的には支持されない。

次に考えられるのは、調査対象者(世代)の参入・退出効果である。SSM調査の対象サンプルからはこの二八年間で、高年齢の二八生年分が退出し、同時に若年層に二八生年分が参入している。議論を社会調査データに限らずとも、産業社会の主要部分を構成する層にこうした世代の参入・退出による人口学的変化があることは論をまたない。逆に四時点のいずれにおいても調査対象となっている、同年人口の多い団塊の世代が、各時点の対象サンプルの約半数を占めているのも事実である。

ここで二つの仮説が考えられる。第一は、日本社会全体における階層帰属意識の形成要因の変容は、古い階層評価の構造をもつ世代の退出と、新しい階層評価の構造をもつ世代の参入という人口構成の変化によってもたらされたものであり、各生年世代に属する個人の階層評価基準のあり方自体は変化して

表8-2 コア・コーホートの階層帰属意識の規定要因（重回帰分析）

	1975年 22-41歳	1985年 32-51歳	1995年 42-61歳	2003年 50-69歳
年　齢	(.042)	(.010)	(−.052)	(.011)
学　歴	.086	(.042)	.099	.182
職業階層	(.034)	(.011)	.133	(−.079)
世帯収入	.116	.203	.228	.315
生活満足度	.219	.229	.240	.348
有効サンプル数	1,304	1,055	934	158
決定係数 R^2	.093	.122	.222	.328

注：（　）は5% 水準で有意ではない値を示す.

いないという仮説である。第二の仮説は、この間に日本社会においてみられた階層帰属意識の規定要因の時系列変容は、階層評価基準のあり方が社会全体規模で変質したことによるという解釈である。もちろん、この両者は正確には二者択一ではなく、人口構成の変化と諸個人の階層基準の変化の両方が進行して上述の趨勢をもたらしている可能性もある。また、加齢による判断基準の変化もいちおうは考えられる。

ここでは、参入・退出効果仮説と階層評価基準変容仮説の優劣を見極めるために、一九七五—二〇〇三年まで一貫して対象サンプルに含まれる一九三四年—五三年生まれの世代（以下コア・コーホートと呼ぶ）に注目して分析を行なってみよう。これは一九七五年時点での大卒初職就業者から二〇生年世代をとったものであり、二〇〇三年時点では五〇—六九歳となる。このコア・コーホートについて、前節と同じ説明変数を用いた重回帰分析を行なって、四時点の結果を比較した。この分析結果が、全年齢層の変動と同型の趨勢を示すならば、世代の参入・退出効果や加齢効果は大きくはなく、階層帰属意識の形成要因の社会全体を覆う変容が生じているという解釈が有力になる。

表8-2は四時点の階層帰属意識の規定要因（標準化偏回帰係数と決定係数）を示したものである。この結果をみると、一九七五年には生活満足度を主要因として形成されていた階層帰属意識が、一九八五年には世帯収入からの有意な効果が加わることによって決定係数を増加させ、一九九五年にはさらに職業階層と学歴の効果が加わり、二〇〇三年には学歴ステイタスと経済的な豊かさへの階層評価基準の二元化に至るという趨勢がみられる。

この結果は**表8-1**に示した全年齢層についての分析と相同的なものであり、各世代の参入・退出効果が大きくはないことを示唆するものといえる。なぜならば、異なる階層基準をもつ世代の退出・参入の影響があるとすると、コア・コーホートの趨勢が、これほどまでに全体の時系列変容と一致することは考え難いからである。

そして、ここでの分析結果は、階層評価基準が生年コーホートに付帯する持続的特性ではなく、盛山和夫（1990）の示唆するとおり、時代にあわせてめまぐるしく変化することを示している(8)。

以上の分析と解釈から、階層帰属意識の規定要因の静かな変容は、階層要因間の関係性の変動によるものではなく、世代の参入・退出効果でもなく、人びとの階層帰属の判断の基準が、時代とともにかたちを変えてきたことによるものと結論づけることができる。

女性の階層帰属意識の規定要因

さて、右に示した階層帰属意識の規定要因の変容が、日本社会全体の風潮の変化、または社会意識変容といいうるものをとらえたのだとすれば、有職男性に限らず女性の階層帰属意識についても同じような傾向がみられるはずである。逆に、男女で時系列変容のペースやパターンが異なるならば、有職男性がマジョリティである産業セクターにおける変容と、非産業セクター（家族を中核とする局面）における変動の差や、変動のスピードの男女差や、ジェンダーによって異なる意識形成過程を考えなければならない。

そこで続いて、女性についても同じように階層帰属意識の規定要因を分析することにする。ただし女性の分析については以下のような注意点がある。まずデータについては一九七五年のものが存在しないため、一九八五年以降の三時点の比較のみを行なうことになる。説明変数にかんしては男性に用いたのとまったく同様の項目があるのだが、女性についてはフルタイムか、パートタイムか、専業主婦かという就業形態にかかわる点で、男性と完全に同型のモデルを仮定することが現実問題として容易ではなく、ここでの分析においては、職業威信スコアにかんして問題が生じる。そこで、できるだけ多くの女性に一般化できる結果を導くために、以下のような処理を行なった。それは現職に職業威信スコアを与えることができるフルタイム、パートタイム、自営業従事の女性については、そのまま職業威信スコアを用い、無職の女性については、分散に及ぼす影響が最小になるように職業威信スコアのサンプル平均値を与えるという方法である。これによってより多くの有効サンプルを分析に使用することが可能になる(9)。なお経済階層要因にかんしては、男性についても世帯収入を用いてきたことから、男女の比較解釈には大きな問題は生じない。

表8－3および**図8－6**から**図8－8**は一九八五—二〇〇三年の女性の階層帰属意識についての完全逐次パス・モデルの結果を示したものである。図中にはやはり五％水準で有意な値のみを示している。

表 8-3　女性サンプルの重回帰分析の結果（1985-2003 年）

	年　齢	学　歴	職業階層	世帯収入	生活満足度	階層帰属意識	決定係数
1985 年（n=888） 1995 年（n=2, 065） 2003 年（n=399）							
年　齢		−0. 566	−0. 132	−0. 074	0. 097	−0. 071	
		−0. 514	−0. 164	−0. 058	0. 079	−0. 080	
		−0. 460	−0. 124	−0. 067	(−0. 032)	−0. 043	
学歴（教育年数）	−0. 566		0. 296	0. 289	(0. 013)	0. 149	R^2=. 320
	−0. 519		0. 294	0. 262	(0. 029)	0. 215	R^2=. 269
	−0. 460		0. 324	0. 143	0. 068	0. 288	R^2=. 212
職業階層	(0. 053)	0. 326		0. 124	(0. 029)	0. 096	R^2=. 090
（威信スコア）	(−0. 015)	0. 287		0. 187	(0. 001)	0. 148	R^2=. 087
	(−0. 032)	0. 339		0. 186	0. 180	0. 252	R^2=. 106
世帯収入	0. 130	0. 351	(−0. 037)		0. 082	0. 175	R^2=. 097
	0. 109	0. 283	0. 121		0. 139	0. 331	R^2=. 090
	(−0. 006)	0. 089	0. 156		(0. 002)	0. 402	R^2=. 042
生活満足度	0. 114	(0. 059)	(−0. 023)	0. 134		0. 254	R^2=. 029
	0. 142	(−0. 067)	(−0. 020)	0. 071		0. 303	R^2=. 021
	(−0. 007)	(0. 011)	0. 181	(−0. 035)		0. 418	R^2=. 033
階層帰属意識	(−0. 044)	(0. 072)	(0. 046)	0. 121	0. 295		R^2=. 129
	(−0. 011)	0. 117	(0. 064)	0. 258	0. 215		R^2=. 175
	(−0. 042)	0. 173	(0. 063)	0. 132	0. 367		R^2=. 212

注：対角セルより右上には単相関マトリックス，左下に標準化偏回帰係数を表示している．（　）は5% 水準で有意ではない値を示す．決定係数は調整していない値を用いた．

まず階層要因間の関連について男性の結果と比較すると、当然のことながら、職業階層にかんする部分の構造が異なっていることがわかる。また、女性サンプル内で比較すると、学歴と世帯収入の関連が弱まったり、生活満足度の規定構造が変化しているなどの若干の時点間変化がみられる。

これに加えて、生活満足度に対する階層要因による説明モデル決定係数が、男性よりも低い値（.029、.021、.033）であり、女性の生活満足度が、階層要因以外の社会的要因（地域、家族、ネットワーク、ボランタリーな社会参加などが考えられる）の複雑な影響を受けていることが示唆される。これらの説明要因にみられるジェンダー差を念頭におきながら、時点別に階層帰属意識に対する階層要因および生活満足度の影響力を検討しよう。

表8－3の最下部の階層帰属意識の規定要因と**図8－6**をともにみると、一九八五年の時点では、階層帰属意識の決定係数は.129であり、有職男性についての結果（.123）とほぼ同水準である。因果効果の大きさを検討すると、生活満足度からの有意な効果（.295）が突出している。世帯収入からも有意な直接効果（.121）がみられるものの、その大きさは生活満足度の効果ほどではない。いっぽう、階層的地位にかんする要因の効果は有意ではなく、相関係数を確認しても、学歴が.149、職業階層が.096にとどまっている。この結果は、同時点の有職男性についての分析結果（**図8－3**）とほぼ一致するものといえる。これにより、女性についても一九八五年データには**経済階層と主観的生活評価による階層帰属意識**という解釈があてはまると結論づけられる。

次に一九九五年の女性の分析結果（**図8－7**）をみてみよう。このモデルでは決定係数が、男性の場合（**図8－4**）と同様に一九八五年よりも大きくなっている（.129→.175）。因果効果の大きさをみると生活満足度の直接効果は.215と有意な値を保っており、世帯収入からの直接効果が増えて.258となっている。さらに注目すべきなのは、この時期に学歴から有意な直接効果（.117）がみられはじめることである。この関係は相関係数でみても一九八五年の.149から.215へと向上している。

一般に、専業主婦や労働市場からの一時的な退出経験者を含みがちな女性サンプルにおいては、学歴のもつ意味は、男性とくらべると機能的価値の低いものであるはずである。ところが学歴は、一九九五

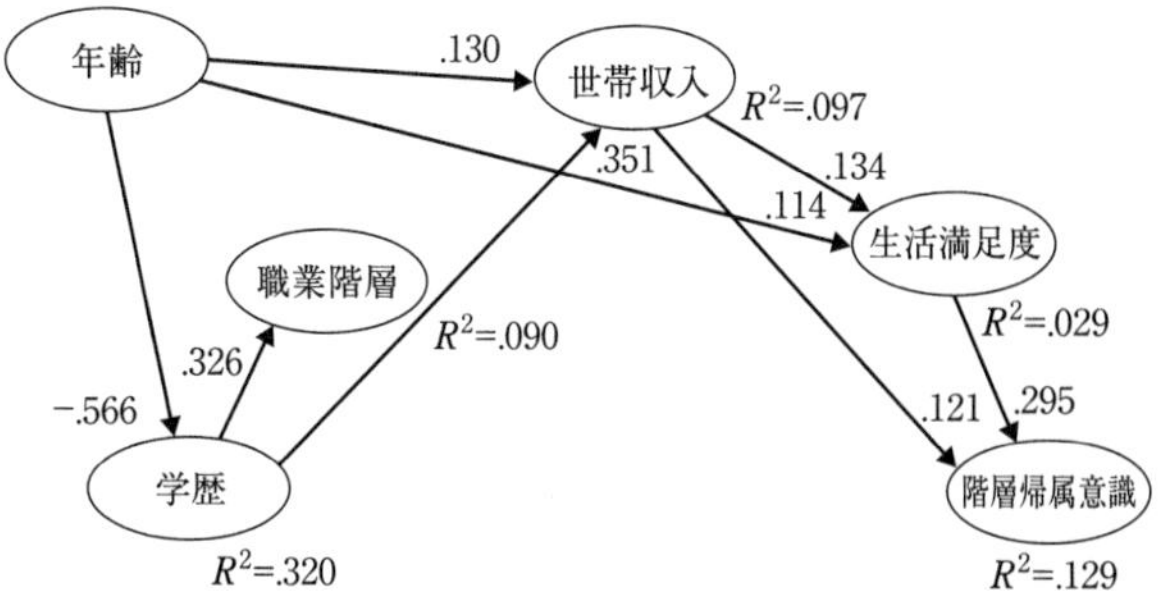

図 8-6　1985 年女性の階層帰属意識の規定構造

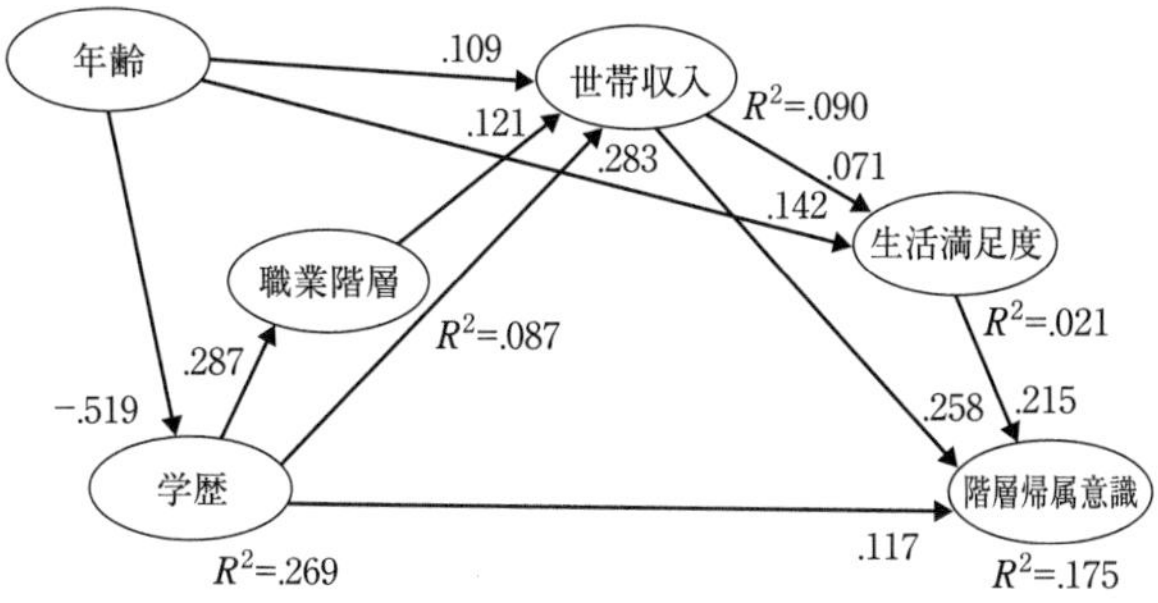

図 8-7　1995 年女性の階層帰属意識の規定構造

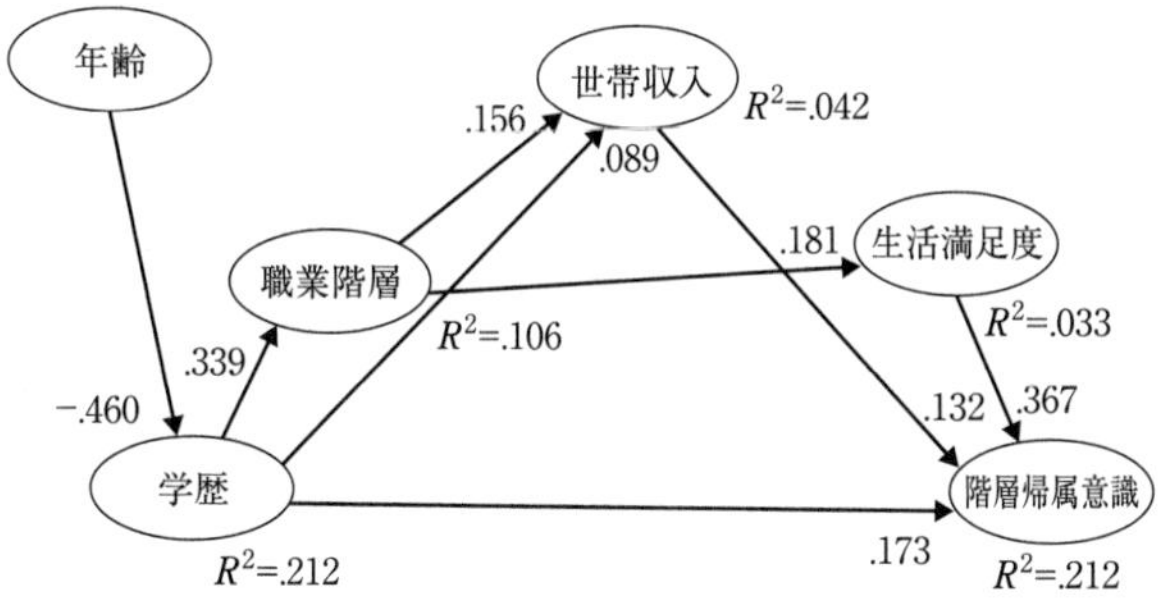

図 8-8　2003 年女性の階層帰属意識の規定構造

年のデータ以降、有意な影響力をもつようになり、そのことがモデル全体の決定係数の向上をもたらしているのである。それゆえ、有職男性の分析結果についての**多元的階層評価基準に基づく階層帰属意識**の時代の到来という解釈は、女性についても、ほぼあてはまっていると結論づけることができる。

最後に二〇〇三年の女性対象者の分析結果をみよう。ここでは、決定係数（.212）は、一九九五年よりもさらに向上している。これは生活満足度の効果（.367）が他時点よりも大きいことに起因している。しかし、よくみると生活満足度に対する世帯収入の効果は、この時点では有意ではなくなっており、代わって職業威信スコアが高いほど生活に満足するという有意な因果関係が見出されはじめている。これは、この時期に、女性の心の豊かさ＝満足度といいうるものの源泉が、世帯の経済的な要因から、みずからの職業的地位、ひいては職業的自己実現に転移したことを示唆している。そして、この変化は、職業威信が階層帰属意識を直接規定するという因果としてではなく、生活満足度を媒介して効果をもつという経路で主観に対して作用しているのである。よって職業の階層帰属意識に対する総効果を、相関係数で見ると.252と、決して小さくない。

他方、学歴の階層評価基準としての効果を見ると、その値はβ=.173であり、一九九五年よりもさらに大きな値となっている。この点から、女性の階層帰属意識は、学歴ステイタスと生活満足によって規定される状態にあると要約できる。ゆえに二〇〇三年データにおける階層評価の枠組を男女で比較すると、経済的な豊かさが基準となっている男性、職業的自己実現を源泉とした心の豊かさ（生活満足度）が重要度を増している女性、というジェンダーによる主観的階層のあり方の違いがみられる。

七〇年代の熱狂から九〇年代の「二元化」へ

この章では、「中」意識への素朴で記述的な旧来のまなざしが、もはや多くを生まなくなっていることを指摘したうえで、階層帰属意識を連続変量とみなして階層要因との関係を明らかにするパス解析によって時点間変容の様子を明らかにした。

結果は次のように要約される。一九七五年時点では、階層帰属意識は階層構造から浮遊しており、同じく階層に繋留されない状態にあった生活満足度を中核規定要因としていた。一九八五年には生活への主観的な充足性に加えて、経済的な豊かさ（世帯収入）が強い影響力をもつようになった。一九九五年にはこれらに学歴ステイタスと、職業的地位についての評価が加わって、階層帰属意識は多元的に規定されるようになった。しかし二〇〇三年データでは、職業的地位の階層評価基準としてのはたらきは一転して失われ、学歴ステイタスと経済的・主観的豊かさへの二元化が進行したことが示されている。

この分析結果は、単純集計の記述ではほとんど不変にみえた階層帰属意識が、実はこの約三〇年間に階層要因からの規定プロセスを、静かに、しかし漸次的に変容させており、その結果として階層要因による説明力（決定係数）が強まりつつあるという事実を明らかにしている。

さらにコア・コーホートに注目して変容を追った分析では、階層評価基準はかならずしも各生年世代の成員の持続的な心理構造ではなく、むしろ調査時点の社会風潮によって変わりうるものであることが確証された。また有職男性で見出された趨勢は、女性についても、ほぼ同様に検証された。ただし、近年のデータにみられる女性特有の傾向として、職業的地位が生活満足度の源泉となり、階層帰属意識に対して間接的な効果をもたらしていることが示唆された。

これらの結果は、この三〇年間に蓄積されてきた、階層帰属意識の時系列変容を語る記述的な先行研究を、いずれも矛盾なく吸収しうるものでもある。たとえば本文中で紹介した、一九七五年のくらしむき（主観的評価）の効果の突出、一九八五年の経済階層指標と主観的変数の重要性などがそうした研究例である。

さらに、ここからは次のような変動のストーリーを描くことができる。

一九七五年時点では高度経済成長による急激な社会変動の影響で、人びとは客観的な階層評価基準に照らしあわせて帰属階層を決める醒めたプロセスを一時的に失っていた。[10] そしてより主観に偏重した評価によって、みずからの帰属階層を決定していたのである。この状態は静的なものではあるが、階層意識の熱狂と呼んでもさしつかえないほど他の時点とは存立基盤を異にしている。その際の帰属階層決定のプロセスが「過去との比較」の結果であったか、「世間なみ」基準であったか、「くらしむき」であったか、生活満足度そのものであったかは、ある意味ではもはや副次的な問題といえる。要するにこの時代には、諸個人の社会的地位（学歴、現職、収入、資産……などの客観階層）の、階層帰属意識に対する（線形の）直接的な規定力は明らかに弱く、どんな人がどう判断しているのかほとんどわからない、という状況にあったのである。

続く一九八五年時点では、安定成長期を経て、人びとは無根拠な熱狂からは次第に醒め、消費行動などに表出しやすい経済階層要因を第一の階層評価基準とみなしはじめた。そう考えればこの直後にバブル経済が始まったことは、単なる歴史的偶然ではないように思われる。しかしいっぽうでは、職業階層には年功序列制、学歴には学制改革と高学歴化による世代間格差というヴェールがかかっており、相変わらずこれらは階層評価基準としては、はっきりしない、あるいは見定めにくいものであった状況が推察される。ともかくこの時期に経済階層要因への集約によって、失われていた客観階層からの規定力が徐々に回復してきたのである。

そして一九九五年時点では、経済階層要因に加えて、ついに学歴と職業階層が階層評価基準として機能するようになり、客観階層要因の影響力はさらに向上している。これはバブル期に人口に膾炙した「三高（高収入、高学歴……云々）」による独身男性の品定めをもち出すまでもなく、研究者レベルで論じられていた多元的階層構造が、社会的な同意事項として人びとに受け入れられるようになったことが一因のように思われる。他方ではバブル崩壊後の不況期に、経済的アウトカムだけではなく、職業的地位の高低に階層評価基準としての重要性が強く感じられるようになったという状況にも、現代史としてのリアリティがある。

さらに転じて、雇用の流動化がいわれるこんにちでは、職業的地位の階層評価基準としてのはたらきが再び失われ、その半面で、学歴ステイタスの階層評価基準としての効力と、客観的・主観的豊かさを意味する世帯収入と生活満足度の効力が増大し、学歴ステイタスと客観的・主観的な豊かさに階層評価の要因が二元化するに至っている。

このように、高度経済成長期に混迷を指摘された中意識のあり方と同時代の社会との連携性は、階層構造が比較的安定していたこの三〇年間に、熱狂→集約→多元化そして、学歴と豊かさの二元化へ、という静かな変容を遂げているのである。ここで明らかになった非直線的な階層意識規定構造の変遷は、従来、高度経済成長以後というひとくくりの平板な時代として描かれてきた三〇年の間に、現代日本人の社会意識が、その方向性を模索して二転三転していたという事実を描き出している。

以上により、七〇年代後半の論客たちの心をとらえた、高度経済成長期の日本人の階層帰属意識の理解しがたいあの浮動性は、現代社会の実在を反映する関連構造として定位されるに至ったことになる。ただしそれは、特定の階層要因と階層帰属意識の間の単純素朴な実在反映論ではなく、はるかに潜在的で複雑な変容過程だったといえそうである(11)。

学歴で変化を読み解く

最後に、ここで示した、階層帰属意識の形成要因の静かな変容について、本書の主張である学歴による社会意識形成という観点からの考察を加えておこう。

すでにみたとおり、高度経済成長期直後に浮遊していた日本人の中意識に対しては、学歴はほとんど関与するところをもっていなかった。このことは、学歴社会論と一億総中流が、同じ時期に語られていたにもかかわらず、あまり連携するところがなかったことをあらためて想起させる。要するに、この時代には学歴とみずからの主観的な階層評価は、ほとんど関連をもたないものとされていたのである。

ところが、その後の三〇年について順を追ってみると、職業階層をはじめとした他の説明要因の影響力の浮沈にかかわらず、学歴の階層評価基準としての有効性は、男性でも女性でもほぼ一貫して強まる傾向にある。結果としてこんにちでは、学歴は階層帰属意識の規定要因として欠くべからざる要素としての位置づけを確かなものにするに至っている。

この間に学歴社会の構造が徐々に成熟してきたことを思い起こすならば、学歴の社会における位置づけの変化（学歴ステイタスの明瞭化）が、階層帰属意識の規定要因としての学歴の影響力の増大をもたらしたと考えることができる。他方では、職業階層の有効性の凋落に伴って、地位メルクマールとしての機能が学歴（および経済階層）に移るという、前章で示した「不戦勝」の構図への変化の予測も、あながち外れてはいないということがわかる。

他方、女性にとっての学歴の作用にかんしては、さらに興味深い結果がみられている。

一般に、多くの女性にとっての学歴資格は、新卒初職就業時であれば、確かに額面どおりはたらくが、結婚・出産により職歴中断を経た場合、再雇用時にはその機能的価値が、大きく減じてしまうものである。とくに現在三〇代以上の少なからぬ女性にとっては、学歴メリトクラシー＝クレデンシャリズムは、従来は一度しか効かない「切り札」であった。ところが一九八五年以降のおよそ二〇年をみると、その学歴が、女性自身の階層評価基準としての重みを増しているのである。これはどういうことを意味するのだろうか？

本書のなかで考えられることは二つある。

第一は学歴の機能的価値の増大である。この二〇年の間に、男女雇用機会均等法施行に伴って、女性が正規雇用の賃金労働に就く機会は増えている。それはすなわち、女性が学歴メリットを使う機会、もっとわかりやすくいえば、履歴書に記した学歴を審査される機会が増えたということを意味する。

現在進められている女性の雇用にかんする政策は、長期雇用慣行のもとでの人材育成だけではなく、職歴中断がある場合にも産業社会に参入しやすい社会への道である。この方向性は企業側が、女性の人的資本としての質を見極める機会を必然的に増やし、学歴と資格を重視するクレデンシャリズムのリバイバルをもたらす可能性を内包している。簡単にいえば、雇用の流動化は、学歴の機能的価値の再評価をもたらしうると考えることができるのである。

第二は、それとはまったく反対の学歴の象徴的価値の増大である。これは、こんにちの女性たちが、学歴メリトクラシー＝クレデンシャリズムの実効性の有無にはかかわらず、自分が「高校卒」ではなく「短大卒」、あるいは「大卒」なのだという、学歴達成のラベルそのものを、いま現在のみずからの所属階層を判断する基準として重用していることを意味する。一般に、女性の地位の同性内での一元的比較は難しい。それはいうまでもなく、結婚、出産・育児などの職業とは別の次元の要因が、職業生活を圧迫しているからであり、その対処法に一般的なルールがないからである。酒井順子（2003）のいう「負け犬」は、そうした多様な「勝ち負け」の交錯する女性の実情を、端的に表す言葉として知られる。

ところが、そんな多様なコースをあゆむ女性たちにとっても、一元性が保証された、ほとんど唯一の比較基準がある。それが最終学歴なのである。学歴は、すべての女性がもつ属性であり、ライフコース選好の多様性や、人生の幸運・不運とは関係のない指標とみなされやすい。それゆえにキャリア女性として成功していても、専業主婦になっても、パートと私生活領域の自分なりのバランスを確保している場合でも、趣味や社会活動に生きがいを見つけている場合でも、比較のための共通のモノサシとして生涯有効なのである。

そしてこの学歴の象徴的価値が、階層評価基準として機能しはじめているとすれば、それは、長い間一定の妥当性をもっていたとされる、夫の地位の借用モデル（夫の職業階層、あるいは世帯収入が既婚女性の階層的地位の評価基準となるとみるモデル）に代わって、自分自身の獲得的属性の評価がなされる方向への変化が示唆されることにもなる。ここで分析したデータは、女性にとっての階層指標としての学歴の重要度が増大していることを示している。女性にとっての学歴の地位表示機能の拡大は、成熟学歴社会とジェンダーのかかわりをみるうえで、今後も見守るべき論点といえるだろう。

（1）欧米型の社会における中流階級というのは、大型旅客機のビジネス・クラスの座席をイメージするとわかりやすい。ごく一部のファースト・クラス（上流階級）と、多くのエコノミー・クラスの間に位置する層である。ミドルというのは、中央ではなく中間という位置づけを意味しているのであって、その数は少なく、相対的な地位は中央値よりは、かなり上にある。

（2）ジャーナリズムの一部においてはこんにちもなお、世論としての「格差・不平等」を論じるために、階層帰属意識の分布を、素朴に話題にする傾向が残っている。

一例を挙げよう。二〇〇四年一一月三〇日の読売新聞朝刊の第一面には「揺らぐ総中流意識」という見出しのもと、最新の階層帰属意識の分布において格差拡大が検出されたという記事が掲載されている。実測されたのは、同社の実施した世論調査において「下」と「下の上」カテゴリへの帰属が一〇年前の約二三％から約三四％へと上昇したという事実である。これについての解説は、「企業に能力主義や成果主義が広がり、社会も個人も厳しい競争にさらされている。著名人の華やかな生活をもてはやす『セレブ』ブームなども影響しているだろう。平等意識が薄れてきた中で、それぞれの階層意識も、少しずつ下のほうに感じるようになってきたようだ」とある識者の談話のかたちをとって示されている。しかし本文に示すとおり、計量的な実態はそれほど短絡的な仕組み（素朴実在反映論）にはなっていない。

（3）数理モデルの研究の分野においては、髙坂健次（2000）によって提唱されたFKモデルによって、階層帰属意識の分布の形状が、なぜ中回答に集中しがちなのかが探究されている。そこではこの数式論理の帰結を用いて、階層帰属意識の実測された分布を解釈するいくつかの試みがなされてきた（髙坂・宮野 1990；与謝野 1996；髙坂・与謝野 1998）。しかしいまのところ、この社会的態度の現代日本における難解な時代的変遷を読み解く助けになる知見は見出されていない（吉川 2003）。

（4）階層評価基準（あるいは階層基準）という言葉は、帰属階層の評価のための客観階層指標の次元数（「収入と学歴が評価の基準となる」という場合の指標の数）をさす場合と、ある次元におけるランクと階層帰属意識の対応関係（「収入が○○万円以上ならば、中カテゴリだ」と考えるときの基準値）をさす場合があるが、この章での用法は前者（次元数）である。

（5）これはちょうど、社会移動の研究が世代間移動表と地位達成過程モデルというカテゴリカルな分析と、線形多変量解析を車の両輪としてきたのと同じように、「中」意識のカテゴリカルな発想に基づく研究に、重回帰型のモデルによる知見を加えようという試みといえる。

階層帰属意識に対する重回帰モデルを用いた分析には、アメリカにおいてはM・ジャックマンらの研究（Jackman and Jackman 1973；1983）以来のGSS調査研究の歴史がある。日本社会においては一九八五年SSM調査のデータを分析した友枝敏雄（1988=1998）の研究論文が最初のものであり、直井道子（1990）の女性の階層帰属意識についての研究論文がそれに続いている。その後、吉川徹（1998a；1998b）の分析と、髙坂健次・与謝野有紀（1998）の研究レビューによって計量社会意識論における位置づけが確かなものとなった。さらに生活満足度の媒介作用を確証する前田忠彦（1998）の研究、階層評価基準間の相互作用のあり方に着目する数土直紀（1998；1999）の研究、女性の階層評価の構造についての赤川学（2000）や数土直紀（2003）の研究、準拠集団としてのネットワークや地域変数の影響力をみる星敦士（2000）や小林大祐（2004）の研究へと、その方法は応用的に展開されている。
(6) そもそも、中心カテゴリを最頻値として、上と下に分布の裾野を対照に広げる階層帰属意識のグラフのかたちは、数理的にも論証されたノーマルな分布（正規分布）である。また、五件法、七件法の態度尺度は、一般には背後にこのような正規分布を想定して分析される。それゆえ計量社会意識論では、こうした表面的な分布のかたちの微動に目を配ることはあまりない。
(7) この章では職業威信スコアとして一九八五年までのデータでは「一九七五年基準スコア」（直井 1979）、一九九五年以降のデータでは「一九九五年基準スコア」を用いている。両者の間には高い相関関係があるため、実質上等価とみなすことができる。
(8) なお、**表8-1**にあらわれる階層評価基準の変化が、このコーホートの加齢に起因するとも考えにくい。なぜならば、異なる年齢層を含む男性サンプル全体のトレンドと、このコーホートの加齢による変化が同型になることは考え難いからである。
(9) ただしこの操作は、専業主婦の威信は平均的な有職女性と同等であると仮定するものなので、女性の階層帰属意識の規定要因を詳細に解明する研究（赤川 2000; 直井 1990）の関心に対しては、かならずしも適切な情報を提示するものではない。
(10) それ以前の一九五五年、一九六五年の時点では、客観的な階層指標が階層評価基準として有意な効果をもっていたことが友枝敏雄（1988=1998）の重回帰分析によって示されている。
(11) 財産・資産という重要な要因は欠落しているとはいえ、ある程度有力な複数の説明要因をもってしても、パス・モデルの説明力は二〇％以下である。これは「中」意識の「素朴実在反映論」が暗黙のうちにもっていた関連イメージには遠く及ばないであろう。しかしこの結果は意識項目への回答が不可避にもっている誤差や、多変量正規分布の大前提となっている分析対象外の多数の外生的な要因の影響力によるものといえる。またF

Kモデルなどが説明する階層帰属意識の認知的な形成プロセスの「取り分」もこの残りの八〇%に含まれているとみなされる。

9章　格差・不平等の正体を知る

成熟学歴社会の八つの特性

　本書は、緩やかな理論仮説と方向性を示したうえで、データに即した実態記述と仮説検証を行なうかたちをとってきた。稿を終えるにあたって、議論の重複をいとわず、成熟学歴社会の特性を整理したい。なお、これはあくまで日本社会の現状を念頭においてなされる作業であり、成熟学歴社会論を一般理論として他社会に適用したり、他のポスト産業化社会の説明論理との関係性までカバーしたりするものではない。

　成熟学歴社会の特性の第一は、**同一教育システムの長期継続**という歴史的な背景を要件として成り立っているということである。戦後日本社会では、六〇年の長きにわたり同一の教育制度（新制教育）が維持されてきた。そのため、人びとが異なる世代の人の達成学歴をみるときのモノサシは、こんにちでは社会全体でほぼ統一されている。このことは、学歴の高低を論じる際の攪乱要因を解消し、「学校・

学歴」、「高校・高卒」、「大学・大卒」というような学校教育にかんする言葉のもつ意味の普遍化と全体社会への定着をもたらす。こんにち、学歴が人びとの自己評価、意思決定、動機づけに対する、共通の準拠枠となりえているのは、この同一教育システムの長期継続という歴史にあずかるところが大きい。

成熟学歴社会に不可欠な第二の要件は、**高学歴化の終焉と高原期の継続**である。一九五〇年代後半以降に生まれた現代日本人の教育水準は、もはや拡大傾向にはなく、どの生年をみても、平均教育年数は一三年前後、高校進学率は九〇%以上、大学進学率は四〇―五〇%で推移している。よって年齢が若いほど学歴が高いという高学歴化段階は、もはや過去のものとなり、学歴取得をめぐる右肩上がりの変動を経験した生年世代は、同時代人口から徐々に退出しつつある。日本社会が至ったこの状況は、歴史的にみても、国際的にみても、たいへん高い達成水準での高原化である。しかも教育水準の安定・膠着した高原期が世代を越えて継続しつつある現状は、その独自性と先進性ゆえに、他社会には見習うべき先行モデルをもたない。

右の二要件によってもたらされる教育水準の安定・膠着状況は、第三点目の特性である**大卒／非大卒境界の重要性の増大**を伴っている。日本の高校進学率は、高学歴化の時代に爆発的に伸び、いまや「全入」の天井にかぎりなく近づいて久しい。この事実は高校進学機会の選抜性を喪失させ、高卒学歴以上／義務教育修了という学歴境界の意味を無効化した。それゆえ学歴にかんする格差・不平等の争点は、こんにちでは大学進学機会一点へとほぼ集約された状態にある。視点を転じていうならば、現代日本に教育水準の安定・膠着をもたらしている要因は、ひとえに大学進学率のあり方だということになる。

大学進学／非進学の境界線は、かつては社会の上層部分にあって大卒層にエリートとしての希少価値を与えるものであった。しかし成熟学歴社会においては、この学歴境界線は社会のほぼ中央部分で大卒層と非大卒層を切り分けている。この分布はこの境界線に対して、明瞭で、影響力の大きい社会的カテゴリ区分となるための条件を提供する。

なお、このように大学進学率に五〇％水準での均衡をもたらす社会的背景はさまざまに考えられるが、本書では、高学歴化の入り口にあった時代から、日本社会の世代間学歴上昇の構造が、一貫してこの「到達地点」をめざしていたという、教育拡大の自己組織性の存在を指摘している。

他方、学歴水準の高原期が長く続くことによって、日本社会は、世代ごとに状況が移り変わる変動期を脱し、世代を重ねても同型的に学歴比率が再現される恒常的なシステムへと変貌していく。それは必然的に**学歴経験の世代間同質化**をもたらす。これが第四に指摘すべき成熟学歴社会の特性である。

この変化によって、かつての高学歴化期には世代差が著しく、それゆえに社会的出自の判断基準とされていなかった親の学歴は、子どもたちにとって見極めやすいものになる。すると、みずからの社会的地位形成のスタート・ラインには親の学歴があるのだ、という社会全体の認識も必然的に明瞭になる。そして、かつては学歴の構造的な上昇移動、つまり世代間のタテの拡大の華々しさによって隠蔽されていた、学歴の世代間関係の上昇・下降が、ヨコ並びの他者との間で、見たままに比較されることになる。教育機会の一点集約の実態を考えるならば、これは事実上、親の大卒／非大卒区分と、みずからの大学進学の関係性が自覚されやすくなることを意味している。

こうして、教育機会の不平等と世代間社会移動という二大命題の接合ポイントにある、**学歴の世代間関係の不平等**が、研究者にとっても一般の人びとにとっても、注視しなければならない重要な論点となってくる。これが第五点目の特性である。

本書では、この関係性に目を向けるために、階級・階層研究の一角で発展した学歴媒介トライアングル・モデルに代わり、学歴伏流パラレル・モデルに従った分析を試みることの有効性を主張した。これは、成熟学歴社会の状況を語るためには、欧米職業階級社会の枠組を意図的に離れ、日本型学歴社会に見合った分析モデルを構築すべきであるという提言でもある。

この学歴伏流パラレル・モデルに基づいて、大学進学／非進学を決める多重圧力の存在を検討すると、成熟学歴社会の成立と表裏をなす人びとの意思決定構造が浮き彫りになってくる。それが第六点目の特性、**学歴下降回避のメカニズム**である。

学歴下降回避のメカニズムとは、合理的選択理論の流れを汲む次のような考え方である。親の学歴が大卒層であれば、子弟はそれと同等かそれ以上の学歴を求めて大学進学の意欲を高めるが、親の学歴が高卒層であれば、高校卒業によって相対的下降がすでに回避されているため、大学進学への差し迫った欲求は作動しない。このように、人びとが学歴の世代間関係が下降しないことを選好するならば、高卒層の大学進学率は低くなり、大卒層の大学進学率は高くなる傾向をもつことになる。

とりわけ、変動期から安定・膠着期へと移行した後の成熟学歴社会では、長く日本の学歴社会を支えてきた大衆的メリトクラシーの心性に代わり、この学歴下降回避のメカニズムが人びとの意思決定のオプションとして表面化しやすくなる。そしてこの学歴下降回避のメカニズムによる選択的加熱が作動しはじめることによって、学歴の世代間関係の閉鎖化・固定化がもたらされるというプロセスがひとつの説明論理として成り立つことになる。

この教育機会の構造について、学歴の世代間移動表の実測データが示す、生年ごとの趨勢をみると、戦後の一時期は開放化に向かっていた教育機会が、その後の生年層において、**大卒／非大卒境界の反転閉鎖化傾向**を示すということが明らかになる。つまり成熟学歴社会の進展は、世代間関係の格差・不平等を高める方向への変化を伴っているのである。これが第七点目の特性である。

このように、成熟学歴社会においては学歴をめぐる表面的な変動は終息し、学歴はわたしたちの目にみえやすい社会的地位指標となる。さらに、近代社会の国民皆教育という前提のもとでは、学歴は、エイジ・フリー、ジェンダー・フリーな「ユニバーサル・デザイン」をもつ地位指標である。加えて、近年の職業階層の地位メルクマールとしての位置づけのゆらぎは、学歴ステイタスが、社会のさまざまな局面に対して影響力を強めることの追い風となっている。これらの変化は、最後に第八点目の特性として、**学歴を駆動の起点とした社会構造の維持・強化**という作用をもたらすことになる。

現代日本社会における、学歴駆動メカニズムの筆頭としては、明治以来継続している学歴メリトクラシー＝クレデンシャリズムを挙げることができる。(1) これに加えて、学歴の象徴的価値の作用による、文化や社会意識の形成・変容・維持も、重要な意味をもっている。これは、学歴によって社会的態度のあり方が変化したり、学歴ステイタスが社会的態度を差異化する機能が強化されたりすることにつながる。そして実際に、現代の格差・不平等の社会意識の側の「鏡像」である階層帰属意識について、その形成要因の時系列変化をみると、学歴の影響力は漸次的に拡大を続けていることが明らかになる。

新旧の学歴社会論

続いて、成熟学歴社会の相対的な位置づけを明確にするために、旧式学歴社会との差異を要約しておこう。**表9-1**は、新旧二つの学歴社会の特性をまとめたものである。

旧式学歴社会論が語ってきた学歴社会の実態は、基本的に、右肩上がりの高学歴化期にあった日本社会における出来事であった。そしてこの論理がカバーする年齢層には、いつも教育制度の新旧という境界が影を落としていた。そこで焦点とされた教育機会は、高校進学機会と大学進学機会の二段階であり、双方の進学率上昇が同時進行したことが、爆発的な高学歴化（教育の拡大）をもたらしていた。

この時代の学歴達成を規定していた外生的な要因としては、絶対的な貧困が進学機会を制限していた状況から、その状態の解消への歴史的変化があり、他方では、高度経済成長に伴って、産業セクターからのホワイトカラー上層労働力需要が拡大し、大学教育を受けた人的資本への需要と期待が増大していたことを挙げることができる。そして、この時代の人びとを学歴取得に駆り立てていた要因は、大衆化したメリトクラシーによる社会全体の加熱であった。

これらの帰結として旧式学歴社会においては、弱いながらも確実な教育機会の平等化が成し遂げられていたとされる。そして、その時代背景は、高度経済成長から一億総中流の時代と重なっている。

これに対して、成熟学歴社会論の射程は、新制学歴の長期継続のなかでの、学歴の高水準での安定・膠着の時代に向けられている。ここでは、学校を去るか、学校教育システム内に留まるか、という教育機会境界は、大学進学機会一点にほぼ集約されている。そして学歴取得をとりまく外生的な要因は、経

表 9-1　旧式学歴社会と成熟学歴社会

	旧式学歴社会	成熟学歴社会
教育制度	新制・旧制の制度境界を含有する社会	新制教育制度の長期継続
教育拡大趨勢	右肩上がりの高学歴化	高水準での安定・膠着（高原期）
教育機会境界	高校進学機会と大学進学機会の二段階	大学進学機会への集約
マクロな要因	絶対的貧困の影響とその解消	豊かさの中の不平等
	ホワイトカラー上層の労働力需要拡大期	ホワイトカラー上層労働力需要の安定・膠着
ミクロな動機	大衆的メリトクラシーによる全体加熱	学歴下降回避による選択的加熱
平等化	弱い平等化の推移	反転閉鎖化　大卒層固定化
時代認識	一億総中流	新しい格差・不平等

済的な制約ではなく、より高次の要因に基づく格差状況、すなわち「豊かさの中の不平等」である。また、そこではもはや、ホワイトカラー上層の労働力への需要は、かつてのように右肩上がりに拡大してはいない。

そして、成熟学歴社会においては、人びとの大学進学の進路決定に関与しているミクロな決定メカニズムは、従来の大衆的メリトクラシーから、学歴下降回避動機に代わってくる。その変化は、社会的出自（親学歴）による選択的加熱状況をもたらし、学歴の世代間関係は徐々に再閉鎖化していく。これはすなわち、大卒層の固定化傾向が強まる方向への変化である。そしていま、成熟学歴社会の背後で、新しい格差・不平等がいわれているのである。

あらためて謎を解く

ところで、新しい格差・不平等論に対して、本書のはじめに掲げた問いは以下のようなものだった。

●総中流がいわれた均質社会を、ある時点以降、もしくはある生年世代以降で、急速に二分しはじめているダイナミズムの起点にある要因は、そもそも何なのか？
●生活構造や社会意識には、二極化は誇大表現であるけれども、ある程度の分布のばらつきが確かにある。では日本社会においては、そのような生活構造や社会意識の格差を生じさせている主要因は何なのか？
●新しい格差・不平等が、他社会ではなく、とくに現代日本社会において顕著な問題となるのはどうしてか？
●そもそも、わたしたちが気付かないうちに新しい格差・不平等を進行させてきた、いわば伏流水脈ともいえる要因はいったい何なのか？

この得体の知れない格差・不平等の根源を私が何に求めようとしたのか、もはや明らかだろう。その答えこそが、成熟学歴社会の進展なのである。

いま本書のこの地点に立って、日本社会に特有の、新しい格差・不平等現象について、わたしたちが注視すべき境界線を、ただひとつだけ挙げるとすればどうなるだろうか。それはホワイトカラー雇用上層を他層と類別する境界でもなく、インセンティブ・ディバイド線でもなく、希望格差の境界でもなく、中流と下流の境界でもない。そしてもちろん、プロレタリアート（労働者階級）と中産階級を分ける職業階級境界でもない。また、その境界線は、現代日本人にとって封印されているわけでも、見えないわけでも、潜在しているわけでも、曖昧であるわけでもない。

こんにちのあらゆる格差・不平等について、多くの要因が関与する構造があるなかで、もっとも影響力のある明瞭な境界線をひとつだけ挙げるとすれば、それは大卒／非大卒間の学歴境界線であると本書は主張しているのである。

あえて繰り返すが、本書はこの実態を歓迎しているわけでも、問題視して改善案を提示しようとしているわけでもない。そうした政策論は、本書のような学術的な著作とは別のところで考えなくてはならないことである。本書において明らかにしたことは、明治以来の日本の学歴社会が、この境界線で社会が分断されるこんにちの状況に向かって、ひたすら歩んできたという事実である。そしてこの大卒／非大卒の学歴構成が、少なからぬ固定的再生産層を「基礎票」としつつ、世代・時代を越えて同型的に繰り返される状態に至っているという実態である。

本書は、あくまで成熟学歴社会論を展開することを目的として論を進めてきたが、その過程において、あるいはその帰結を用いて、新しい格差・不平等論との重要な接点を確認している。それは次に挙げる三点である。

第一は、学校現場における教育の階層化という論点にかんする議論である。苅谷剛彦は、ゆとり教育政策が、生徒の意欲の階層間格差（インセンティブ・ディバイド）拡大をもたらしたことを指摘している。本書では、この実態の背後に、成熟学歴社会の進展に伴って、親の学歴（大卒／非大卒の別）ごとに大学進学意欲が選択的に加熱される状況があることを指摘した。つまり、学校現場における格差・不平等の起点には、成熟学歴社会の進展があるという示唆である。

第二は、職業階層の世代間移動の再閉鎖化という論点にかんする議論である。佐藤俊樹は、団塊の世代以降において、職業的地位が中の上にあたる層（W雇上層）の世代間関係が、従来の平等化傾向から反転し、閉鎖化・固定化していることを指摘する。本書では、この実態と表裏をなすものとして、学歴の世代間関係が大卒再生産、高卒再生産という二分構造を示しつつあり、やはり再閉鎖化の道をたどっていることを指摘した。

第三は、総中流の崩壊という社会意識論の論点である。新しい格差・不平等論では、「意欲格差」（苅谷 2001）、「努力してもしかたがない社会」（佐藤 2000a）、「希望格差」（山田 2004）というような表現で、意識の面での格差拡大、あるいは中間層に集中した状態の崩壊がいわれている。本書は、その中核的な論点とされる階層帰属意識（中意識）について、その分布が依然として「中」回答をマジョリティとして安定していることを確認し、そのうえで、その規定要因が過去三〇年のうちに静かに変容してきた事実を示した。そして、他の要因が影響力を多様に変化させるなかで、学歴ステイタスは、一貫して階層評価基準としての影響力を強めてきたことを明らかにした。

これらの一つひとつは、断片的な論証でしかないが、全体を眺めたときには、新しい格差・不平等の背景に、成熟学歴社会の進展という変化があることを透視できる。あるいは、もう少し踏み込んで主張するならば、学歴による格差が他の社会局面に投影させている輪郭のあいまいな格差像こそが、新しい格差・不平等の諸現象だといえるのである。だとすれば、新しい格差・不平等とは、日本型学歴社会の成熟によって必然的に生起する現象を捉えたものである、と考えることもできる。それゆえに、本書が積み残した課題は、こうした新しい格差・不平等の具体的な現象を、学歴によってさらに解題していく作業だということになるだろう。

近頃、下流社会という言葉がさかんにいわれるようになった。その起源はジャーナリスト三浦展の

『下流社会』（三浦 2005）である。同書の帯には、「階層問題における初の消費社会論」と銘打たれている。

私は、一連の新しい格差・不平等論は、かつての中流ブームと相同的な議論の蓄積をしているとみているのだが、この前提に立てば、消費社会論が出てきたところで、新しい格差・不平等論の流行現象にも、そろそろ終わりがみえてきたのではないか、という感触に至る。なぜそうかといえば、かつての一億総中流論は、その終末期において、小沢雅子（1985）の『新・階層消費の時代』、博報堂生活総合研究所（1985）の『分衆の誕生』、あるいは渡辺和博ほか（1984）『金魂巻』というような消費とライフ・スタイルについての「文化論」を世に送っているからである。『下流社会』の流行は、これらの消費社会論への当時の人びとの反応と相同的にみえる。

それにしても、消費文化という目の付けどころは、本書の立場からみても「絶妙」なものといえる。なぜならば、そもそもどのような生活スタイルをとるかは、どれだけ金銭的なゆとりがあるかということと、どんな好みや趣味（テイスト）をもっているかということで決まるからである。要するに、消費文化はそれぞれの人の経済的要因と、主体的要因の関数だということができるのである。

そして学歴は、本書をここまで読み進めてきた読者がすでに周知しているとおり、いっぽうでは学歴のメリトクラシー＝クレデンシャリズムから社会・経済的な地位達成という、地位の結晶化のルートを経由して、経済的な豊かさに強く影響している。他方で学歴は、社会意識形成のルートを経由して日常生活に密接にかかわるわたしたちの主体的判断を形成・変容している。この二つが再び出会う位置にあるのが、消費行動なのである。だとすれば、消費文化論は、学歴による格差が明確に像を結びやすい地点に描かれているということになる。

ところが、たいへん残念なことに、下流社会を論じる諸説には、世代間移動の閉鎖化、希望格差、社会意識の二極化などへの言及はおおいにあるものの、学歴分布、学歴の不平等についての目配りはまったくない。新しい格差・不平等の最後の応用問題を解くにあたって、学歴にかんする学術的素材が、ほとんど用意されていなかったのである。この説明不足は、一連の格差・不平等論争の明らかな難点といえる。

格差・不平等のカラクリの要石のひとつである学歴をあえて説明に加えずに、格差・不平等現象をただ不可思議なものとして語る論法は、実態を知るわたしたちにとっては、説得的なものではない。下流とはそもそもどのような社会層と重なっているのか？ 若年層の将来展望における希望格差とは、実質的には何のカテゴリ境界をなぞった議論なのか？ わたしたちは、このことをもう少し冷徹に考えるべき時点を迎えている。

(1) ただし、近年の若年層では、高校卒業、大学卒業ののちに、間断なく初職に就業するという旧来のメリトクラシーを維持してきたパターンが崩れ、中途雇用、再雇用の機会が増えているとされる（本田 2005）。この変化によって、学歴による地位決定構造が確実に機能しない、リスクをはらんだものに変質し、従来のパイプに漏れが生じ始めていることも指摘されている（山田 2004）。残念ながら本書は、この変化を計量的に検証するところまでは至っていない。だが、学歴の流れと職業の流れの間の並行性を保ってきたこの架橋部分に変動があれば、歴史上経験したことのないタイプの階層構造の変質が生じはじめることになる。

補論　現実になった成熟学歴社会

本書の初版が刊行されたのは二〇〇六年九月である。ほんの数年前のことのように思っていたのだが、いつしか一〇年以上の歳月が経過していた。この度、たいへん喜ばしいことに、版を改めさらなる読者を得る運びとなった。お力添えいただいた関係の方々、とりわけ初版の編集を担当していただき、今回もお世話いただいた東京大学出版会編集部の宗司光治さんには、あらためて御礼を申し上げたい。

何を論じたかは頭に入っているはずだったが、読み直してみると、改めて考えるところがあった。増補にあたっていくつかの所感を記しておきたい。

「未来予測」の正否を問う

冒頭とあとがきで触れているとおり、上梓は格差社会がさかんにいわれていた時期のことであった。そのため、本書は日本の格差を念頭においた同時代論として書かれている。格差社会論はその後、経済学・社会学から教育分野に飛び火したかのように広がり、教育格差、貧困の連鎖、子どもの貧困、大学学費の私的負担の軽減などを焦点として、今なお盛んに論じられている。そういう背景があって、本書は社会学の専門書という域を出て、周辺分野の研究者や一般の方にも広く、そして息長く読んでいただいた。

元々執筆に際しては、一過的に「消費」されて価値をなくしてしまうことのない、確かな社会学研究を目指した。それゆえに先行研究を詳細にレビューし、独自の計量的エビデンスに基づいて、順序立てて論理を積み重ねた。そしてその帰結として、同時代およびその先の日本社会についての仮説的命題を提示するに至っている。

まったく口はばったいが、要するに著者としては、社会学の専門書でありながら、同時代の社会状況を見渡す日本社会論を展開しようと試みたのだった。そういう研究の「お手本」として、本書以前には比較的多くの書籍があった。本文中で参照している、今田高俊『社会階層と政治』(一九八九年)、竹内洋『日本のメリトクラシー――構造と心性』(一九九五年)、原純輔・盛山和夫『社会階層――豊かさの中の不平等』(一九九九年)などは、そうしたものの好例であった(いずれも文献リスト参照)。東京大学出版会に書き下ろしの企画を持ち込んだのも、縦組ハードカバーという体裁も、そうしたこだわりを反映したものだった。今となっては、気にかかる記述もあるし、その後に批判や指摘を受けた点もあるが、このときは、駆け出しの研究者なりに考え抜いて世に問うたつもりであった。

ひるがえってみると、今はそういう本は少なくなったように感じる。日本社会が解釈の難しい局面に至っているためなのか、私の同世代以下ではこの立ち位置を目指す論者が減っているのか、あるいは年を追うごとに厳しくなる学術出版事情のためか、確たる理由はわからない。私自身も本書のような研究は、その後十分にはなしえておらず、かろうじて八年後になって、『現代日本の社会の心——計量社会意識論』（二〇一四年、有斐閣）をまとめたにとどまる。

本書は社会学の階層研究に位置づけられる。この分野では調査計量に基づいて研究が進められる。そして現代日本では、一〇年ごとに全国規模の調査（ＳＳＭ：社会階層と社会移動全国調査）を実施するペースが確立しているため、これに合わせて同時代の状況が論じられてきた。その流れに従って本書の時代性を振り返ってみたい。

本書執筆は、二〇〇五年ＳＳＭ調査のデータがプロジェクトのメンバーにリリースされる直前であり、階層研究者たちが「さて、今の日本社会はどうなっているのだろうか」と思い描いている段階のことであった。そういう事情から、本書が主に拠って立つ調査データは、さらに時代を遡った一九九五年ＳＳＭ調査となっている。これは一九二五—一九七四生年の人びとの二〇世紀後半の人生を追ったデータである。こんにちでは、最新のエビデンスは二〇一五年の調査データとなっており、やがて二〇二五年調査も実施されることになるだろう。そう思い返すと、本書をとりまいていた空気がいかに現代とは異なっていたかがみえてくる。そういう時代性を少しだけ考慮して読んでいただくと、理解の助けになるかもしれない。

本書で主張されていることはシンプルである。戦後日本では、同一の教育システムが長く継続する中で高学歴化が終焉し、高い学歴水準での高原期が始まった。そこでは大卒／非大卒境界が社会の中央部分に押し出され、次第に重要性を増してくる。この状況が親子一世代以上継続すると、学歴下降回避メカニズムに従った、閉鎖的な学歴の世代間再生産構造が現れ、解決の難しいこの問題に人びとが気付きはじめる。そのとき、大卒／非大卒境界を社会システムの駆動の起点とする新しい学歴社会状況が到来することになる。

新たに本書を手にとっていただくこんにちの若い世代の人たちは、失われた二〇年といわれる時代に生まれ育っている。「格差社会ネイティブ」とさえいうべきかれらにしてみれば、この主張は至極もっともな、当たり前の現状記述にみえるかもしれない。しかし本書は、それを懇切丁寧に説明していく。

その背景には、「旧式学歴社会論」として一括されている、右肩上がりの時代の学歴観がまだ通用していたという執筆時の時代性があった。本書序盤では、二〇世紀の学歴社会論を受け止めて論点を整理し、二一世紀の社会へ向けて議論の転換を行うことに紙幅が割かれている。旧来の枠組みから脱却した先では、いったい何がみえてくるのか？　著者としては、誰よりも早い段階で「未来予測」をしたつもりでいた。本書の分析枠組みが、現在でもまがりなりにも通用しているのは、その「未来予測」が大きく外れていなかったからだろう。

このことについて、ひとつだけ新しいエビデンスを示しておきたい。この図は、学校基本統計と、二〇一八年に文部科学省が公表した推計値をもとに、現役世代（二〇—五九歳）の日本人男女に占める大卒層（高等教育進学者）と非大卒層の比率を算出したものである。

まず、本書が刊行された二〇〇六年をみると、現役世代の男女に占める大卒比率は三五・七％であった。本書の中では「大卒／非大卒フィフティ・フィフティ」というように表現しているが、現実としてはまだ一対二の比率であったということになる。大卒非大卒境界は二〇二〇年になっても、大卒比率四五・一％程度と推計され、二〇三〇年の推計値をみると、ここでようやく大卒層の比率が過半数（五

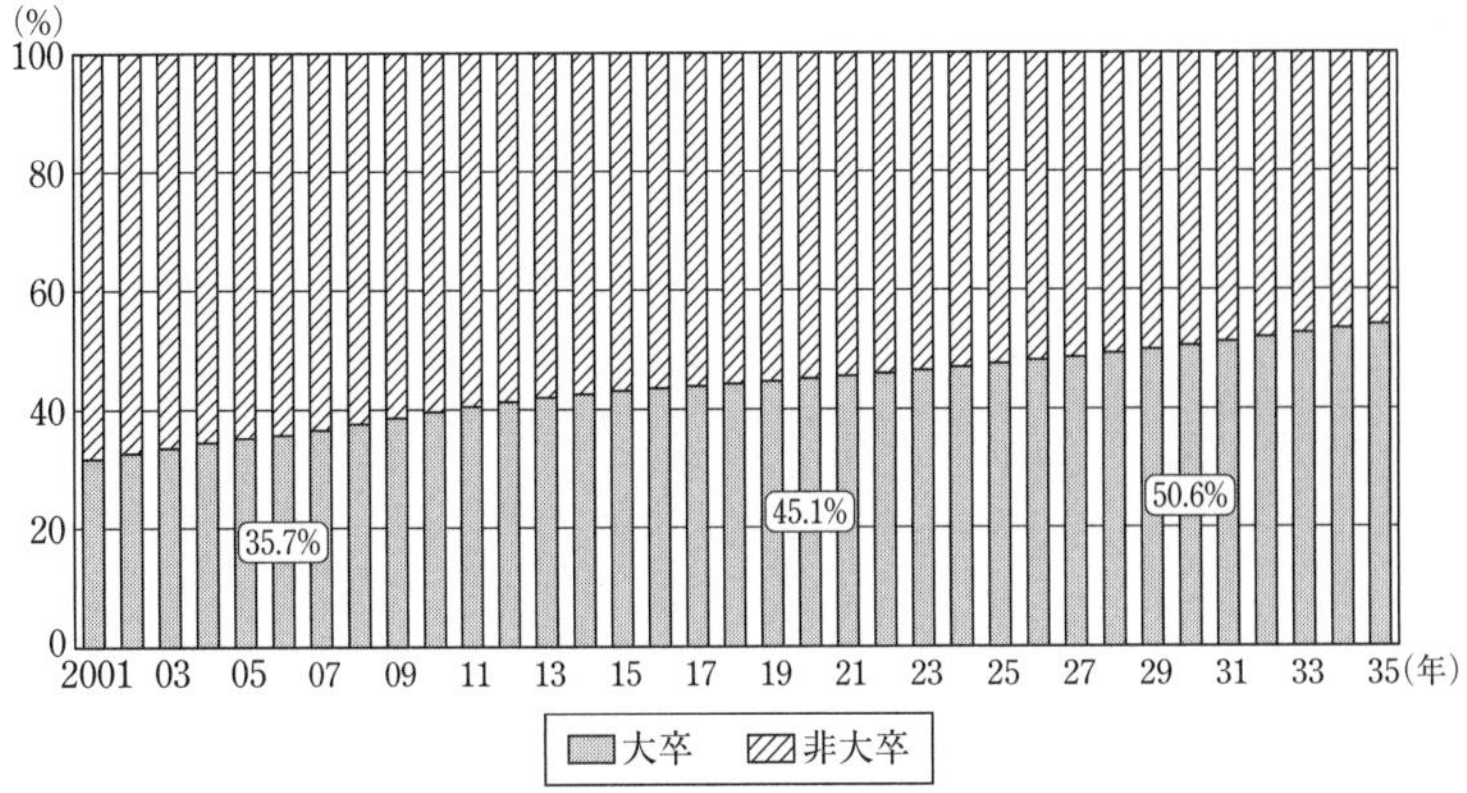

図　大卒／非大卒境界の時点間推移

〇・六%）に至るということがわかる。

本書中には次のような記述がある。

> ほどなくこの国は、祖父母―父母―中高生という三世代が、団塊の世代―団塊ジュニア―そのエコー・ブーマー（拡散した第三波世代）となるはずだった平成の少子化「ゆとり教育」世代によって構成される局面にさしかかる。
>
> ……（中略）……
>
> 数年以内に到達するこの段階は、成熟学歴社会の本格的な到来の見極めやすい道標となるだろう（pp. 52–53）。

この図から明らかなように、大卒／非大卒フィフティ・フィフティという学歴比率の安定膠着は今、紛れもない事実としてわたしたちの眼前にある。右肩上がりの高学歴化期から完全に抜け切っていない時代に、そこから生起する諸課題をいち早く論じた点は、やはり本書の大きなオリジナリティだといえる。

成熟学歴社会から学歴分断社会へ

私自身がその後に展開した研究についても触れておこう。じつは本書以前には、教育と階層について論じる機会は多くはなかったのだが、この研究を契機に、学歴社会論は私の重要な研究領域のひとつとなった。学歴と格差については、専門的な学術論文に限らず、コラムやエッセイ、雑誌や新聞の記事などとして、かなりの分量を書いてきた。

そのうちあることに気付いた。私は本書において、当たり前のことなのに、だれにも見えていない構造を他に先んじて論じた、というつもりだった。しかしどうやらそうでもないようなのだ。経済学者も、階層研究者も、教育社会学者も、日本の格差・不平等とは、すなわち学歴のことなのだと気付いている。ただ、あまりにも語りにくいために、正面から扱おうとしないだけなのだ。つまり新しい学歴社会論は、公然のタブーのような扱いだったのだ。

その理由は第一に、依拠する先行理論がないためであっただろう。第二には、産業化期の日本社会を駆動させてきた「正義の味方」であったはずの学歴主義が、じつは解決の困難な現在の格差・不平等の「黒幕」だった、というショッキングな事実を受け入れ難いためだろう。

いずれにせよ、自論のプレゼンスを保つためには自分で援護する必要があった。そうした意図によるものとして、三冊の著作がある。いずれも本書で示した仮説的命題について、新しいデータに基づいて確証し、時代状況をアップデートしていったものである。

まず、本書の二年半後に刊行した『学歴分断社会』（二〇〇九年、ちくま新書）では、主要エビデンスを二〇〇五年SSM調査データに切り替えて、本書の主張が確証されている。実際に数字をみてわかったのは、現代日本社会における大卒／非大卒境界への一点集約構造がもたらす直接・間接の社会的影響、とりわけ大卒層と非大卒層の閉鎖的再生産傾向が想定以上に大きいということだった。この本で私は、日本型学歴社会の成熟のゆくえは、格差社会、不平等社会という言葉の閾値を超え、分断社会というべき状況に至っているという見解を示した。「分断」が時代のキーワードとなる一〇年ほど前のことである。以降、本書でいうところの成熟学歴社会は、学歴分断社会という、より具体性をもった社会像に置き換えられ、この言葉が少なからず定着して現在に至っている。

二〇一二年の中村高康氏との共著『学歴・競争・人生――10代のいま知っておくべきこと』（日本図書センター）においては、この点について実例をまじえつつ、さらに平易に論じている。

そして直近では、『日本の分断――切り離される非大卒若者（レッグス）たち』（二〇一八年、光文社新書）によって、今度は二〇一五年の調査データ（SSM二〇一五とSSP二〇一五）に依拠した社会分析を行なった。同書で特に注意を喚起している社会問題は、レッグス（LEGs: Lightly Educated Guys）と名づけられた若年非大卒男性たちが社会とのかかわりを失いつつあるということである。切り離されるレッグスたちの問題にかんしては、すでに本書において次のような指摘をしている。

学校からの働きかけがなく、学歴下降回避メカニズムに身を任せているだけでは大学進学へは向かいにくい層が、同年人口全体の半数以上いて、かれらが以前のように加熱されることなく取り残されている（p. 159）。

ここに挙げた三冊は、本書と同じように相応の分析や研究レビューに基づいて書いたものである。ただし世に問う体裁として、専門的で高度な議論を避け、広く一般読者に向けたかたちをとった。その結果、新しい学歴社会状況について、たいへん多くの人に関心をもっていただくことができた。

それゆえに、これらを先に手に取って、そこから関心に沿って遡っていくと、専門書としての本書にたどり着くことになる。著者としては一連の学歴社会論の出発点に本書があることは大きな強みとなっている。私は、一般書と専門書の関係について、学生には先達としてよく次のようなことをいう。社会学者が書く新書やエッセイは、例えていえば寺社の拝殿や本堂に似ている。それだけを拝んでよしとする人も確かにいるだろうが、じつはその先には神体や秘仏を祀る本殿や奥之院にあたるものがある。だから「かばかりかと心得て帰りにけり」とはならないようにしたいものだ。

学歴下降回避メカニズム

もとより本書には限界も多い。社会状況の予測において修正・訂正が必要なのは、計量社会意識論に関する部分だろう。本書では、成熟学歴社会の進展と同時進行する雇用の流動化によって、職業的地位が社会的態度を規定する影響力が次第に弱まり、学歴の社会意識の既定力が相対的に高まっていくとしている。この予測は、確かに後のデータからも裏付けられている。しかし、経済力、ジェンダー、生年世代の影響力も職業的地位と同様に弱まっていくだろうという予想は正確ではなかった。経済力の影響力はこんにちもなお依然として無視できない。また、教育機会や雇用機会のジェンダー差の縮小は確かに進んだが、社会的態度や社会的活動をみると、本書執筆時には予測しえなかった新しい男女差が生じはじめている。生年については、本書以降に日本社会の構成員となった若い世代において、大卒／非大卒格差が従来よりも明確化するという現象が観察されている。これらの点で、成熟学歴社会は、想定よりも複雑な姿で成り立ったということができる。これらについての詳細は、前述した拙著を適宜ご参照いただきたい。

もうひとつの限界、もしくは課題は、教育機会の不平等について、重要な示唆を行いながらも検証が行き届いていない点である。とくに大学進学機会の規定構造にかんしては、親学歴、親の経済階層、親の職業、経済力、文化資本、遺伝的要素、本人の努力などが重複しつつ存在しているとして、それ以上の判断を留保している。これは、データや分析手法の限界から、客観的に明らかにするには困難が伴うためであったが、結果的に本書が主張する学歴の世代間関係の重要性は、検証には至っていない。

だが、本書以後の教育と社会階層についての研究を広く見渡すと、欧米の研究を導入し、新たな研究手法を取り入れた研究が展開され、教育と階層の研究はより一層進展している。新しい研究によって、議論や命題が刷新されていくことは、すばらしいことだと思う。

そんな中で、有り難いことに本書が示した仮説的命題の検証を行う研究がみられる。そこでしばしば取り上げられるのは、教育機会や世代間関係に関与する、学歴下降回避メカニズムである。このメカニズムは本書においては次のように説明されている。

わたしたちは、親の学歴と見比べたとき、同等かそれ以上の学歴を得たいと望んでいる。すると、

> 親が高卒層である場合は、高校卒業が確定した時点で、相対的下降はすでに回避される。ゆえに刻苦勉励して大卒学歴を得ることは、下降移動の回避という動機づけからみると合理的とはいえない。だが親が大卒層であれば、もしも大学に行かなければ下降移動が決定してしまう。よって大学進学がより強く動機づけられる。下降回避は必至だが、上昇移動はかならずしも求めないというメカニズムは、親が中卒層である場合にも作動するだろう。また親が大学院を修了している場合ならば、大学院に進学する選好を他の家庭の子弟よりも強くもつことになる。ただし、これらの学歴境界線のうちで、現代日本社会において圧倒的な重要性をもつのは、大学進学機会である。
>
> このような合理的選択プロセスを仮定すれば、大卒層では大卒再生産、高卒層では高卒再生産を目指す傾向が必然的に強くあらわれることが予測される。そして社会全体をみたときに、すべての人びとが自由な意志で学歴選択をしてもなお、学歴の世代間継承関係が解消されずに持続するというしくみをストレートに説明できる。この論理を**学歴下降回避説**と名づけよう。
>
> ……（中略）……
>
> これは、教育政策がどう変わろうが、学費負担がどれだけ高まろうとも、あるいは卒業後の労働市場がどうであれ、それらには影響を受けずに学歴比率が前世代の学歴比率に基づいて再生産されるという、学歴の自己言及的な構造維持メカニズムでもある（pp. 124–125）。

私自身は、能力の限界もあり、遺憾ながら未だこのメカニズムについて十分な検証には至っていない。むしろ他の研究者、例えば荒牧草平、古田和久、藤原翔、白川俊之、毛塚和宏らが学歴下降回避メカニズムを計量分析の俎上に載せており、この命題と他の命題との相対的な優劣の特定や時代的変遷は、かれらの研究によって大きく前進している。そして今のところ、学歴下降回避メカニズムの存在について否定的な結論はほとんどみられない。

学歴をめぐる日本社会の状況は、いずれは新たな局面を迎える時がくるだろう。他方、日本型学歴社会の構造を東アジアの他社会に応用するという可能性もあるかもしれない。本書を「旧式理論」と喝破する新たな理論が登場するまで、今しばらく拙論の可否を問い続けたい。

二〇一九年三月

著　者

あとがき

本書では学歴と時代（世代）のかかわりが、わたしたちの社会に格差・不平等を湧出させるしくみを語ってきた。最後に、学歴社会と時代について私的な雑感を記してあとがきとしたい。

私は「丙午（ひのえうま）」生まれである。日本人の年齢別人口構成、いわゆる「人口ピラミッド」をみると、この一九六六（昭和四一）生年は前後の年よりも人口が二割ほど少なく、明らかな切り欠き状になっている。

この現象は、まったく根も葉もない迷信のために、この年の出生数が少なかったことによるといわれている。ということは、私が生まれた当時、日本の文化・社会意識には、期間を区切って人口を抑制しうるほどの巨大な影響力があったということになる。文化・社会意識が、人口ピラミッドに対してこれほど精巧な「細工」をしうる要因であるのならば、同じしくみを使ってネジを逆に巻けば、こんにちの少子化問題も解決に向かうのではないかなどと考えてしまう。いうまでもないが、現実はそんなに単純ではないだろう。

この「丙午」現象には、時代が下ってからも小さな波及作用があった。それはつまり、高校入試、大学入試、初職入職、あるいは高校総体や音楽の全国コンクールなどのように、同一生年内で機会を競いあう選別において、いつも競争率が少しだけゆるやかだったということである。その年度は全員が同じように好条件を享受したので、これを幸運だと実感した人は少ないだろうが、他の生年世代と比べると確実に「ゆとり」があったはずである。

この私の生年の例はかなり特殊なものだが、広く見渡すと、同じ現代日本人のなかにも、運のよい世代に生まれた人たちと、条件がそれほどよくない世代を生きた人たちがいる。それぞれの生年に、社会情勢の変化、出生数の多寡、学校教育の政策、就職時の景気動向など、固有の時代の刻印がなされているのである。しかし、だからといって別の生年に自分の競争の場を移すことができるわけではない。出生コーホートへの私の関心の背後には、こうした思いがある。

ともかく私は、この「丙午」の幸運な大学入試の年度に、日本でただひとつ大阪大学におかれていた人間科学部に入学し、やがて同大学院に進学して社会学を志すことになった。昭和の終わりのころ、そこには学歴社会について研究する講座が三つもあり、そのそれぞれが教授、助教授、助手、大学院生に優秀な人材を有していた。学歴社会研究の「西の拠点」とも呼びうるような組織だったわけである。

ところが、私はこの時代の学歴社会研究とは直接の縁をもっていない。かすかな記憶をたどってみるが、どうしてあのころ自分が教育社会学に興味をもたなかったのか、思い出すことができない。おそらく階級・階層論や文化心理学の方により強く惹かれていたからだろう。

だが、いまではその私が、ちょうど同じころに生まれて平成を生きてきた人たちに学歴社会論を熱く語っている。これは、その後の研究生活のなりゆきからまったく思いがけなく行きついた結果であるが、私の成熟学歴社会論が受講生たちにとって興味深いものかどうか、真剣に自問せずにはいられない。

本書の主張の核心をなす部分に思い至ったのは、いまから六年以上も前のことである。しかし、その後の私の執筆のあゆみはまことにのんびりしたもので、本文をまとまりのあるものにするまでに長い年月を経てしまった。

正直にいうと、本書の原型はもう少しアグレッシブな内容の格差・不平等論であった。ところが、私があれこれ別のことに時間をとられている間に、実証研究に基づいた新しい現代日本社会論が次々に世に問われ、少なからぬ反響を呼んだ。そうしたもののなかには、おおよそ私と同世代の研究者による刺激的な主張もあった。それらの主張の一部始終と、そこから生まれる論争や反響を、私は熱心な読者の立場で追った。結果的に、これが本書の内容を、少し柔らかい口あたりに「熟成」させるための期間になったのかもしれない。現代社会の語り手としての自分の身の程をわきまえた著作になったと感じている。

もともと私の計量社会学のスタイルは斬新なものではない。それは、当たり前の事実を粛々と積み重ねる、地を這うような研究であって、天空を翔けるような大理論の根拠とはしにくい。しかも私の使う社会学の概念は「新製品」ではなく「古道具」のようなものが多い。たとえば私の一冊目の本では、二〇世紀とともに歴史に埋もれようとしていた社会意識論、なかでも権威主義という古典概念を、計量社会意識論として再生させることを試みた。二冊目の本では、農村からの若年層流出というこれまた古い論点を、平成の大学進学を語るフィールドワークに援用した。そして本書で拾いあげて磨きなおしたのは、わたしたちの世代の高校受験・大学受験の「合言葉」であった学歴社会である。

幸運なことに、前述の数年の「熟成」期間中に、学歴社会論を使って格差・不平等を読み解く試みがなされることは多くなかった。それゆえに、こうして本書を世に問うことができたのである。

本書執筆にあたっては、少なからぬ方々から有益な示唆や協力をいただいた。なかでも東京大学出版会編集部の宗司光治さんには、質の高い編集作業によって支えていただいた。最後になったが、お世話になったすべての方々に深く御礼を申し上げたい。

二〇〇六年七月

著　者

索　　引

サ

マ

ヤ

ラ

文　献

赤川学，2000，「女性の階層的地位はどのように決まるか？」盛山和夫編『日本の階層システム 4　ジェンダー・市場・家族』東京大学出版会：47–63.

赤川学，2004，『子どもが減って何が悪いか！』筑摩書房.

天野郁夫，1992，『学歴の社会史』新潮社.

荒牧草平，2000，「教育機会の格差は縮小したか」近藤博之編『日本の階層システム 3　戦後日本の教育社会』東京大学出版会：15–35.

有田伸，2006，『韓国の教育と社会階層——「学歴社会」への実証的アプローチ』東京大学出版会.

麻生誠，1983，『学歴社会の読み方』筑摩書房.

麻生誠・潮木守一編著，1977，『学歴効用論——学歴社会から学力社会への道』有斐閣.

Beck, Ulrich, 1986, *Risikogesellschaft : Auf dem Weg in eine andere Moderne*, Suhrkamp.（東廉・伊藤美登里訳，1998，『危険社会——新しい近代への道』法政大学出版局）.

Bernstein, Basil, 1971, *Class, Codes and Control*, Routledge and Kegan Paul.（萩原元昭編訳，1981，『言語社会化論』明治図書）.

Blau, Peter and O. T. Duncan, 1967, *American Occupational Structure*, Free Press.

Blossfeld, Hans-Peter and Y. Shavit, 1993, "Persisting Barriers : Changes in Educational Stratification in 13 Countries," in *Persistent Inequality : Changing Educational Attainment in Thirteen Countries*, edited by Yossi Shavit and H. Blossfeld, Westview Press : 1–23.

Boudon, Raymond, 1973, *L'inégalité des chances*, Armand Colin.（杉本一郎・山本剛彦・草壁八郎訳，1983，『機会の不平等——産業社会における教育と社会移動』新曜社）.

Bourdieu, Pierre, 1979, *La Distinction*, Éditoon de Minuit.（石井洋二郎訳，1990，『ディスタンクシオン』（I・II）藤原書店）.

Bourdieu, Pierre and J.-C. Passeron, 1970, *La Reproduction*, Édition de Mi-

nuit.（宮島喬訳，1991，『再生産――教育・社会・文化』藤原書店）.
Breen, Richard and J. Goldthorpe, 1997, “Explaining Educational Differentials: Toward a Formal Rational Action Theory,” *Rationality and Society*, 1997, Sage.
Collins, Randall, 1979, *The Credential Society: an historical sociology of education and stratification*, Academic Press.（大野雅敏・波平勇夫訳，1984，『資格社会』東信堂）.
Dore, Ronald P., 1976, *The Diploma Disease: Education, Qualification and Development*, George Allen and Unwin.（松居弘道訳，1990，『学歴社会――新しい文明病』岩波書店）.
藤田英典，1993，「学歴社会――その意味と構造」宮島喬・藤田英典編著『文化と社会』放送大学教育振興会：65–74.
福沢諭吉，1942，『学問のすゝめ』（岩波文庫版）岩波書店.
玄田有史，2001，『仕事のなかの曖昧な不安――揺れる若年の現在』中央公論新社.
玄田有史・曲沼美恵，2004，『ニート――フリーターでもなく失業者でもなく』幻冬舎.
博報堂生活総合研究所編，1985，『「分衆」の誕生――ニューピープルをつかむ市場戦略とは』日本経済新聞社.
濱中義隆・苅谷剛彦，2000，「教育と職業のリンケージ」近藤博之編『日本の階層システム 3　戦後日本の教育社会』東京大学出版会：79–104.
原純輔，2002，「産業化と階層流動性」原純輔編著『講座・社会変動 5　流動化と社会格差』ミネルヴァ書房：18–53.
原純輔編，1990，『現代日本の階層構造 2　階層意識の動態』東京大学出版会.
原純輔・盛山和夫，1999，『社会階層――豊かさの中の不平等』東京大学出版会.
速水敏彦，2006，『他人を見下す若者たち』講談社.
Herrnstein, Richard J. and Charles Murray, 1994, *The Bell Curve: intelligence and class structure in American life*, Free Press.
樋田大二郎・耳塚寛明・岩木秀夫・苅谷剛彦編著，2000，『高校生文化と進路形成の変容』学事出版.
本田由紀，2005，『若者と仕事』東京大学出版会.
本田由紀・内藤朝雄・後藤和智，2006，『「ニート」って言うな！』光文社.
保坂稔，2003，『現代社会と権威主義――フランクフルト学派権威論の再構成』

東信堂.
星敦士，2000，「階層帰属意識の判断基準と比較基準」『社会学評論』51-1：120-135.
今田幸子，1979，「学歴構造の趨勢分析」富永健一編『日本の階層構造』東京大学出版会：133-158.
今田高俊，1979，「社会的不平等と機会構造の趨勢分析」富永健一編『日本の階層構造』東京大学出版会：88-132.
今田高俊，1986，『自己組織性――社会理論の復活』創文社.
今田高俊，1989，『社会階層と政治』東京大学出版会.
今田高俊，2005，『自己組織性と社会』東京大学出版会.
Ishida, Hiroshi, 1993, *Social Mobility in Contemporary Japan*, Stanford University Press.
Ishida, Hiroshi, 1998, "Intergenerational Class Mobility and Reproduction: Cross-national and Cross Temporal Comparisons," 石田浩編『1995年SSM調査シリーズ1　社会階層・移動の基礎分析と国際比較』1995年SSM調査研究会：145-198.
石田浩，2003，「社会階層と階層意識の国際比較」樋口美雄＋財務省財務総合政策研究所編『日本の所得格差と社会階層』日本評論社：105-126.
岩井八郎，2000，「近代階層理論の浸透」近藤博之編『日本の階層システム3 戦後日本の教育社会』東京大学出版会：199-220.
岩田龍子，1981，『学歴主義の発展構造』日本評論社.
Jackman, Mary R. and R. W. Jackman, 1973, "An Interpretation of the Relation between Objective and Subjective Social Status," *American Sociological Review*, Vol. 38: 569-582.
Jackman, Mary R. and R. W. Jackman, 1983, *Class Awareness in the United States*, University of California Press.
梶田孝道，1988，『エスニシティと社会変動』有信堂.
鹿又伸夫，2006，「計量社会学における多重比較の同時分析」『理論と方法』21(1)：33-48.
苅谷剛彦，1995，『大衆教育社会のゆくえ――学歴主義と平等神話の戦後史』中央公論社.
苅谷剛彦，2000，「学校・職安・地域間移動」苅谷剛彦・菅山真次・石田浩編『学校・職安と労働市場――戦後新規学卒市場の制度化過程』東京大学出版会：31-64.

苅谷剛彦，2001，『階層化日本と教育危機――不平等再生産から意欲格差社会へ』有信堂.
苅谷剛彦，2003，「教育における階層格差は拡大しているか」樋口美雄＋財務省財務総合政策研究所編『日本の所得格差と社会階層』日本評論社：129-144.
苅谷剛彦・志水宏吉編，2004，『学力の社会学』岩波書店.
片岡栄美，1988，「三世代学歴移動の構造」1985 年社会階層と社会移動全国調査委員会編『1985 年社会階層と社会移動全国調査報告書第 3 巻』1985 年社会階層と社会移動全国調査委員会：87-128.
片岡栄美，1990，「三世代学歴移動の構造と変容」菊池城司編『現代日本の階層構造 3　教育と社会移動』東京大学出版会：57-84.
片瀬一男，2005，『夢の行方――高校生の教育・職業アスピレーションの変容』東北大学出版会.
片瀬一男・海野道郎，2000，「無党派層は政治にどう関わるのか」海野道郎編『日本の階層システム 2　公平感と政治意識』東京大学出版会：217-240.
吉川徹，1998a，『階層・教育と社会意識の形成――社会意識論の磁界』ミネルヴァ書房.
吉川徹，1998b，「階層評価基準の静かな変容――階層帰属意識の規定要因の時系列比較」間々田孝夫編『1995 年 SSM 調査シリーズ 6　現代日本の階層意識』1995 年 SSM 調査研究会：1-24.
吉川徹，1999，「『中』意識の静かな変容」『社会学評論』50-2：76-90.
吉川徹，2000，「大衆教育社会のなかの階層意識」近藤博之編『日本の階層システム 3　戦後日本の教育社会』東京大学出版会：175-195.
吉川徹，2001a，『学歴社会のローカル・トラック――地方からの大学進学』世界思想社.
吉川徹，2001b，「階層研究の空白の 20 年」『フォーラム現代社会』1：92-101.
吉川徹，2003，「計量的モノグラフと数理――計量社会学の距離」『社会学評論』53-4：485-498.
Kikkawa, Toru, 2004, "Effect of Educational Expansion on Educational Inequality in Post-industrialized Societies : A Cross-cultural Comparison of Japan and the United States of America," *International Journal of Japanese Sociology*, 13-1 : 100-119.
吉川徹・轟亮，1996，「学校教育と戦後日本の社会意識の民主化」『教育社会学研究』58：87-101.

菊池城司，2003，『近代日本の教育機会と社会階層』東京大学出版会.
岸本重陳，1978，『「中流」の幻想』講談社.
小林大祐，2004，「階層帰属意識に対する地域特性の効果」『社会学評論』55-3：348-366.
Kohn, Melvin and Carmi Schooler, 1983, *Work and Personality : An Inquiry into the Impact of Social Stratification*, Ablex.
小池和男・渡辺行郎，1979，『学歴社会の虚像』東洋経済新報社.
近藤博之，1990，「『学歴メリトクラシー』の構造」菊池城司編『現代日本の階層構造 3　教育と社会移動』東京大学出版会：185-208.
近藤博之，2000，「『知的階層性』の神話」近藤博之編『日本の階層システム 3　戦後日本の教育社会』東京大学出版会：221-245.
近藤博之，2001，「高度成長期以降の大学教育機会——家庭の経済状態からみた趨勢」『大阪大学教育学年報』6：1-12.
近藤博之，2002，「学歴主義と階層流動性」原純輔編著『講座・社会変動 5　流動化と社会格差』ミネルヴァ書房：59-87.
髙坂健次，1987，「教育機会の数理モデル」『理論と方法』2：141-152.
髙坂健次，2000，『社会学におけるフォーマル・セオリー』ハーベスト社.
髙坂健次・宮野勝，1990，「階層イメージ」原純輔編『現代日本の階層構造 2　階層意識の動態』東京大学出版会：47-70.
髙坂健次・与謝野有紀，1998，「社会学における方法」髙坂健次・厚東洋輔編『講座社会学 1　理論と方法』東京大学出版会：199-238.
小杉礼子，2003，『フリーターという生き方』勁草書房.
小杉礼子編，2002，『自由の代償／フリーター——現代若者の就業意識と行動』日本労働研究機構.
厚東洋輔，2006，『モダニティの社会学——ポストモダンからグローバリゼーションへ』ミネルヴァ書房.
Lenski, Gerhard E., 1954, "Status Crystallization : A Non-Vertical Dimension of Social Status," *American Sociological Review*, 19 : 405-413.
前田忠彦，1998，「階層帰属意識と生活満足感」間々田孝夫編『1995 年 SSM 調査シリーズ 6　現代日本の階層意識』1995 年 SSM 調査研究会：89-112.
間々田孝夫，1990，「階層帰属意識」原純輔編『現代日本の階層構造 2　階層意識の動態』東京大学出版会：23-45.
間々田孝夫，1993，「豊かな社会の生活意識」直井優・盛山和夫・間々田孝夫編『日本社会の新潮流』東京大学出版会：73-100.

間々田孝夫，2000，「自分はどこにいるのか――階層帰属意識の解明」海野道郎編『日本の階層システム 2　公平感と政治意識』東京大学出版会：61–81.
Manski, Charles F. and David A. Wise, 1983, *College Choice in America*, Harvard University Press.
Mare, Robert D., 1980, "Social Background and School Contiuation Decisions," *Journal of the American Statistical Association*, 75: 295–305.
Mare, Robert D., 1981, "Change and Stability in Educational Stratification," *American Sociological Review*, 46: 72–87.
丸山一彦，1964，『小林一茶』南雲堂桜楓社.
Marx, Karl, 1859, *Zur Kritik der politischen Öconomie*.（木前利秋訳，2005，「経済学批判」『マルクス・コレクション』III，筑摩書房）.
耳塚寛明，2001，「高卒無業者層の漸増」矢島正見・耳塚寛明編『変わる若者と職業世界』学文社：89–104.
三浦展，2005，『下流社会』光文社.
宮台真司，2002，「学校の何が問題なのか」宮台真司・藤井誠二・内藤朝雄『学校が自由になる日』雲母書房.
村上泰亮，1984，『新中間大衆の時代――戦後日本の解剖学』中央公論社.
中村高康，2000，「高学歴志向の趨勢」近藤博之編『日本の階層システム 3　戦後日本の教育社会』東京大学出版会：151–173.
中澤渉，2003，「教育社会学における実証研究の諸問題」『教育社会学研究』72：151–169.
直井優，1979，「職業的地位尺度の構成」富永健一編『日本の階層構造』東京大学出版会：434–472.
直井優，1987，「現代日本の階層構造の変化と教育」『教育社会学研究』42：24–37.
直井優，1991，「社会階層の変容と地位資源としての学歴」『教育社会学研究』48：65–77.
直井道子，1979，「社会階層と階級意識」富永健一編『日本の階層構造』東京大学出版会：365–388.
直井道子，1990，「階層意識」岡本英雄・直井道子編『現代日本の階層構造 4　女性と社会階層』東京大学出版会：147–164.
西村純子，2000，「『主婦』をめぐる意識構造」『季刊家計経済研究』47：59–72.
織田輝哉・阿部晃士，2000，「不公平感はどのように生じるのか」海野道郎編『日本の階層システム 2　公平感と政治意識』東京大学出版会：103–125.

OECD 教育調査団編著，1976，（深代惇郎訳）『日本の教育政策』朝日新聞社.
OECD, 2004, Education at a Glance：OECD Indicators–2004Edition（http://www.oecd.org/）.
尾形憲，1976，『学歴信仰社会――大学に明日はあるか』時事通信社.
尾嶋史章，2002，「社会階層と進路形成の変容」『教育社会学研究』70：125–142.
尾嶋史章編著，2001，『現代高校生の計量社会学』ミネルヴァ書房.
尾嶋史章編，2005，『現代日本におけるジェンダーと社会階層に関する総合的研究』科学研究費補助金研究成果報告書.
岡本浩一，2005，『権威主義の正体』PHP 出版.
小塩隆士，2002，『教育の経済分析』日本評論社.
小塩隆士，2003，『教育を経済学で考える』日本評論社.
大竹文雄，2005，『日本の不平等』日本経済新聞社.
小沢雅子，1985，『新「階層消費」の時代』日本経済新聞社.
酒井順子，2003，『負け犬の遠吠え』講談社.
坂元慶行，1988，「『階層帰属意識』の規定要因」1985 年社会階層と社会移動全国調査委員会編『1985 年社会階層と社会移動全国調査報告書 第 2 巻 階層意識の動態』1985 年社会階層と社会移動全国調査委員会：71–100.
佐藤俊樹，2000a，『不平等社会日本』中央公論新社.
佐藤俊樹，2000b=2001，「それでも進む『不平等社会化』」「中央公論」編集部編『論争・中流崩壊』中央公論新社：238–256.
盛山和夫，1990，「中意識の意味」『理論と方法』5(2)：51–71.
盛山和夫，2000=2001，「中流崩壊は『物語』にすぎない」「中央公論」編集部編『論争・中流崩壊』中央公論新社：222–237.
盛山和夫，2003，「階層再生産の神話」樋口美雄＋財務省財務総合政策研究所編『日本の所得格差と社会階層』日本評論社：85–103.
司馬遼太郎，1976，『花神』（上）新潮社.
志水宏吉，2005，『学力を育てる』岩波書店.
新堀通也編著，1966，『学歴――実力主義を阻むもの』ダイヤモンド社.
白波瀬佐和子，2006，「少子高齢化にひそむ格差」白波瀬佐和子編『変化する社会の不平等』東京大学出版会：1–15.
数土直紀，1998，「学歴と階層意識」間々田孝夫編『1995 年 SSM 調査シリーズ 6　現代日本の階層意識』1995 年 SSM 調査研究会：23–46.
数土直紀，1999，「男性の階層帰属意識に対する社会的地位の複合的な効果」

『行動計量学』26(2)：125-132.
数土直紀，2003,「階層意識に現れる性－権力」『学習院大学法学会雑誌』39(1)：15-38.
橘木俊詔，1998,『日本の経済格差――所得と資産から考える』岩波書店.
橘木俊詔編著，2004,『封印される不平等』東洋経済新報社.
竹内洋，1991,「日本型選抜の研究」『教育社会学研究』49：34-56.
竹内洋，1992,「教育と選抜」柴野昌山・菊池城司・竹内洋編『教育社会学』有斐閣：24-49.
竹内洋，1995,『日本のメリトクラシー――構造と心性』東京大学出版会.
竹内洋，1997=2005,『立身出世主義』世界思想社.
谷岡一郎，2000,『「社会調査」のウソ――リサーチ・リテラシーのすすめ』文藝春秋.
太郎丸博，2004,「大学進学率の階級間格差に関する合理的選択理論の検討」『第38回 数理社会学会大会研究報告要旨集』：18-19.
轟亮，2000,「反権威主義的態度の高まりは何をもたらすのか」海野道郎編『日本の階層システム2　公平感と政治意識』東京大学出版会：195-216.
富永健一編，1979,『日本の階層構造』東京大学出版会.
友枝敏雄，1988=1998,『戦後日本社会の計量分析』花書院.
Treiman, Donald J., 1970, "Industrialization and Social Stratification," in *Social Stratification: Research and Theory for the 1970s*, by Edward O. Laumann, Bobbs-Merrill: 207-234.
Treiman, Donald J., 1977, *Occupational Prestige in Comparative Perspective*, Academic Press.
Treiman, Donald J. and Kazuo Yamaguchi, 1993, "Trends in Educational Attainment in Japan," in *Persistent Inequality: Changing Educational Attainment in Thirteen Countries*, edited by Yossi Shavit and Hans-Peter Blossfeld, Westview Press: 229-249.
Trow, Martin, 1970, "Reflections on the Transition from Mass to Universal Higher Education," in *The Embattled University*, edited by Stephen R. Graubard and Geno A. Ballotti, George Braziller: 1-42.
都築一治編，1998,『1995年SSM調査シリーズ5　職業評価の構造と職業威信スコア』1995年SSM調査研究会.
上野千鶴子，2002,『サヨナラ，学校化社会』太郎次郎社.
海野道郎編，2000,『現代日本の階層システム2　公平感と政治意識』東京大

学出版会.
潮木守一，1978，『学歴社会の転換』東京大学出版会.
渡辺和博ほか，1984，『金魂巻』主婦の友社.
Willis, Paul, E., 1977, *Learning to Labour*.（熊沢誠・山田潤訳，1985，『ハマータウンの野郎ども』筑摩書房）.
Willis, Robert J. and Sherwin Rosen, 1979, "Education and Self-Selection," *Journal of Political Economy*, 87: s7-s36.
山田昌弘，1999，『パラサイト・シングルの時代』筑摩書房.
山田昌弘，2004，『希望格差社会』筑摩書房.
山口節郎，2002，『現代社会のゆらぎとリスク』新曜社.
矢野眞和，2001，『教育社会の設計』東京大学出版会.
矢野眞和・島一則，2000，「学歴社会の未来像」近藤博之編『日本の階層システム3　戦後日本の教育社会』東京大学出版会：105-126.
安田三郎，1971，『社会移動の研究』東京大学出版会.
与謝野有紀，1996，「階層評価の多様化と階層意識」『理論と方法』11(1)：21-36.

著者略歴
1966年　島根県生まれ
1994年　大阪大学大学院人間科学研究科博士課程修了
　　　　大阪大学人間科学部助手,
　　　　静岡大学人文学部助教授などを経て,
現　在　大阪大学大学院人間科学研究科教授
　　　　博士（人間科学）

主要著書
『階層・教育と社会意識の形成』（1998年，ミネルヴァ書房）
『学歴社会のローカル・トラック』（2001年，世界思想社）
『学歴分断社会』（2009年，筑摩書房）
『学歴・競争・人生』（共著，2012年，日本図書センター）
『現代日本の「社会の心」』（2014年，有斐閣）
『日本の分断』（2018年，光文社）

学歴と格差・不平等［増補版］
成熟する日本型学歴社会

2006年9月15日　初　版第1刷
2020年7月 1 日　増補版第2刷

［検印廃止］

著　者　吉川《きっかわ》　徹《とおる》

発行所　一般財団法人　東京大学出版会
　　　　代表者　吉見俊哉
　　　　153-0041 東京都目黒区駒場 4-5-29
　　　　http://www.utp.or.jp/
　　　　電話　03-6407-1069　Fax　03-6407-1991
　　　　振替　00160-6-59964

印刷所　株式会社理想社
製本所　誠製本株式会社

ISBN 978-4-13-050196-5　Printed in Japan